Vorwort zum Beginn von Band VIII

Mit Band VIII des Althochdeutschen Wörterbuchs, der den mit *s-* anlautenden Stichwörtern vorbehalten ist, beginnt die materialreichste Wortstrecke des gesamten Alphabets. Grund dafür sind nicht nur die zahlreichen hochfrequent belegten grammatisch-funktionalen Kleinwörter, sondern auch die Fülle möglicher Anlautkombinationen, mit denen das Alphabet quasi immer wieder neu durchlaufen wird. Neben den mit Einfachkonsonant *s* und Folgevokal anlautenden Ansätzen (*sa-*, *se-*, *si-*, *so-*, *su-*) stehen Ansätze mit Doppelkonsonanz *sc-/sk-*, *sl-*, *sm-*, *sn-*, *sp-*, *st-*, *suu-* und sogar Dreifachkonsonanz *scr-/skr-*, *spl-*, *spr-*, *str-*.

Während die anlautende Verbindung *sk-* bei altsächsischen und altniederfränkischen Ansätzen mit *sk-* und bei altenglischen Ansätzen mit *sc-* wiedergegeben wird, richtet sich ihre Wiedergabe bei althochdeutschen Ansätzen nach dem Folgevokal: Vor velarem Vokal (*a*, *o*, *u*) steht *sc*, vor palatalem (*e*, *i*) steht *sk-*. Vor Konsonant (*h*, *r*) steht immer *sc-*.[1]

Was die alphabetische Einordnung anbelangt, werden aus arbeitsorganisatorischen Gründen nicht nur alle Artikelstichwörter (einschließlich der wenigen altenglischen Ansätze wie *scelf* ae. st. m. 'Sims'), sondern auch alle Wortformenverweise ungeachtet ihrer Anlautschreibung mit *sc-* oder *sk-* alphabetisch wie $s + k$ behandelt. So ist auch anlautendes *sch-* entgegen der Festlegung im Vorwort zu Band 1 (vgl. Ahd. Wb. 1,V) unter $s + k + h$ und nicht unter $s + c + h$ zu finden.

Zwei Entlehnungen aus dem Lateinischen mit *ps-* sind wegen der überwiegenden Vereinfachung des Anlauts unter *s* angesetzt (vgl. *salm* st. m. 'Psalm' und *sitih, -ah* st. m. 'Papagei').

Folgende hochfrequente Funktionswörter werden in Form von Indexartikeln dargestellt: *sama* adv. u. conj., *saman* adv. *samant, samit* adv. u. praep., *samasô* adv. u. conj., *sâr* adv. u. conj., *sârio* adv., *sê* interj., *selb* pron.-adj., *sîd* adv., conj. u. praep., *sih* pron. refl., *sîn* pron. poss., *sô* adv. u. conj., *sôsama* adv. u. conj., *sôsô* adv. u. conj., *sô[h]uuedar* pron. indef., *sô[h]uuelîh* pron. indef., *sô[h]uuer, sô[h]uuaz* (*sô*) pron. indef., *sô[h]uuio* adv. u. conj., *sum* pron.-adj., *sumalîh* pron.-adj., *suntar* adv. u. conj., *sus* adv.

Leipzig, im Januar 2019 — Brigitte Bulitta, Hans Ulrich Schmid

[1] Zur graphischen Umsetzung der Verbindung /sk/ in Sprachzeugnissen des Althochdeutschen vgl. Braune, Ahd. Gr.[16] § 146 Anm. 1.

ERGÄNZUNGEN ZUM VERZEICHNIS DER ABKÜRZUNGEN
(4. Ergänzungsverzeichnis)

Dieses Verzeichnis enthält die seit dem dritten Ergänzungsverzeichnis (Ahd. Wb. V (2009), S. VII–XIV) im Althochdeutschen Wörterbuch neu berücksichtigten Quellen- und Literaturangaben. Eine Zusammenstellung der Verzeichnisse bietet das AWB online (awb.saw-leipzig.de).

I. Texte und Quellen des Materials

1. Die althochdeutschen (und altsächsischen) Quellen

Nachträge und Korrekturen zu den althochdeutschen und altsächsischen Glossen (Gl):

Abtei Echternach S. 85–101 Ó Cróinín, The Old lrish and Old English Glosses in Echternach Manuscripts (with an Appendix on Old Breton Glosses). In: Die Abtei Echternach 698–1998. Hrsg. von Michele Camillo Ferrari, Jean Schroeder, Henri Trauffler. In Zusammenarbeit mit Jean Krier. Luxemburg 1999. (Publications du CLUDEM 15.); ist mit ebda. S. 103–122 zu vergleichen.

– – S. 103–122 Elvira Glaser und Claudine Moulin-Fankhänel, Die althochdeutsche Überlieferung in Echternacher Handschriften. In: Ebda.

Amsterd. Beitr. 67,259–269 Tanneke Schoonheim, Lat. *mare* of onl. *marc*, een nieuwe Oudnederlandse Orosiusglosse? (2011).

– – 74,76–109 Andreas Nievergelt und Chris De Wulf, De Griffelglossen van het handschrift Parijs, BnF lat. 9389. (2015).

Apollonius S. 99–124 Andreas Nievergelt, Additamenta ioculatorum. Volkssprachige und lateinische Sekundäreintragungen in der Handschrift Budapest, OSZK Cod. Lat. 4. In: Apollonius pictus. An illustrated late antique romance around 1000. Facsimile edition of the Historia Apollonii Regis Tyri (National Széchényi Library, Budapest, Cod. Lat. 4). Hrsg. von Anna Boreczky und András Németh. Budapest 2011; berücksichtigt werden die Schimpf- bzw. Spitznamen auf S. 112–115 sowie die glossenartigen volkssprachigen Einträge auf S. 115–117.

Arch. Lat. med. aev. 72,187–287 Carl Lukas Bohny, Glossen und Scholien zu Sallusts Monographien *Catilina* und *Iugurtha* in einer Handschrift des 11. Jahrhunderts aus der Bibliothek des Klosters St. Emmeram in Regensburg. Seconde partie: Edition. (2014); vgl. dazu den ersten Teil in Arch. Lat. med. aev. 70 (2012), 91–145, bes. 125.

Archive 7,79–108 Markus Schiegg, Althochdeutsche Griffelglossen am Beispiel der Handschrift 10 des Archivs des Bistums Augsburg. (2012).

Bischoff, Kat. 3,64 Bernhard Bischoff, Katalog der festländischen Handschriften des neunten Jahrhunderts (mit Ausnahme der wisigotischen). Aus dem Nachlaß herausgegeben von Birgit Ebersperger. Bd. III: Padua–Zwickau. Wiesbaden 2014. (Bayerische Akademie der Wissenschaften. Veröffentlichungen der Kommission für die Herausgabe der mittelalterlichen Bibliothekskataloge Deutschlands und der Schweiz.)

CCCM 189A, CCCM 189B Glossae biblicae. Cura et studio Paolo Vaciago. Pars I. II. Turnhout 2004. (CCCM 189A. B.)

– 226A,237–366 Lingua ignota. Hrsg. von Kurt Gärtner und Michael Embach. In: Hildegardis Bingensis. Opera minora II. Edss. C. P. Evans et al. Turnhout 2014. (CCCM 226A.)

Eisenhut, Glossen S. 250 f. Heidi Eisenhut, Die Glossen Ekkeharts IV. von St. Gallen im Codex Sangallensis 621. St. Gallen 2009. (Monasterium Sancti Galli 4.)

–, Glossen online Heidi Eisenhut, Online-Edition der Glossen Ekkeharts IV. von St. Gallen im Codex Sangallensis 621. 2007/Stand 2010 (orosius.monumenta.ch); Supplement mit Variantenapparat zu Eisenhut, Glossen.

Ekkehart IV S. 69–93 Ivan Schuler, Die althochdeutschen Glossen Ekkeharts IV. in den St. Galler Handschriften. Erläuterungen zur Neuedition, zur sprachgeografischen Einordnung und zur paläographischen Analyse. In: Ekkehart IV. von St. Gallen. Hrsg. von Norbert Kössinger, Elke Krotz und Stephan Müller. Berlin · Boston 2015. (Lingua Historica Germanica 8.)

– – S. 153–178 Andreas Nievergelt, Ekkehardus glossator – scribens stilo quoque? In: Ebda.

Engelbert-Elvert S. 196–257 Willehelmi Abbatis Constitutiones Hirsaugienses. Rec. Pius Engelbert adiuvante Candida Elvert. 2 Vol. Siegburg 2010. (Corpus consuetudinum monasticarum 15,1. 2.); vgl. dazu Festschr. Schmid S. 181–212.

Festschr. Glaser S. 45–72 Brigitte Bulitta und Andreas Nievergelt, Volkssprachliches in einem Bußbuch des 9. Jahrhunderts. Der 'Verduner Mischtext'. In: *athe in palice, athe in anderu sumeuuelicheru stedi.* Raum und Sprache. Festschrift für Elvira Glaser zum 65. Geburtstag. Hrsg. von Andreas Nievergelt und Ludwig Rübekeil unter Mitarbeit von Andi Gredig. Heidelberg 2019. (Germanistische Bibliothek 66.); der lateinische Text der Paternoster-Auslegung wird nach der Ausg. S. 153–158 zitiert.

– – S. 143–161 Christoph Mackert und Hans Ulrich Schmid, Ein spätmerowingisches Handschriftenfragment mit frühen althochdeutschen Glossen. In: Ebda.

– Lendinara S. 517–539 Studies on Late Antique and Medieval Germanic Glossography and Lexicography in Honour of Patrizia Lendinara. Edited by Claudia Di Sciacca et al. 2 Vols. Pisa 2018.

– Schmid S. 181–212 Brigitte Bulitta und Almut Mikeleitis-Winter, Volkssprachige Bestandteile im Signaloquendi-Kapitel der Consuetudines Hirsaugienses und das Althochdeutsche Wörterbuch. In: Sprachwandel im Deutschen. Festschrift für Hans Ulrich Schmid zum 65. Geburtstag. Hrsg. von Luise Czaijkowski, Sabrina Ulbrich-Bösch und Christina Waldvogel. Berlin · Boston 2018. (Lingua Historica Germanica 19.); aus der Edition auf S. 199–210 werden die Interlinear- und Randglossen sowie glossenartigen Textwörter berücksichtigt (vgl. S. 192–197) mit Ausnahme der bereits in Sprachwiss. 36,3–20 publizierten Funde; zu vergleichen und für die lateinischen Kontexte heranzuziehen ist die Ausgabe von Pius Engelbert und Candida Elvert. Siegburg 2010, p. 196–257.

– – S. 293–303 Andreas Nievergelt, Vom Elefanten zum Alten, vom Alten zum Sprinter. Onomasiologischer Wandel auf dem Schachbrett. In: Ebda.

Festschr. Tremp S. 58–65 Andreas Nievergelt, „Sie wussten auch ohne Dinte zu schreiben und zu zeichnen“. Griffeleintragungen in St. Galler Handschriften. In: Schaukasten Stiftsbibliothek St. Gallen. Abschiedsgabe für Stiftsbibliothekar Ernst Tremp. Hrsg. von Franziska Schnoor, Karl Schmuki und Silvio Frigg. St. Gallen 2013.

Fil. Germ. 8,49–99 Fernanda Cirimele und Andreas Nievergelt, Nuove glosse in antico altotedesco alla *regula pastoralis* nei manoscritti di san Gallo. (2016).

Glossen Freising Oliver Ernst, Andreas Nievergelt und Markus Schiegg, Althochdeutsche Griffel-, Feder- und Farbstiftglossen aus Freising. Clm 6293, Clm 6308, Clm 6383, Clm 21525. Berlin · Boston 2019. (Lingua Historica Germanica 21.)

Glossogr. 1,202–229 Elvira Glaser und Andreas Nievergelt, Griffelglossen. In: Die althochdeutsche und altsächsische Glossographie. Ein Handbuch. Hrsg. von Rolf Bergmann und Stefanie Stricker. Bd. 1. Berlin · New York 2009.

– 1,780–828 Elke Krotz, Die Glossare Ja, Jb und Jc. In: Ebda.

– 2,230–239 Andreas Nievergelt, Farbstiftglossen (Rötel-, Braun- und Schwarzstiftglossen). In: Die althochdeutsche und altsächsische Glossographie. Ein Handbuch. Hrsg. von Rolf Bergmann und Stefanie Stricker. Bd. 2. Berlin · New York 2009.

– 2,1202–1234 Heinrich Tiefenbach, Altsächsische Überlieferung. In: Ebda.

– 2,1462–1527 Andreas Nievergelt, St. Galler Glossenhandschriften. In: Ebda.

Hss. Freising 2,293 Katalog der lateinischen Handschriften der Bayerischen Staatsbibliothek München. Die Pergamenthandschriften aus dem Domkapitel Freising. Bd. 2: Clm 6317–6437 mit einem Anhang. Neu beschrieben von Günter Glauche. Wiesbaden 2011. (Catalogus codicum manu scriptorum Bibliothecae Monacensis 3, Series nova 2, 2.)

IASL online (2006) Elke Krotz, Der Schatz der Wörter in Glossen (über Althochdeutscher und altsächsischer Glossenwortschatz. Hrsg. von Rudolf Schützeichel. Bearb. unter Mitwirkung von zahlreichen Wissenschaftlern des Inlandes und des Auslandes. 12 Bde. Tübingen 2004).

Kiser, Federgl. Dominik Kiser, Die Federglossen des Codex Sangallensis 136. Neuedition und Analyse. Unveröffentlichte Lizentiatsarbeit. Zürich 2013.

Klaes, Mittelalterliche Gll. Falko Klaes, Mittelalterliche Glossen und Texte aus Trier. Studien zur volkssprachigen Trierer Überlieferung von den Anfängen bis zum Ende des 11. Jahrhunderts im lateinischen Kontext. Heidelberg 2017. (Germanistische Bibliothek 60.)

Language and Text S. 307–315 Heinrich Tiefenbach, Rückgewinnung eines zerstörten Codex. Die Handschrift der Glossaria Werthinensia. In: Language and Text. Current Perspectives on English and Germanic Historical Linguistics and Philology. Edited by Andrew James Johnston, Ferdinand von Mengden und Stefan Thim. Heidelberg 2006. (Anglistische Forschungen 359.)

Marti, Notabiles Mirjam Marti, Notabiles sunt Glossae. Die Handschrift Rheinau 35 und ihre althochdeutschen Glossen. Unveröffentlichte Lizentiatsarbeit. Zürich 2004.

Meyer, Fragm. Prisc. S. 696–734 Otto Meyer, Fragmenta Prisciani Swinfurtensia. In: Otto Meyer, Varia Franconiae Historica. Aufsätze – Studien – Vorträge zur Geschichte Frankens. II. Hrsg. von Dieter Weber und Gerd Zimmermann. Würzburg 1981. (Mainfränkische Studien 24,II.) Wiederabdruck von Otto Meyer, Fragmenta Prisciani Swinfurtensia. Zur Handschriften-Fragment-Forschung in Franken, Bericht des Historischen Vereins Bamberg 92. Beiheft 2. (1954).

Misc. bibl. V,175–235 Armin Schlechter, Die althochdeutschen Sedulius-Scottus-Glossen der Frankenthaler Handschrift Vat. Pal. lat. 242. Mit Anhang: I. Der anonyme Wortkommentar zu *Sciendum Etiam.* II. Überblick über die römischen Palatinahandschriften mit althochdeutschen Glossen. In: Miscellanea bibliothecae apostolicae Vaticanae V: Palatina-Studien. 13 Arbeiten zu Codices Vaticani Palatini Latini und anderen Handschriften aus der alten Heidelberger Sammlung. Hrsg. von Walter Berschin. Città del Vaticano 1997. (Studi e testi 365.)

Mittelalterliche Schatzverzeichnisse 1,154–156 Mittelalterliche Schatzverzeichnisse. Erster Teil: Von der Zeit Karls des Großen bis zur Mitte des 13. Jahrhunderts. Hrsg. vom Zentralinstitut für Kunstgeschichte in Zusammenarbeit mit Bernhard Bischoff. München 1967. (Veröffentlichungen des Zentralinstituts für Kunstgeschichte in München IV.)

Namen u. Wörter S. 249–262 Andreas Nievergelt, Namen im textleeren Raum. Sekundär eingetragene Personennamen in Pergamenthandschriften des 8.–12. Jahrhunderts. In: Namen und Wörter. Theoretische Grenzen – Übergänge im Sprachwandel. Hrsg. von Rolf Bergmann und Stefanie Stricker. Heidelberg 2018. (Germanistische Bibliothek 64.)

Neue Perspektiven S. 1–12 Heinrich Tiefenbach, *cers* und *cunta.* Überlegungen zum sexuellen Tabuwortschatz des Althochdeutschen. In: Neue Perspektiven der Sprachgeschichte. Internationales Kolloquium des Zentrums für Mittelalterstudien der Otto-Friedrich-Universität Bamberg. 11. und 12. Februar 2005. Hrsg. von Ursula Götz und Stefanie Stricker. Heidelberg 2006. (Germanistische Bibliothek 26.)

Nievergelt, Runenschr.[2] Andreas Nievergelt, Althochdeutsch in Runenschrift. Geheimschriftliche volkssprachige Griffelglossen. 2., aktualisierte und erweiterte Aufl. Stuttgart 2019. (ZfdA. Beihefte 11.); zuvor nach der ersten Aufl. Stuttgart 2009 zitiert.

Publ. 91 (Sonderdruck),152 Jean Schroeder, Bibliothek und Schule der Abtei Echternach um die Jahrtausendwende. Diss. Freiburg im Breisgau. Sonderdruck aus: Publ. 91 (1977), 201–378, dort 352.

RSLR 47,31–56 Patrizia Carmassi, A newly discovered text on liturgical reform from XII century Halberstadt and its historical context (Halberstadt, Domschatz, Inv.-Nr. 471). (2011).

Schede Med. 14–15,15–28 Patrizia Lendinara, Una nuova versione del *Quid suum virtutis.* (1988).

Schiegg, Frühma. Gl. Markus Schiegg, Frühmittelalterliche Glossen. Ein Beitrag zur Funktionalität und Kontextualität mittelalterlicher Schriftlichkeit. Heidelberg 2015. (Germanistische Bibliothek 52.)

Schimpf, Bibelglossar Ira Natalie Schimpf, Das Bibelglossar der Handschrift Rom, Pal. lat. 288. Edition des Bibelglossars mit Übersetzung. Heidelberg 2004. (Germanistische Bibliothek 20.)

Schreiber, Glossen S. 145 Herbert Schreiber, Die Glossen des codex Parisinus 2685 und ihre Verwandten. Diss. Jena 1961 (Masch.).

Speculum 94,235–237 Elke Krotz über Falko Klaes, Mittelalterliche Glossen und Texte aus Trier. Studien zur volkssprachigen Trierer Überlieferung von den Anfängen bis zum Ende des 11. Jahrhunderts im lateinischen Kontext. Heidelberg 2017. (Germanistische Bibliothek 60.) (2019).

Sprachwiss. 16,116–141 Stefanie Stricker, Volkssprachiges im Ruodlieb. (1991); verglichen werden die vier ahd. Gll. S. 133–136.

– 28,57–84 Heinrich Tiefenbach, Die altsächsischen Glossen zur Psychomachie des Prudentius im Pariser Codex lat. 18554. Mit einer Karte. (2003).

– 36,1–34 Norbert Kruse, Glossen in zwei Handschriften der ehemaligen Weingartner Klosterbibliothek. (2011); zu den Aufnahmekriterien s. unter Festschr. Schmid S. 181–212.

– 36,307–358 Andreas Nievergelt, Zur gegenwärtigen Quellen- und Editionslage der althochdeutschen Glossen. (2011).

– 37,375–421 Andreas Nievergelt, Nachträge zu den ahd. Glossen (2012). (2012).

– 38,171–210 Falko Klaes, Unedierte und übersehene Glossen zu Walahfrid Strabos Bibelkommentaren nach Hrabanus Maurus. Mit einer Liste der Handschriften. (2013).

– 38,383–425 Andreas Nievergelt, Nachträge zu den althochdeutschen Glossen (2013). (2013).

– 39,371–424 Elke Krotz, *falzstuol, tart* und *mosaluomer.* Neue althochdeutsche Priscianglossen. (2014).

– 40,289–340 Andreas Nievergelt, Nachträge zu den althochdeutschen und altsächsischen Glossen (2014/2015). (2015).

– 42,121–176 Andreas Nievergelt, Nachträge zu den althochdeutschen und altsächsischen Glossen (2015/2016). (2017).

Storia e Letteratura 53,344–350 Augusto Beccaria, I Codici di Medicina del Periodo Presalernitano (secoli IX, X e XI). Roma 1956. (Storia e Letteratura. Raccolta di Studi et Testi 53.)

Vater S. 54–61 Andreas Nievergelt, Alemannen und Franken und ihre Sprachen. In: Vater für die Armen. Otmar und die Anfänge des Klosters St. Gallen. Sommerausstellung 12. März 2019 bis 17. November 2019. Hrsg. von Cornel Dora. St. Gallen 2019.

Verwandtschaft S. 56–77 Claudine Moulin, Paratextuelle Netzwerke. Kulturwissenschaftliche Erschließung und soziale Dimensionen der althochdeutschen Glossenüberlieferung. In: Verwandtschaft, Freundschaft, Bruderschaft. Soziale Lebens- und Kommunikationsformen im Mittelalter. Akten des 12. Symposiums des Mediävistenverbandes vom 19. bis 22. März 2007 in Trier. Hrsg. von Gerhard Krieger. Berlin 2009.

Vetus lat. S. 39–60 Andreas Nievergelt, Die Verwendung der Handschrift im Kloster St. Gallen. In: Rudolf Gamper, Philipp Lenz und Andreas Nievergelt, Die Vetus-Latina-Fragmente aus dem Kloster St. Gallen. Faksimile – Edition – Kommentar. Dietikon · Zürich 2012.

ZfdPhil. 128,321–345 Andreas Nievergelt, Irrgänger, Teufelskinder und unkeusche Spiele. Althochdeutsche Griffelglossen zu Isidor von Sevilla „De ecclesiasticis officiis" (1). (2009).

– 129,1–48 Andreas Nievergelt, Pfiff und Gesang. Althochdeutsche Griffelglossen zu Isidor von Sevilla „De ecclesiasticis officiis" (2). (2010).

Nachtrag zu den Murbacher Hymnen (H):

Zu vergleichen ist auch:

Gerhards Stefanie Gerhards, Die Murbacher Hymnen. Edition nach der Handschrift Junius 25, Bodleian Library, Oxford. München 2018. (English and Beyond 5.)

Siewerts Ute Siewerts, Qualität und Funktion althochdeutscher Übersetzungen am Beispiel der Murbacher Hymnen. Berlin 2010. (Berliner Sprachwissenschaftliche Studien 17.)

Nachträge zu den Schriften Notkers (N):

Zu Npw ist auch zu vergleichen:

Firchow, Npw S. 5–203. 213–421. 423–461 Der Codex Vindobonensis 2681 aus dem bayerischen Kloster Wessobrunn um 1100. Diplomatische Textausgabe der Wiener Notker Psalmen, Cantica, Wessobrunner Predigten und katechetischen Denkmäler. Mit Konkordanzen und Wortlisten auf einer CD. Hrsg. von Evelyn Scherabon Firchow unter Mitarbeit von Richard Hotchkiss. Hildesheim · Zürich · New York 2009.

Nachträge zu den kleineren althochdeutschen Sprachdenkmälern (S):

Wilhelm, Denkm. Text Denkmäler deutscher Prosa des 11. und 12. Jahrhunderts. Hrsg. und mit Kommentar und Einleitung versehen von Friedrich Wilhelm. A: Text. München 1914. (Münchener Texte 8.) Nachdruck München 1960. (Germanistische Bücherei 3.)

Zeitzer B. S. 47–74 Brigitte Bulitta, Ein verkanntes althochdeutsches Sprachdenkmal: Die lateinisch-deutsche Beichte von Zeitz. In: Die Stiftsbibliothek und das Stiftsarchiv Zeitz. Für das Museum Schloss Moritzburg Zeitz hrsg. von Detlef Deye und Roland Rittig. Zeitz 2006. (Schriften des Museums Schloss Moritzburg Zeitz.)

Zu S 105–107 (*Ps. 138*):

Konnektoren S. 77–100 Claudia Wich-Reif, Syntaktische Beziehungen in Psalm 138. In: Konnektoren im älteren Deutsch. Akten des Pariser Kolloquiums. März

2002. Hrsg. von Yvon Desportes. Heidelberg 2003. (Germanistische Bibliothek 15.)

Zu S 124–132 (*Phys.*):

Herangezogen wird auch (für Latein):

Denkmäler deutscher Prosa des 11. und 12. Jahrhunderts. Hrsg. und mit Kommentar und Einleitung versehen von Friedrich Wilhelm. B: Kommentar. München 1916–1918. (Münchener Texte 8.) Nachdruck München 1960. (Germanistische Bücherei 3.); zitiert als *Wilhelm, Komm.*

Zu S 135–148 (*BB, WB*):

Zu vergleichen ist auch:

Firchow, WB S. 203–212 Der Codex Vindobonensis 2681 aus dem bayerischen Kloster Wessobrunn um 1100. Diplomatische Textausgabe der Wiener Notker Psalmen, Cantica, Wessobrunner Predigten und katechetischen Denkmäler. Mit Konkordanzen und Wortlisten auf einer CD. Hrsg. von Evelyn Scherabon Firchow unter Mitarbeit von Richard Hotchkiss. Hildesheim · Zürich · New York 2009.

Zu S 156–162. 168–172. 173–178 (*Preds. A, Preds. B, Preds. C*):

Herangezogen wird auch:

Hellgardt, Pred. Die spätalthochdeutschen ‚Wessobrunner Predigten' im Überlieferungsverbund mit dem ‚Wiener Notker'. Eine neue Ausgabe. Hrsg. von Ernst Hellgardt. Berlin 2014; ersetzt ZfdPhil. 130 und 131.

ZfdPhil. 130,1–49 Die spätalthochdeutschen ‚Wessobrunner Predigten' im Überlieferungsverbund mit dem ‚Wiener Notker'. Eine neue Ausgabe. Hrsg. von Ernst Hellgardt. Teil I: Texte. (2011); ist ersetzt durch Hellgardt, Pred.

– 131,33–72 Die spätalthochdeutschen ‚Wessobrunner Predigten' im Überlieferungsverbund mit dem ‚Wiener Notker' von Ernst Hellgardt. Teil II: Quellen. (2012); ist ersetzt durch Hellgardt, Pred.

Zu S 156–162 (*Preds. A*) wird noch herangezogen:

Befund u. Deutung S. 228–239 Ulrich Montag, Neue Fragmente der Wessobrunner Predigten. In: Befund u. Deutung. Zum Verhältnis von Empirie und Interpretation in Sprach- und Literaturwissenschaft. Hrsg. von Klaus Grubmüller u. a. Tübingen 1979.

Zu vergleichen ist auch:

Firchow, Preds. A S. 1–4 Der Codex Vindobonensis 2681 aus dem bayerischen Kloster Wessobrunn um 1100. Diplomatische Textausgabe der Wiener Notker Psalmen, Cantica, Wessobrunner Predigten und katechetischen Denkmäler. Mit Konkordanzen und Wortlisten auf einer CD. Hrsg. von Evelyn Scherabon Firchow unter Mitarbeit von Richard Hotchkiss. Hildesheim · Zürich · New York 2009.

Zu S 168–172 (*Preds. B*) ist auch zu vergleichen:

Firchow, Preds. B S. 421–422. 461–468 Der Codex Vindobonensis 2681 aus dem bayerischen Kloster Wessobrunn um 1100. Diplomatische Textausgabe der Wiener Notker Psalmen, Cantica, Wessobrunner Predigten und katechetischen Denkmäler. Mit Konkordanzen und Wortlisten auf einer CD. Hrsg. von Evelyn Scherabon Firchow unter Mitarbeit von Richard Hotchkiss. Hildesheim · Zürich · New York 2009.

Zu S 305–307 (*Cap.*):

Rhein. Vjbll. 39,272–310 s. Ahd. Wb. 4,XIII; zit. als *Cap. Hs.*

Zu S 367 (*Trierer Spruch*):

Zu vergleichen ist auch:

Klaes, Mittelalterliche Gll. S. 337 Falko Klaes, Mittelalterliche Glossen und Texte aus Trier. Studien zur volkssprachigen Trierer Überlieferung von den Anfängen bis zum Ende des 11. Jahrhunderts im lateinischen Kontext. Heidelberg 2017. (Germanistische Bibliothek 60.)

Zu S 378 (*Trierer Blutsegen, 11. Jh.*):

Zu vergleichen ist auch:

Klaes, Mittelalterliche Gll. S. 334 Ebda.

Zu S 380–381 (*Contra cad. morb.*):

Zu vergleichen ist auch:

ZfdA. 138,296–311 Annarita Pogliani, Durch ein ungleiches Schicksal verbunden. Die zwei Fassungen des altdeutschen Fallsuchtsegens. (2009).

Zu S 381 Lateinischer Fiebersegen, 12. Jh. (?):

Haeseli, Performativität S. 186 Christa M. Haeseli, Magische Performativität. Althochdeutsche Zaubersprüche in ihrem Überlieferungskontext. Würzburg 2011. (Philologie der Kultur 4.)

Zu S 383 (*Contra malum*):

Zu vergleichen ist auch:

Klaes, Mittelalterliche Gll. S. 314 Falko Klaes, Mittelalterliche Glossen und Texte aus Trier. Studien zur volkssprachigen Trierer Überlieferung von den Anfängen bis zum Ende des 11. Jahrhunderts im lateinischen Kontext. Heidelberg 2017. (Germanistische Bibliothek 60.)

Zu S 399 (*Wider den Teufel*):

Zu vergleichen ist auch:

Klaes, Mittelalterliche Gll. S. 557 Ebda.

Zu S 400 (*Reimspruch*):

Zu vergleichen ist auch:

Klaes, Mittelalterliche Gll. S. 544 Ebda.

Zu S 401 (*Spottverse 1*):

Herangezogen wird auch:

Ahd. u. as. Lit. S. 118–120 Andreas Nievergelt, 'St. Galler Verse' (Cod. 105). In: Althochdeutsche und altsächsische Literatur. Hrsg. von Rolf Bergmann. Berlin · Boston 2013. (De Gruyter Lexikon.)

Zu MGh Carm. Cant. S. 74–77 (*Kleriker u. Nonne*):

Zu vergleichen ist auch:

Breul, Cambridge Songs The Cambridge Songs. A Goliard's song book of the XIth century. Edited ... by Karl Breul. Cambrigde 1915.

Dronke 2 Peter Dronke, Medieval Latin and the rise of European love-lyric. Vol. II: Medieval Latin love-poetry. Second Edition. Oxford 1968.

Nachtrag zu den kleineren altsächsischen Sprachdenkmälern (Wa):

Zu Amsterd. Beitr. 26,1–10 (*Paderborner Ps.-Fragm.*):

Festschr. Holmberg S. 213–220 Arend Quak, Nachträge zum Paderborner Fragment einer altsächsischen interlinearen Psalmenübersetzung. In: Festschrift für Märta Åsdahl Holmberg zu ihrem 80. Geburtstag. Hrsg. von Dieter Krohn, Bengt Sandberg und Martin Todtenhaupt. Göteborg 1999. (Germanistische Schlaglichter 4.)

2. Die lateinischen Vorlagen

Acta apost. Matth. = Acta apostolorum apocrypha. Matthäus. Zitiert nach Sprachwiss. 42,137.

Acta Jul. et soc. mart. = Acta SS. Ivliani, et sociorum martyrum. AASS Januarii I,575–587.

Aderlaßtext = Text über Aderlaßstellen. In: Karl Sudhoff, Beiträge zur Geschichte der Chirurgie im Mittelalter. Graphische und textliche Untersuchungen in mittelalterlichen Handschriften. Erster Teil. Leipzig 1914. (Studien zur Geschichte der Medizin 10.) S. 169 f.

Alc., Ep. = B. Flacci Albini seu Alcuini Epistolae. PL 100,135-514.

Ambrosiaster, Comm. in Paul. = Ambrosiastri qui dicitur commentarius in Epistulas Paulinas. Vol. 1: In epistulas ad Romanos. Rec. Heinrich Joseph Vogels. Vindobonae 1966. (CSEL 81, 1.)

Anth., De observ. cib. = Anthimi de observatione ciborum epistula ad Theudericum regem Francorum ... edidit Valentinus Rose. Lipsiae 1877.

Ar. s. Ahd. Wb. 1,XV; benutzt wird auch die Ausgabe von Árpád Péter Orbán, Aratoris Subdiaconi Historia Apostolica. Pars. I. Pars II. Turnhout 2006. (CCSL 130. 130A.); zitiert als CCSL 130,216–407, für die lateinischen Glossen CCSL 130A,31–693.

–, *Ep. ad Flor.* s. Ahd. Wb. 1,XV; benutzt wird auch CCSL 130,211 f., für die lateinischen Glossen CCSL 130A,2–14.

–, *Ep. ad Vig.* s. Ahd. Wb. 1,XV; benutzt wird auch CCSL 130,213–215, für die lateinischen Glossen CCSL 130A,15–31.

Aratus = Aratus, Phaenomena nach Germanicus Caesar. Für Nc zitiert nach Notker latinus; vgl. Nc Ausg. K.-T. Bd. 4A, S. XXV, dort als „GC ar".

Aug., De perf. = S. Aurelii Augustini ... de perfectione iustitiae hominis liber. PL 44,291–318.

– *in Joan.* s. Ahd. Wb. 1,XV; benutzt wird auch die Ausgabe von R. Willems. 1. Aufl. Turnhout 1954. 2. Aufl. Turnhout 1990. (CCSL 36.)

Beda, Hom. gen. = Venerabilis Bedae ... Homiliae genuinae. PL 94,9–268.

Boeth., Cons. s. Ahd. Wb. 1,XV; benutzt wird auch die Ausgabe von Claudio Moreschini. 2. Aufl. München und Leipzig 2005. (Bibl. Teubn. 1278.)

Bogaert = Pierre Maurice Bogaert, Recensions de la vieille version latine de Judith. II. Le „Monacensis". Revue Bénédictine 85 (1975), 241–265.

Caes., Hom. s. Ahd. Wb. 1,XV; benutzt wird auch die Ausgabe von Germain Morin. Turnhout 1953. (CCSL 103.)

Cavajoni, Suppl. = Supplementum adnotationum super Lucanum. Edidit Giuseppe A. Cavajoni. I: Libri I–V. Milano 1979. (Testi e documenti per lo studio dell'antichita 63, 1). II: Libri VI–VII. Milano 1984. (Testi e documenti per lo studio dell'antichita 63, 2). III: Libri VIII–X. Amsterdam 1990. (Classical and Byzantine monographs 16.)

CCCM = Corpus Christianorum continuatio Mediaevalis. Vol. 1 ff. Turnhout 1971 ff.

Conc. Anc. s. Ahd. Wb. 1,XVI; benutzt wird auch die Ausgabe von Adolf Strewe, Die Canonessammlung des Dionysius Exiguus in der ersten Redaktion. Berlin · Leipzig 1931. (Arbeiten zur Kirchengeschichte 16.)

– *Nic.* s. Ahd. Wb. 1,XVI; benutzt wird auch die Ausgabe von Cuthbert Hamilton Turner. Oxford 1899. (EOMIA 1,1,1.)

De pond. = De ponderibus et mensuris. Zitiert nach Sprachwiss. 40,333.

Def. fidei Chalc. = Definitio fidei concilii Chalcedonensis. Editio IV. Mansi VII,752–758.

Einh., Vita Kar. = Einhardi Vita Karoli Magni. Post G. H. Pertz rec. G. Waitz. Editio sexta. Curavit O. Holder-Egger. Hannoverae et Lipsiae 1911. (MGh SS rer. Germ. 25.)

EOMIA = Ecclesiae occidentalis monumenta iuris antiquissima. Canonum et conciliorum graecorum interpretationes latinae. Vol. 1 ff. Oxford 1899 ff.

Ess. Missale = Essener Missale; Bibeltexte zitiert nach Vulg., s. Ahd. Wb. 1,XX.

García González, Herbas = Alejandro García González, „Herbas, ut flores, tellus fert multicolores". Edición y estudio de un poema botánico medieval. Minerva. Revista de filología clásica 21 (2008), 155–194.

Greg., Cura s. Ahd. Wb. 1,XVII; benutzt wird auch die Ausgabe von Bruno Judic, Floribert Rommel und Charles Morel. 2 Bde. Paris 1992. (SC 381. 382.)

–, *Dial.* s. Ahd. Wb. 1,XVII; benutzt wird auch die Ausgabe von Adalbert De Vogüé und Paul Antin. 3 Bde. Paris 1978. 1979. 1980. Nachdruck 2013. 2011. 2013. (SC 251. 260. 265.)

–, *Hom.* s. Ahd. Wb. 1,XVII; benutzt wird auch die Ausgabe von Raymond Étaix. Turnhout 1999. (CCSL 141.)

–, *Mor. in Job* s. Ahd. Wb. 1,XVII; benutzt wird auch die Ausgabe von Marcus Adriaen. 3 Vol. Turnhout 1979. 1979. 1985. (CCSL 143. 143A. 143B.)

H. Ambr. = Hymnus Ambrosianus Te deum laudamus. In: Johann Kayser, Beiträge zur Geschichte und Erklärung der ältesten Kirchenhymnen. Mit besonderer Rücksicht auf das römische Brevier. [Bd. 1.] 2., umgearbeitete und vermehrte Aufl. Paderborn 1881. Nachdruck Norderstedt 2016, S. 445–448.

Help., De comp. = Helperici Sangallensis liber de computo. PL 137,17–48.

Hom. Mart. s. Ahd. Wb. 1,XVII; abgedruckt bei Maurice Coens, Un miracle posthume de S. Martin à Chablis. An. Boll. 50 (1932), 284–294.

Is., Diff. = Sancti Isidori ... differentiarum, sive de proprietate sermonum libri duo. PL 83,9–98.

–, *De off.* s. Ahd. Wb. 1,XVII; benutzt wird auch die Ausgabe von Christopher M. Lawson. Turnhout 1989. (CCSL 113.)

–, *Sent.* = ... sententiarum libri tres. PL 83,537–1200; benutzt wird auch die Ausgabe von Pierre Cazier. Turnhout 1998. (CCSL 111.)

–, *Gloss.* = ... glossae in sacram scripturam. PL 83,1301–1320.

Jülicher^{2} = Itala. Das neue Testament in altlateinischer Überlieferung nach den Handschriften hrsg. von Adolf Jülicher. Durchgesehen und zum Druck besorgt von Walter Matzkow und Kurt Aland. Bd. I: Matthäus-

Evangelium. Bd. II: Marcus-Evangelium. Bd. III: Lucas-Evangelium. 2., verb. Aufl. Berlin · New York 1972. 1970. 1975.

Julian, Progn. = Sancti Juliani Toletani episcopi προγνωστικῶν futuri saeculi libri tres. PL 96,453–526.

Junil., De part. = Junilius Africanus, De partibus divinae legis. PL 68,13–42.

Leo, Serm. = S. Leonis magni sermones et epistolae. PL 54,134–552. Benutzt wird auch die Ausgabe von A. Chavasse. Turnhout 1973. (CCSL 138.)

Long. = Longissimam. Text zur Mensurierung der Orgelpfeifen. Für Nm zitiert nach Notker Latinus; vgl. Ausg. K.-T. Bd. 7A, S. XV, dort als „Long".

Maur. s. Ahd. Wb. 1,XVIII; benutzt wird auch die Ausg. von Anke Paravicini, Quid suum virtutis. Eine Lehrdichtung des XI. Jahrhunderts. Heidelberg 1980. (Editiones Heidelbergenses 21.)

MGh SS rer. Germ. = Monumenta Germaniae historica. Scriptores rerum Germanicarum in usum scholarum separatim editi.

Pass. Afrae = Passio S. Afrae. Oliva Ausonensis sive vicensis episcopus. De conversione beatae Afrae. PL 142,593–598.

– *Agathae* = (Passio Agathae.) Libellus de festivitatibus ss. apostolorum. A. Nonis Februarii. PL 123,198–200.

– *Agn.* = Passio gloriosae virginis Agnetis. Mombr. I,40–44.

– *Cir. et Jul.* = (Passio Ciryci et Iulittae.) Zitiert nach Sprachwiss. 42,140.

– *Julianae* = (Passio) Julianae virginis et martyris. Breviarium ad usum insignis ecclesiae sarum. Fasciculus III ... labore ac studio Francisci Procter et Christophori Wordsworth. Cantabrigiensis 1886, p. 169–172.

– *Philippi* = Passio Philippi. AASS Maii I,6–19.

Passio S. Viti = Passio S. Viti (ungedruckt; nach Digitalisat der Hs. clm 14364).

Patern.-Auslegung = Paternoster-Auslegung; für das Leipziger Fragment zitiert nach Festschr. Glaser S. 153–158; zu vergleichen ist auch Reinhold Schnurr, Katechetisches in vulgärlateinischer und rheinfränkischer Sprache aus der Weissenburger Handschrift 91 in Wolfenbüttel. Diss. Greifswald 1894, S. 8 f.

Pelag., Expos. = Alexander Souter, Pelagius's expositions of thirteen epistles of Saint Paul. Vol. 1: Introduction. Vol. 2: Text and apparatus criticus. Cambridge 1922. 1926. Nachdruck Nendeln 1967. (Texts and Studies. Contributions to Biblical and Patristic Literature 9,1. 2.)

Pers. s. Ahd. Wb. S. XIX; benutzt wird auch die Ausgabe von Walter Kißel. Berlin 2007. (Bibl. Teubn.)

Praef. in Luc. = Praefatio vel argumentum Lucae. Wordsworth-White 1,269–272.

Prud. s. Ahd. Wb. 1,XIX; benutzt wird auch die Ausgabe von M. P. Cunningham. Turnhout 1966. (CCSL 126.)

Ps., Prol. III = (Prologus in psalmos.) Epistola Damasi papae ad Hieronymum presbyterum. PL 130,658–659.

Ps.-Aug., Quaest. s. Ahd. Wb. 1,XVI; benutzt wird auch die Ausgabe von A. Souter, Pseudo-Augustini quaestiones Veteris et Novi Testamenti CXXVII. Accedit appendix continens alterius editionis quaestiones selectas. Wien 1908. Reprint New York u. a. 1963. (CSEL 50.)

–, *Hom.* = Pseudo-Augustinus, Homilien. In: Graziano di S. Teresa, Ramenta patristica I. Il Florilegio Pseudagostiniano Palatino. Ephemerides Carmeliticae 14 (1963/1), 195–241.

–, *Serm.* = Sancti Augustini novos ex codicibus vaticanis sermones. Rom 1852. (Bibl. nov. patr. 1.)

Ps.-Beda, Hom. in ep. et lect. = Homiliae venerabilis Bedae ... in D. Pauli epistolas et alias veteris et Novi Testamenti lectiones ... apud Ioannem Gymnicum. Coloniae 1535.

Ps.-Bonif., Serm. = Sancti Bonifacii ... operum quae extant omnium pars secunda. Sermones. PL 89,843–872.

Ps.-Ephr., Dictum s. *Ephr. Syr.*, Ahd. Wb. 5,IX.

PTS = Patristische Texte und Studien. Berlin. Bd. 1 ff. 1963 ff.

Ruf., De Greg. Thaumat. = Rufinus, De Gregorio Thaumaturgo, s. *Ruf., Hist. eccl. p. 953–956.*

–, *Hist. monach.* = Tyrannius Rufinus, Historia monachorum sive de vita sanctorum patrum. Hrsg. von Eva Schulz-Flügel. Berlin · New York 1990. (PTS 34.)

SC = Sources Chrétiennes. Vol. 1 ff. Paris 1942 ff.

Schol. ad. Pers. = Scholia antiqua ad Persium. In: Auli Persii Flacci satirarum liber ... ed. Otto Iahn. Lipsiae 1843, p. 243–350.

Scol. ench. = Scolica enchiriadis. Für Nm zitiert nach Notker latinus; vgl. Ausg. K.-T. Bd. 7A, S. XVIII, dort als „SE".

Sed. Scot., Collect. = Sedulii Scotti collectanea in omnes B. Pauli Epistolas. PL 103,9–270.

Serm. de reg. = Sermo de regio caelorum. Zitiert nach Glossen Freising S. 173.

Sinon. Barth. = Sinonoma Bartholomei. A glossary from a fourteenth-century manuscript in the Library of Pembroke College, Oxford. Ed. by J. L. G. Mowat. Oxford 1882. Reprint Oxford 1989. (Anecdota Oxoniensia I, 1.)

Terenz, Heautontim. = P. Terenti Afri Heautontimorumenos. P. Terenti Afri Comoediae itervm rec. Alfredvs Fleckeisen. Lipsiae 1905, p. 52–101.

Versus Romae = Versus Romae. Anonymes Gedicht im Appendix ad Iohannem Scottum. In: Poetae Latini aevi Carolini rec. Lvdovicvs Travbe. MGh Poetae Lat. III. Berolinii 1896, p. 555 f.

Vita Antigoni et Eupraxiae = Vita sanctae Euphrasiae. Vitae patrum I. PL 73,623–644.

– *Aviti* = Vita sancti Aviti presbyteri. Catalogus codicum hagiographicorum bibliothecae regiae Bruxellensis. Ediderunt hagiographi Bollandiani. Pars I. Codices latini membranei. Tomus I. Bruxellis 1886, p. 57–63.

– *Germ.* = De vita et miraculis et de translatione Sancti Germani. In: Poetae Latini aevi Carolini. Tom. IV,1 rec. Pavlvs de Winterfeld. MGh Poetae Lat. IV,1. Berolini 1899, p. 123–140.

Vitae patr. s. Ahd. Wb. 1,XX; benutzt wird auch PL 73.

Walahfr., Epitome commentariorum Rabani in Lev. = Walahfridi Strabi ... epitome commentariorum Rabani in Leviticum. PL 114,795–850.

Wilh., Const. Hirs. = Sancti Wilhelmi Constitutiones Hirsaugienses. PL 150,927-1146; benutzt wird auch die Ausgabe von Pius Engelbert und Candida Elvert. Siegburg 2010.

II. Zitierte Literatur

AAPP = Atti della Accademia Peloritana dei Pericolanti. Classe di Scienze Storiche e Classe di Lettere, Filosofia e Belle Arti. N. S. 1 ff. Messina. 1936 ff.

Ahd. u. as. Lit. = Althochdeutsche und altsächsische Literatur. Hrsg. von Rolf Bergmann. Berlin · Boston 2013. (De Gruyter Lexikon.)

Akademie Aktuell = Akademie Aktuell. Zeitschrift der Bayerischen Akademie der Wissenschaften. Heft 1 ff. München 2001 ff.

AKG = Archiv für Kulturgeschichte. Bd. 1 ff. Köln · Wien 1903 ff.

An. Boll. = Analecta Bollandiana. Revue critique d'hagiographie. Bd. 1 ff. Buxelles · Paris 1882 ff.

André, Noms = Jacques André, Les noms des plantes dans la Rome antique. Paris 2010. (Collection d'Études anciennes. Série latine 47.)

Angenendt = Arnold Angenendt, Geschichte der Religiosität im Mittelalter. 4. Aufl. Darmstadt 2009.

Annotated book = The annotated book in the early Middle Ages. Practices of reading and writing. Edited by Mariken Teeuwen and Irene van Renswoude. Turnhout 2017. (Utrecht Studies in Medieval literacy 38.)

Apfelböck, Tradition = Hermann Apfelböck, Tradition und Gattungsbewußtsein im deutschen Leich. Ein Beitrag zur Gattungsgeschichte mittelalterlicher musikalischer „discordia". Tübingen 1991. (Hermaea. Neue Folge 62.)

Arch. f. Kulturgeschichte s. AKG

Arch. Lat. med. aev. = Archivum Latinitatis Medii Aevi (Bulletin du Cange). Vol. 1 ff. Genève 1924 ff.

Archive = Archive in Bayern. Bd. 1 ff. München 2003 ff.

AUC Theol. = Acta Universitatis Carolinae. Theologica. Bd. 1 ff. Prag 2011 ff.

Bauer, Grenzbeschreibungen = Reinhard Bauer, Die ältesten Grenzbeschreibungen in Bayern und ihre Aussagen für Namenkunde und Geschichte. München 1988. (Die Flurnamen Bayerns 8.)

Bauer, Runengedichte = Alessia Bauer, Runengedichte. Texte, Untersuchungen und Kommentare zur gesamten Überlieferung. Wien 2003. (Studia medievalia septentrionalia 9.)

Bauer, Wb. z. NT = Walter Bauer, Griechisch-deutsches Wörterbuch zu den Schriften des Neuen Testaments und der frühchristlichen Literatur. 6., völlig neu bearbeitete Aufl. hrsg. von Kurt Aland und Barbara Aland. Berlin · New York 1988.

Baur, Adj. = Arthur Baur, Das Adjektiv in Notkers Boethius. Unter besonderer Berücksichtigung seines Verhältnisses zur lateinischen Vorlage. Diss. Zürich 1940.

Beck, Zaubersprüche[2] = Wolfgang Beck, Die Merseburger Zaubersprüche. 2., korrigierte Aufl. Wiesbaden 2011. (Imagines Medii Aevi 16.)

BEF = Hieronymus, Biblia sacra vulgata. Lateinisch-deutsch. Hrsg. von Andreas Beriger, Widu-Wolfgang Ehlers und Michael Fieger. 5 Bde. Berlin · Boston 2018. (Sammlung Tusculum.)

Beifuss, Wortb. = Helmut Beifuss, Diachrone Betrachtungen zur Wortbildung im Germanischen. Eine Studie zur Herkunft, Verbreitung und Weiterentwicklung der germanischen *-ōþu/-ōdu*-Bildungen. Frankfurt am Main u. a. 1991. (Information und Interpretation 5.)

Berschin, Gr.-lat. Mittelalter = Walter Berschin, Griechisch-lateinisches Mittelalter. Von Hieronymus zu Nikolaus von Kues. Bern · München 1980.

Birkhan = Helmut Birkhan, Pflanzen im Mittelalter. Eine Kulturgeschichte. Wien · Köln · Weimar 2012.

Bischoff, Kat. = Bernhard Bischoff, Katalog der festländischen Handschriften des neunten Jahrhunderts (mit Ausnahme der wisigotischen). Hrsg. von Birgit Ebersperger. 4 Bde. Wiesbaden 1998–2017. (Bayerische Akademie der Wissenschaften. Veröffentlichungen der Kommission für die Herausgabe der mittelalterlichen Bibliothekskataloge Deutschlands und der Schweiz.)

Blum, Wörter d. Zornes = Siegfried Blum, Wörter des Zornes im Althochdeutschen. Diss. Leipzig 1958 (Masch.).

Blum, Wortsch. = Sybille Blum, Wortschatz und Übersetzungsleistung in den althochdeutschen Canonesglossen. Untersuchungen zur Handschrift Frankfurt am Main Ms. Barth. 64. Berlin 1986. (S.-B. d. Sächs. Akad. d. Wiss., Phil.-hist. Kl. 126. H. 7.)

Bognar-Fissel = Katherine Bognar Fissel, Wortbildung und Wortwahl in der deutschen Paraphrase des Hohen Liedes Willirams von Ebersberg. Diss. Saarbrücken 1978 (Masch.).

de Boor, Kl. Schr. = Helmut de Boor, Kleine Schriften. Hrsg. von Roswitha Wisniewski und Herbert Kolb. Bd. 1: Mittelhochdeutsche Literatur. Bd. 2: Germanische und deutsche Heldensage: Mittelhochdeutsche Metrik. Berlin 1964. 1966. (Kleinere Schriften zur Literatur- und Geistesgeschichte 1. 2.)

Bosworth, Compendious Dict. = A Compendious Anglo-Saxon and English Dictionary by ... Joseph Bosworth. London 1901.

Braun, Liturgische Gewandung = Joseph Braun S. J., Die liturgische Gewandung im Occident und Orient nach Ursprung und Entwicklung, Verwendung und Symbolik. Freiburg im Breisgau 1907.

Braune, Ahd. Gr.[16] = Wilhelm Braune, Althochdeutsche Grammatik I. 16. Aufl. bearb. von Frank Heidermanns. Berlin · Boston 2018. (Samml. kurzer Gr. germ. Dial. A,5/1.)

Breidbach, Reise = Winfried Breidbach, Reise – Fahrt – Gang. Nomina der Fortbewegung in den altgermanischen Sprachen. Frankfurt am Main u. a. 1994. (Sprachwelten 9.)

Breul, Cambridge Songs = The Cambridge Songs. A Goliard's song book of the XIth century. Edited ... by Karl Breul. Cambrigde 1915.

Bringemeier, Priester- und Gelehrtenkleidung = Martha Bringemeier, Priester- und Gelehrtenkleidung. Tunika/Sutane. Schaube/Talar. Ein Beitrag zu einer geistesgeschichtlichen Kostümforschung. Münster 1974. (Rheinisch-Westfälische Zeitschrift für Volkskunde. Beiheft 1.)

BStK = BStK Online. Datenbank der althochdeutschen und altsächsischen Glossenhandschriften (glossen.germ-ling.uni-bamberg.de); vgl. noch *Gl.-Kat.*

BWB = Bayerisches Wörterbuch. Hrsg. von der Kommission für Mundartforschung. Bd. 1 ff. München 2002 ff. (Bayerisch-Österreichisches Wörterbuch. II. Bayern.)

Casaretto = Antje Casaretto, Nominale Wortbildung der gotischen Sprache. Die Derivation der Substantive. Heidelberg 2004. (Idg. Bibl. Dritte Reihe.)

ChWdW8 = Elmar Seebold, Chronologisches Wörterbuch des deutschen Wortschatzes. [Bd. 1:] Der Wortschatz des 8. Jahrhunderts (und früherer Quellen). Bearbeitet von Elmar Seebold unter Mitarbeit von Brigitte Bulitta, Elke Krotz, Judith Stieglbauer-Schwarz, Christiane Wanzeck. Berlin · New York 2001.

ChWdW9 = Elmar Seebold, Chronologisches Wörterbuch des deutschen Wortschatzes. Bd. 2: Der Wortschatz des 9. Jahrhunderts. Bearbeitet von Elmar Seebold unter Mitarbeit von Brigitte Bulitta, Elke Krotz, Elisabeth Leiss. Berlin · New York 2008.

Clark Hall-Meritt s. *Hall-Meritt.*

Cox, Sarg = Heinrich L. Cox, Die Bezeichnungen des Sarges im Kontinental-Westgermanischen. Eine wortgeographisch-sprachliche Untersuchung vor allem auf Grund der Frage 165 f des Atlas der deutschen Volkskunde. Assen 1967. (Studia theodisca 7.)

Darms, Schwäher = Georges Darms, Schwäher und Schwager, Hahn und Huhn. Die Vṛddhi-Ableitung im Germanischen. München 1978. (Münchener Studien zur Sprachwissenschaft 9.)

Dialektlex. = Stand und Aufgaben der deutschen Dialektlexikographie. II. Brüder-Grimm-Symposion zur Historischen Wortforschung. Beiträge zu der Marburger Tagung vom Oktober 1992. Hrsg. von Ernst Bremer und Reiner Hildebrandt. Berlin · New York 1996. (Historische Wortforschung 4.)

Die Sprache = Die Sprache. Zeitschrift für Sprachwissenschaft. Bd. 1 ff. Wien 1949 ff.

DML = Dictionary of Medieval Latin from British Sources. Prepared by Ronald E. Latham. Fasc. I–XVII. London 1975–2013.

DOE = The Dictionary of Old English. Published … by the Pontifical Institute of Mediaeval Studies. Toronto 1992 ff. (doe.utoronto.ca).

Drews, Juden = Wolfram Drews, Juden und Judentum bei Isidor von Sevilla. Studien zum Traktat *De fide catholica contra Iudaeos.* Berlin 2001. (Berliner historische Studien 34.)

Driver = Godfrey R. Driver, Birds in the Old Testament. I. Birds in Law. Birds in the Old Testament. II. Birds in Life. Palestine exploration quarterly 87 (1955), 5–20. 129–140.

Dronke = Peter Dronke, Medieval Latin and the rise of European love-lyric. Vol. I: Problems and interpretations. Vol. II: Medieval Latin love-poetry. Second Edition. Oxford 1968.

Düwel, Runenkunde = Klaus Düwel, Runenkunde. 4., überarbeitete Aufl. Stuttgart 2008. (Sammlung Metzler 72.)

Eggenberger, Subjektspron. = Jakob Eggenberger, Das Subjektspronomen im Althochdeutschen. Ein syntaktischer Beitrag zur Frühgeschichte des deutschen Schrifttums. Diss. Zürich. Chur 1961.

Egilsson-Jónsson = Sveinbjörn Egilsson, Lexicon poeticum antiquae linguae septentrionalis. Ordbog over det norsk-islandske skjaldesprog. 2. Udgave ved Finnur Jónsson. København 1931. Photomechanischer Nachdruck 1966.

Eis, Fachprosa = Gerhard Eis, Studien zur altdeutschen Fachprosa. Heidelberg 1951. (Germ. Bibl. 3. Reihe. Untersuchungen und Einzeldarstellungen.)

Emmerich, Geiz = Bettina Emmerich, Geiz und Gerechtigkeit. Ökonomisches Denken im frühen Mittelalter. Stuttgart 2004. (Vierteljahrschrift für Sozial- und Wirtschaftsgeschichte. Beihefte 168.)

Engelbert-Elvert = Willehelmi Abbatis Constitutiones Hirsaugienses. Rec. Pius Engelbert adiuvante Candida Elvert. 2 Vol. Siegburg 2010. (Corpus consuetudinum monasticarum 15,1. 2.)

Engelmann, Psychomachie = Die Psychomachie des Prudentius. Lateinisch-deutsch. Eingeführt und übersetzt von Ursmar Engelmann. Basel · Freiburg · Wien 1959.

Esders-Mierau, Klerikereid = Stefan Esders und Heike Johanna Mierau, Der althochdeutsche Klerikereid. Bischöfliche Diözesangewalt, kirchliches Benefizialwesen und volkssprachliche Rechtspraxis im frühmittelalterlichen Baiern. Hannover 2000. (MGh Studien und Texte 28.)

Erren, Georgica 2 = Manfred Erren, P. Vergilius Maro *Georgica.* Bd. 2: Kommentar. Heidelberg 2003. (Wissenschaftliche Kommentare zu griechischen und lateinischen Schriftstellern.)

EWDD (online) = Etymologisches Wörterbuch der deutschen Dialekte (Jena 2004–2006); nicht mehr digital verfügbar.

EWN = Etymologisch woordenboek van het Nederlands onder hoofdredactie van dr. Marlies Philippa met dr. Frans Debrabandere en dr. Arend Quak. 4 Bde. Amsterdam 2004–2009.

ExWNT s. *Exegetisches Wb. z. NT*; vgl. auch die 3., durchges. Aufl. Stuttgart 2011.

Faltings, Adj. = Volkert F. Faltings, Etymologisches Wörterbuch der friesischen Adjektiva. Berlin · New York 2010.

Fels, Prud. = Prudentius, Das Gesamtwerk. Eingeleitet, übersetzt und kommentiert von Wolfgang Fels. Stuttgart 2011. (Bibliothek der Mittellateinischen Literatur 9.)

Festschr. Berthold = Festschrift für Prof. D. Dr. jur. h. c. Dr. phil. Luise Berthold. Giessen 1964. (DWEB 4.)

– *Kock* = Studia Germanica. Tillägnade Ernst Albin Kock den 6 december 1934. Lund 1934. (Lunder germanistische Forschungen 1.)

– *Lühr* = »dat ih dir it nu bi huldi gibu«. Linguistische, germanistische und indogermanistische Studien Rosemarie Lühr gewidmet. Hrsg. von Sergio Neri, Roland Schuhmann und Susanne Zeilfelder. Wiesbaden 2016.

– *Sehrt* = Germanic Studies in honor of Edward Henry Sehrt. Edited by Frithjof Andersen Raven, Wolfram Karl Legner, James Cecil King, Coral Gables 1968. (Miami Linguistics Series 1.)

– *Sonderegger (1992)* = Verborum amor. Studien zur Geschichte und Kunst der deutschen Sprache. Festschrift für Stefan Sonderegger zum 65. Geburtstag. Hrsg. von Harald Burger, Alois M. Haas und Peter von Matt. Berlin · New York 1992.

– *Splett* = Lingua Germanica. Studien zur deutschen Philologie. Jochen Splett zum 60. Geburtstag. Hrsg. von

Eva Schmitsdorf, Nina Hartl und Barbara Meurer. Münster u. a. 1998.

– *Tremp* = Schaukasten Stiftsbibliothek St. Gallen. Abschiedsgabe für Stiftsbibliothekar Ernst Tremp. Hrsg. von Franziska Schnoor, Karl Schmuki und Silvio Frigg. St. Gallen 2013.

Fiedrowicz, Greg. = Gregor der Große, Homiliae in Evangelia. Übersetzt und eingeleitet von Michael Fiedrowicz. 2 Bde. Freiburg u. a. 1997. 1998. (Fontes Christiani 28,1. 2.)

Fil. Germ. = Filologia Germanica. Germanic Philology. Vol. 1 ff. Milano 2009 ff.

Fobbe, Indef. = Eilika Fobbe, Die Indefinitpronomina des Deutschen. Aspekte ihrer Verwendung und ihrer historischen Entwicklung. Heidelberg 2004. (Germanistische Bibliothek 18.)

Frankfurter Münzzeitung = Frankfurter Münzzeitung. Begründet und hrsg. von Paul Joseph. Jg. 1 ff. Frankfurt am Main 1901 ff.

Franz, Tageslauf = Ansgar Franz, Tageslauf und Heilsgeschichte. Untersuchungen zum literarischen Text und liturgischen Kontext der Tagzeitenhymnen des Ambrosius von Mailand. St. Ottilien 1994. (Pietas Liturgica. Studia 9.)

Freudenthal, ahd. rahha = Karl Fredrik Freudenthal, Ahd. *rahha* – ein verschollenes Rechtswort. In: Symbolae Philologicae Gotoburgenses. Minnesskrift utgiven av filologiska samfundet i Göteborg på femtioårsdagen av dess stiftande den 22 Oktober 1950. Göteborg 1950. (Acta Universitatis Gotoburgensis. Göteborgs Högskolas årsskrift 56, 3.) S. 233–239.

von Fritze = Hans von Fritze, Die Rauchopfer bei den Griechen. Berlin 1894.

Fröhlich, Agens = Jürg Fröhlich, Der indefinite Agens im Altenglischen unter besonderer Berücksichtigung des Wortes *man*. Bern 1951. (Schweizer anglistische Arbeiten 25.)

Gamillscheg, Et. Wb.[2] = Ernst Gamillscheg, Etymologisches Wörterbuch der französischen Sprache. 2 Bde. 2. Aufl. Heidelberg 1966. 1969. Nachdruck Heidelberg 1997. (Sammlung romanischer Elementar- und Handbücher III, 5.)

García, Kausativbildg. = Luisa García García, Germanische Kausativbildung. Die deverbalen jan-Verben im Gotischen. Göttingen 2005. (Historische Sprachforschung. Ergänzungsheft 45.)

Gedenkschr. Schwab = Vindærinne wunderbærer mære: Gedenkschrift für Ute Schwab. Hrsg. von Monika Schulz. Wien 2013. (Studia medievalia septentrionalia 24.)

Gerhards = Stefanie Gerhards, Die Murbacher Hymnen. Edition nach der Handschrift Junius 25, Bodleian Library, Oxford. München 2018. (English and Beyond 5.)

Germanistik = Germanistik – Forschungsstand und Perspektiven. Vorträge des Deutschen Germanistentages 1984. Hrsg. von Georg Stötzel. 1. Teil: Germanistische Sprachwissenschaft, Didaktik der deutschen Sprache und Literatur. Berlin · New York 1985.

Giardini = Giardini. A cura di Mirella Billi. Viterbo 2000. (Studi Anglo-Germanici 1.)

Ginzrot, Wagen = Johann Christian Ginzrot, Die Wagen und Fahrwerke der Griechen und Römer und anderer alten Völker. Nebst der Bespannung, Zäumung und Verzierung ihrer Zug-, Reit- und Last-Thiere. 5 Bde. Stuttgart · Tübingen 1817–1830. Nachdruck Hildesheim · New York 1975–1979.

Giuffrida, Adj. = Robert T. Giuffrida, Das Adjektiv in den Werken Notkers. Berlin 1972. (Philologische Studien und Quellen 64.)

Gl.-Kat. = Katalog der althochdeutschen und altsächsischen Glossenhandschriften. Bearbeitet von Rolf Bergmann und Stefanie Stricker. Unter Mitarbeit von Yvonne Goldammer und Claudia Wich-Reif. 6 Bde. Berlin · New York 2005; vgl. noch *BStK*.

Glossogr. = Die althochdeutsche und altsächsische Glossographie. Ein Handbuch. Hrsg. von Rolf Bergmann und Stefanie Stricker. 2 Bde. Berlin · New York 2009.

Goetz, Gott u. die Welt = Hans-Werner Goetz, Gott und die Welt. Religiöse Vorstellungen des frühen und hohen Mittelalters. Teil I, Bd. 1: [I.] Das Gottesbild. Teil I, Bd. 2: II. Die materielle Schöpfung: Kosmos und Welt. III. Die Welt als Heilsgeschehen. Teil I, Bd. 3: IV. Die Geschöpfe: Engel, Teufel, Menschen. Berlin 2011. 2012. 2016. (Orbis mediaevalis 13.1. 13.2. 16.)

Gottschalk, Gemeit = Esther Gottschalk, *Gemeit.* Geschichte eines altdeutschen Wortes. Frankfurt am Main · Bern · Las Vegas 1977. (Europäische Hochschulschriften. Reihe 1. Deutsche Literatur und Germanistik 204.)

Götz, Dt. = Heinrich Götz, Deutsch und Latein bei Notker. Ergänzungen zum Notker-Glossar von E. H. Sehrt. Tübingen 1997.

Götz, Präteritopräsentien (Habilschr.) = Ursula Götz, *uuvo mag thaz sîn.* Die unterschiedlichen Gebrauchsweisen der Präteritopräsentien im Althochdeutschen des 8.–10. Jahrhunderts. Habilitationsschrift Bamberg 2001.

Götz, Wb. = Heinrich Götz, Lateinisch-althochdeutsch-neuhochdeutsches Wörterbuch. Berlin 1999. (Althochdeutsches Wörterbuch. Beiband.)

Grebe, Mart. Capella = Sabine Grebe, Martianus Capella. 'De nuptiis Philologiae et Mercurii'. Darstellung der Sieben Freien Künste und ihrer Beziehungen zueinander. Stuttgart · Leipzig 1999. (Beiträge zur Altertumskunde 119.)

Green, Language and History = Dennis Howard Green, Language and history in the early Germanic world. Cambridge · New York · Oakleigh 1998.

Griepentrog = Wolfgang Griepentrog, Die Wurzelnomina des Germanischen und ihre Vorgeschichte. Innsbruck 1995. (Innsbrucker Beiträge zur Sprachwissenschaft 82.)

Gross, Gebrauch d. Adj. = Rudolf Gross, Gebrauch des starken und schwachen Adjektivs bei Otfrid. Diss. Heidelberg 1913.

Gruber, Boethius[2] = Joachim Gruber, Kommentar zu Boethius De Consolatione Philosophiae. 2., erweiterte Aufl. Berlin · New York 1978. (Texte und Kommentare 9.)

Gülke, Mönche = Peter Gülke, Mönche, Bürger, Minnesänger. Die Musik in der Welt des Mittelalters. 3., bearbeitete und erweiterte Aufl. Leipzig 1998.

Hall-Meritt = John R. Clark Hall, A concise Anglo-Saxon dictionary. Fourth Edition with a supplement by Herbert D. Meritt. Cambridge 1962. Reprint Toronto 2007. (Medieval Academy of America. Medieval Academy reprints for teaching 14.)

Hänsel, Pron. = Hugo Hänsel, Ueber den Gebrauch der Pronomina Reflexiva bei Notker. Diss. Halle an der Saale 1876.

Haeseli, Performativität = Christa M. Haeseli, Magische Performativität. Althochdeutsche Zaubersprüche in ihrem Überlieferungskontext. Würzburg 2011. (Philologie der Kultur 4.)

Hartmann, Evangelienbuch = Otfrid von Weißenburg, Evangelienbuch. Aus dem Althochdeutschen übertragen und mit einer Einführung, Anmerkungen und einer Auswahlbibliographie versehen von Heiko Hartmann. Bd. 1: Widmungsbriefe, Liber primus. Herne 2005. Bd. 2: Liber secundus/Liber tertius. Studien (I). Herne 2014.

Haubrichs, Anfänge = Wolfgang Haubrichs, Die Anfänge. Versuche volkssprachiger Schriftlichkeit im frühen Mittelalter (ca. 700–1050/60). 2. Aufl. Berlin · Boston 1995. (Geschichte der deutschen Literatur von den Anfängen bis zum Beginn der Neuzeit I,I/1.)

–, *Georgslied* = Wolfgang Haubrichs, Georgslied und Georgslegende im frühen Mittelalter. Text und Rekonstruktion. Königstein im Taunus 1979. (Theorie – Kritik – Geschichte 13.)

Haug-Vollmann = Frühe deutsche Literatur und lateinische Literatur in Deutschland 800–1150. Hrsg. von Walter Haug und Benedikt Konrad Vollmann. Frankfurt am Main 1991. (Bibliothek des Mittelalters 1.)

Haukohl = Erna Haukohl, Versuch einer Bedeutungsbestimmung der althochdeutschen Ausdrücke für Kraft und Macht. Diss. Leipzig 1944 (Masch.).

Hauri-Karrer = Antoinette Hauri-Karrer, Lateinische Gebäcksbezeichnungen. Diss. Zürich 1972.

Hautkappe = Franz Hautkappe, Über die altdeutschen Beichten und ihre Beziehungen zu Cäsarius von Arles. Münster in Westfalen 1917. (Forschungen und Funde 4, 5.)

Hbr.-Gloning = Hildegard von Bingen, Physica. Liber subtilitatum diversarum naturarum creaturarum. Textkritische Ausgabe. Hrsg. von Reiner Hildebrandt und Thomas Gloning. Bd. 1: Text mit Berliner Fragment im Anhang. Bd. 2: Apparate. Bd. 3: Kommentiertes Register der deutschen Wörter von R. Hildebrandt. Berlin · Boston 2010. 2010. 2014.

Hegi^2 bzw. *Hegi*^{3} s. Ahd. Wb. 1,XXVIII; die jeweiligen Einzelbände in 2. bzw. 3. Aufl. zitiert.

Heinrich, Bibeldichtung = Bettina Heinrich, Frühmittelalterliche Bibeldichtung und die Bibel. Ein Vergleich zwischen den altenglischen, althochdeutschen und altsächsischen Bibelparaphrasen und ihren Vorlagen in der Vulgata. Frankfurt am Main u. a. 2000. (Europäische Hochschulschriften. Reihe I. Deutsche Sprache und Literatur 1769.)

Helbig, Kl. Schr. = Gerhard Helbig, Kleinere Schriften. Hrsg. von Horst Sitta u. a. München 2004.

Hildebrandt, Zahlverb. = Horst Hildebrandt, Die altdeutschen Zahlverbindungen. Diss. Berlin. Gräfenhainichen 1937.

Hildeg., Fische = Hildegard von Bingen, Das Buch von den Fischen. Nach den Quellen übersetzt und erläutert von Peter Riethe. Salzburg 1991.

Hiltensberger, Glossierung = Gerald Hiltensberger, Die althochdeutsche Glossierung der '*vitia cardinalia*' Gregors des Großen. Heidelberg 2008. (Germanistische Bibliothek 31.)

Hinderling, Verbalabstrakta = Robert Hinderling, Studien zu den starken Verbalabstrakta des Germanischen. Berlin 1967. (QF (NF) 24 (148).)

Hist. Textgrammatik = Historische Textgrammatik und Historische Syntax des Deutschen. Traditionen, Innovationen, Perspektiven. Bd. 1: Diachronie, Althochdeutsch, Mittelhochdeutsch. Bd. 2: Frühneuhochdeutsch, Neuhochdeutsch. Hrsg. von Arne Ziegler unter Mitwirkung von Christian Braun. Berlin · New York 2010.

Hoberg = Die Psalmen der Vulgata. Übersetzt und nach dem Literalsinn erklärt von Gottfried Hoberg. 2., vermehrte und verbesserte Aufl. Freiburg im Breisgau 1906.

Hochholzer, Himmel u. Hölle = Rupert Hochholzer, Himmel und Hölle. Onomasiologische und semasiologische Studien zu den Jenseitsbezeichnungen im Althochdeutschen. Frankfurt am Main 1996. (Regensburger Beiträge zur deutschen Sprach- und Literaturwissenschaft. Reihe B: Untersuchungen 60.)

Holtzmann, Altdt. Gr. = Adolf Holtzmann, Altdeutsche Grammatik, umfassend die gothische, altnordische, altsächsische, angelsächsische und althochdeutsche Sprache. Erster Band. Erste Abtheilung. Die specielle Lautlehre. Leipzig 1870.

HSK = Handbücher zur Sprach- und Kommunikationswissenschaft. Begründet von Gerold Ungeheuer und Herbert Ernst Wiegand. Bd. 1 ff. Berlin · New York 1982 ff.

Hüpper-Dröge = Dagmar Hüpper-Dröge, Schild und Speer. Waffen und ihre Bezeichnungen im frühen Mittelalter. Frankfurt am Main · Bern · New York 1983. (Germanistische Arbeiten zu Sprache und Kulturgeschichte 3.)

Hupka = Herbert Hupka, Gratia und misericordia im Mittelhochdeutschen. Zur Geschichte religiös-ethischer Bereiche im Mittelalter. Diss. Leipzig 1943 (Masch.).

IASL online = Internationales Archiv für Sozialgeschichte der deutschen Literatur. Online-Zeitschrift 1998 ff.

Ikonogr. Zeugnisse = Ikonographische Zeugnisse zu Musikinstrumenten in Mitteleuropa. 18. Musikinstrumentenbau-Symposium in Michaelstein. 21. bis 23. November 1997. Michaelstein 2000. (Michaelsteiner Konferenzberichte 58.)

Ilkow, Nominalkomp. = Die Nominalkomposita der altsächsischen Bibeldichtung. Ein semantisch-kulturgeschichtliches Glossar. Hrsg. von Wilhelm Wissmann und Hans-Friedrich Rosenfeld. Göttingen 1968. (Ergänzungshefte zur Zeitschrift für vergleichende Sprachforschung auf dem Gebiet der indogermanischen Sprachen 20.)

Jeep, Wortpaare = John M. Jeep, Stabreimende Wortpaare bei Notker Labeo. Göttingen 1987. (Studien zum Althochdeutschen 10.)

Joeres = Ralf Joeres, Wortbildungen mit *-macher* im Althochdeutschen, Mittelhochdeutschen und Neuhochdeutschen. Heidelberg 1995. (Germ. Bibl. NF. 3. Reihe 21.)

JREL = Jahrbuch für romanische und englische Literatur. Bd. 1 ff. Leipzig 1859 ff.

Jürgasch = Thomas Jürgasch, *Si divinae iudicium mentis habere possumus.* Zu den formalen Argumentationszielen des Boethius in den Theologischen Traktaten und in der Consolatio Philosophiae. In: Boethius as a Paradigm of Late Ancient Thought. Hrsg. von Thomas Böhm, Thomas Jürgasch und Andreas Kirchner. Berlin · Boston 2014, S. 101–146.

Kaufmann, Genera Verbi = Paulus Kaufmann, Über Genera Verbi im Althochdeutschen besonders bei Isidor und Tatian. Diss. Erlangen 1912.

Kaulen, Hb. z. Vulg. = Franz Kaulen, Sprachliches Handbuch zur biblischen Vulgata. Eine systematische Darstellung ihres lateinischen Sprachcharakters. 2., verbesserte Aufl. Freiburg im Breisgau 1904. Neudruck Hildesheim 2013.

Kayser, Lat. Hym. = Johann Kayser, Beiträge zur Geschichte und Erklärung der ältesten Kirchenhymnen. Mit besonderer Rücksicht auf das römische Brevier. [Bd. 1.] Zweite, umgearbeitete und vermehrte Aufl. Paderborn 1881. Nachdruck Norderstedt 2016.

Kelle, Lit.-Gesch. = Johann Kelle, Geschichte der Deutschen Litteratur von der ältesten Zeit bis zum dreizehnten Jahrhundert. 2 Bde. Berlin 1892. 1896.

Kettler, Gericht = Wilfried Kettler, Das Jüngste Gericht. Philologische Studien zu den Eschatologie-Vorstellungen in den alt- und frühmittelhochdeutschen Denkmälern. Berlin · New York 1977. (QF (NF) 70 (194).)

Kißel = Aules Persius Flaccus, Satiren. Herausgegeben, übersetzt und kommentiert von Walter Kißel. Heidelberg 1990. (Wissenschaftliche Kommentare zu griechischen und lateinischen Schriftstellern.)

Kluge, Seemannssprache = Friedrich Kluge, Seemannssprache. Wortgeschichtliches Handbuch deutscher Schifferausdrücke älterer und neuerer Zeit. Halle an der Saale 1911. Neudruck Meisenheim 1973.

Knape-Sieber = Joachim Knape und Armin Sieber, Rhetorik-Vokabular zur zweisprachigen Terminologie in älteren deutschen Rhetoriken. Unter Mitarbeit von Andrea Geier. Wiesbaden 1998. (Gratia 34.)

Kock, Streifzüge = Ernst A. Kock, Kontinentalgermanische Streifzüge. Lund · Leipzig 1919. (Lunds Universitets årsskrift. Avdelingen 1. N. F. 15, 3.)

Kögel, Lit.-Gesch. I, Ergänzungsheft = Rudolf Kögel, Die altsächsische Genesis. Ein Beitrag zur Geschichte der altdeutschen Dichtung und Verskunst. Strassburg 1895. (Geschichte der Deutschen Litteratur bis zum Ausgange des Mittelalters. Ergänzungsheft zu Band I.)

Krüger = Reinhard Krüger, Eine Welt ohne Amerika. Teil 3: Das lateinische Mittelalter und die Tradition des antiken Erdkugelmodells (ca. 550 – ca. 1080). Berlin 2000.

KSW = Thomas Klein, Hans-Joachim Solms und Klaus-Peter Wegera, Mittelhochdeutsche Grammatik. Teil II: Flexionsmorphologie. Bd. 1: Substantive, Adjektive, Pronomina. Bd. 2: Numeralia, Verben, Register, Anhänge. Berlin · Boston 2018. Teil III: Wortbildung. Tübingen 2009.

Latein u. Volkssprache = Latein und Volkssprache im deutschen Mittelalter 1100–1500. Regensburger Colloquium 1988. Hrsg. von Nikolaus Henkel und Nigel F. Palmer. Tübingen 1992.

Leitner, Term. = Helmut Leitner, Zoologische Terminologie beim älteren Plinius. Hildesheim 1972.

Lieberknecht, Allegorese = Otfried Lieberknecht, Allegorese und Philologie. Überlegungen zum Problem des mehrfachen Schriftsinns in Dantes „Commedia". Stuttgart 1999. (Text und Kontext 14.)

LML = Lexicon musicum latinum medii aevi. Wörterbuch der lateinischen Musikterminologie des Mittelalters bis zum Ausgang des 15. Jahrhunderts. Hrsg. von Michael Bernhard. 2 Bde. München 2006–2016.

Loch-Reischl = Die heiligen Schriften des alten und neuen Testaments nach der Vulgata ... übersetzt und erläutert von Valentin Loch und Wilhelm Reischl. 4 Bde. 2. Aufl. Regensburg 1867–1870.

Lübben-Walther = August Lübben, Mittelniederdeutsches Handwörterbuch. Nach dem Tode des Verfassers vollendet von Christoph Walther. Norden · Leipzig 1888. Neudruck Darmstadt 1995.

Marti, Notabiles = Mirjam Marti, Notabiles sunt Glossae. Die Handschrift Rheinau 35 und ihre althochdeutschen Glossen. Unveröffentlichte Lizentiatsarbeit. Zürich 2004.

Masser, Glossierungen = Achim Masser, Lateinische und althochdeutsche Glossierungen der Regula Benedicti im 8. und 9. Jahrhundert. Innsbruck 2008.

Matz, Glaubensbekenntnisse = Werner Matz, Die altdeutschen Glaubensbekenntnisse seit Honorius Augustodunensis. Mit einem Abdruck des Heidelberger Bekenntnisses. Diss. Halle 1932.

Mausser, Mhd. Gr. = Mittelhochdeutsche Grammatik auf vergleichender Grundlage: mit besonderer Berücksichtigung des Althochdeutschen, Urgermanischen, Urwestgermanischen, Urindogermanischen und der Mundarten. 1. Teil: Dialektgrammatik. 2. Teil: Historische Lautlehre. 3. Teil: Laut- und Formenlehre nebst Syntax. München 1932. 1933. 1933.

McCormick, Virgil = Michael McCormick, Five hundred unknown glosses from the Palatine Virgil. The Vatican Library, MS. Pal. lat. 1631. Città del Vaticano 1992. (Studi e testi 343.)

Meid, Wortb. = Hans Krahe, Germanische Sprachwissenschaft. III: Wortbildungslehre. 7. Aufl. bearbeitet von Wolfgang Meid. Berlin · New York 1969. (Sammlung Göschen 2234.)

Meier, Agens = Hans Heinrich Meier, Der indefinite Agens im Mittelenglischen (1050–1350). Die Wörter und Wendungen für „man". Bern 1953. (Schweizer anglistische Arbeiten 34.)

Menge, Syntax und Semantik = Hermann Menge, Lehrbuch der lateinischen Syntax und Semantik. Völlig neu bearbeitet von Thorsten Burkard und Markus Schauer. 5., durchgesehene und verbesserte Aufl. Darmstadt 2012.

Mensch u. Natur = Mensch und Natur im Mittelalter. Hrsg. von Albert Zimmermann und Andreas Speer. 2 Halbbde. Berlin · New York 1991. 1992. (Miscellanea mediaevalia 21,1. 2.)

di Meola, Kommen u. gehen = Claudio di Meola, Kommen und gehen. Eine kognitiv-linguistische Untersuchung der Polysemie deiktischer Bewegungsverben. Tübingen 1994. (Linguistische Arbeiten 325.)

MGG = Die Musik in Geschichte und Gegenwart. Allgemeine Enzyklopädie der Musik. Hrsg. von Friedrich Blume, Ludwig Finscher und Britta Constapel. 2., neubearbeitete Ausg. 26 Bde. in 2 Teilen. Kassel 1994–2008.

Mhd. Gr. s. *KSW.*

Miller, Charms = Carol Lynn Miller, The Old High German and Old Saxon Charms. Text, Commentary and Critical Bibliography. Diss. Saint Louis 1963.

MIÖG = Mitteilungen des Instituts für Österreichische Geschichtsforschung. Bd. 1 ff. Wien 1885 ff.

Misc. Bibl. = Miscellanea Bibliothecae Apostolicae Vaticanae. Bd. 1 ff. Città del Vaticano 1987 ff.

Mischtexte = Lateinisch-volkssprachige Mischtexte und Textensembles. Kolloquium des Zentrums für Mittelalterstudien der Otto-Friedrich-Universität Bamberg 2001. Hrsg. von Rolf Bergmann. Heidelberg 2003. (Germanistische Bibliothek 17.)

MLL = Münstersches Logbuch zur Linguistik. Hrsg. vom Vorstand des Zentrums für Sprachforschung und Sprachlehre i. G. Universität Münster. N. F. Bd. 1 ff. Münster 1992 ff.

Müller, Ahd. = Althochdeutsche Literatur. Eine kommentierte Anthologie. Althochdeutsch/Neuhochdeutsch. Altniederdeutsch/Neuhochdeutsch. Übersetzt, herausgegeben und kommentiert von Stephan Müller. Stuttgart 2007.

Munske, Suffix = Horst Haider Munske, Das Suffix **-inga/-unga* in den germanischen Sprachen: Seine Erscheinungsweise, Funktion u. Entwicklung, dargestellt an den appellativen Ableitungen. Marburg 1964. (Marburger Beiträge zur Germanistik 6.)

MWB = Mittelhochdeutsches Wörterbuch. Hrsg. von Kurt Gärtner, Klaus Grubmüller und Karl Stackmann. Bd. 1 ff. Stuttgart 2006 ff.

Näßl, Ahd. quedan = Susanne Näßl, Ahd. *quedan* – Valenz und Bedeutungsstruktur. In: Historisch syntaktisches Verbwörterbuch. Valenz- und konstruktionsgrammatische Beiträge. Hrsg. von Albrecht Greule, Jarmo Korhonen. Frankfurt am Main u. a. (Finnische Beiträge zur Germanistik 34.) S. 55–81.

Neumann, Sünder = Friederike Neumann, Öffentliche Sünder in der Kirche des späten Mittelalters. Verfahren – Sanktionen – Rituale. Köln · Weimar · Wien 2008. (Norm und Struktur. Studien zum sozialen Wandel in Mittelalter und Früher Neuzeit 28.)

Nordstrandh = Iris Nordstrandh, Brennessel und Quecke. Studien zur deutschen Wort- und Lautgeographie. Lund 1954. (Lunder germanistische Forschungen 28.)

OEG = Old English glosses in the Épinal-Erfurt glossary. Edited by J. D. Pheifer. Oxford 1974.

Olschansky, Volksetymologie = Heike Olschansky, Volksetymologie. Tübingen 1976. (Reihe Germanistische Linguistik 175.)

Ondl. Wb. online = Oudnederlands Woordenboek. 3. Aufl. 2012 (http://gtb.ivdnt.org).

O'Sullivan, Waffenbez. = Angelika O'Sullivan, Waffenbezeichnungen in althochdeutschen Glossen. Sprach- und kulturhistorische Analysen und Wörterbuch. Berlin 2013. (Lingua Historica Germanica 5.)

von Polenz, Satzsemantik = Peter von Polenz, Deutsche Satzsemantik. Grundbegriffe des Zwischen-den-Zeilen-Lesens. 3., unveränderte Aufl. Mit einem Vorwort von Werner Holly. Berlin · New York 2008. (de Gruyter Studienbuch.)

Probleme d. Ed. = Probleme der Edition althochdeutscher Texte. Hrsg. von Rolf Bergmann. Göttingen 1997. (Studien zum Althochdeutschen 19.)

QSGL = Quaderni della sezione di Glottologia e Linguistica (davor: Quaderni dell'Istituto di Glottologia). 1 ff. Alessandria 1989 ff.

Radebach-Huonker, Opferterminologie = Christiane Radebach-Huonker, Opferterminologie im Psalter. Tübingen 2010. (Forschungen zum Alten Testament. 2. Reihe 44.)

Rannow, Satzbau = Max Rannow, Der Satzbau des althochdeutschen Isidor im Verhältnis zur lateinischen Vorlage. Ein Beitrag zur deutschen Syntax. Berlin 1888.

Redmond, Sed. = Petra Redmond, Das „Sedulius De Greca"-Glossar in den Handschriften St. Gallen Stiftsbibliothek 291 [recte: 292] und Karlsruhe, Badische Landesbibliothek, St. Peter perg. 87. Heidelberg 2012. (Germanistische Bibliothek 42.)

Regensb. Dt. = Regensburger Deutsch. Zwölfhundert Jahre Deutschsprachigkeit in Regensburg. Hrsg. von Susanne Näßl. Frankfurt am Main u. a. 2002. (Regensburger Beiträge zur Sprach- und Literaturwissenschaft. Reihe B: Untersuchungen 80.)

RGA-E = Reallexikon der germanischen Altertumskunde. Ergänzungsbände. Bd. 1 ff. Berlin · New York 1986 ff.

Rich-Müller = Anthony Rich, Illustrirtes Wörterbuch der römischen Alterthümer. Mit steter Berücksichtigung der griechischen ... . Aus dem Englischen übersetzt ... von Carl Müller. Paris · Leipzig 1862. Reprint Leipzig 2016.

Richter, Berg- u. Hütten-Lexikon = Carl Friedrich Richter, Neuestes Berg- und Hütten-Lexikon, oder alphabetische Erklärung aller bei dem Berg- und Hüttenwesen vorkommenden Arbeiten, Werkzeuge und Kunstwörter. 2 Bde. Neueste Aufl. Leipzig 1806.

Ris, Adj. = Roland Ris, Das Adjektiv reich im mittelalterlichen Deutsch. Geschichte – semantische Struktur – Stilistik. Berlin · New York 1971. (QF (NF) 40.)

Rittmayer = Lore Rittmayer, Untersuchungen zum Wortschatz der althochdeutschen Isidor-Übersetzung. Ein Beitrag zur Lehngutforschung. Diss. Heidelberg 1958 (Masch.).

Rolfes = Artistoteles, Perihermenias. Oder Lehre vom Satz (Des Organon zweiter Teil). Neu übersetzt und mit einer Einleitung und erklärenden Anmerkungen versehen von Eugen Rolfes. 2. Aufl. Leipzig 1925. Neudruck Hamburg 1962. (Philosophische Bibliothek 9.)

Romanobarbarica = Romanobarbarica. Contributi allo studio dei rapporti culturali tra mondo latino e mondo barbarico. Bde. 1–20. Roma 1976–2011.

Rooth, Stud. = Erik Rooth, Studien zu drei Adjektiven aus der althochdeutschen Frühzeit. arundi, unmanalomi, widarzomi. Lund 1971. (Scripta minora Regiae Societatis Humaniorum Litterarum Lundensis 1970–71: 2.)

–, *Vrastmunt* = Erik Rooth, Vrastmunt. Ein Beitrag zur mittelhochdeutschen Wortgeschichte. Lund · Leipzig 1939. (Lunder germanistische Forschungen 9.)

Rosengren, Inhalt = Inger Rosengren, Inhalt und Struktur. *Milti* und seine Sinnverwandten im Althochdeutschen.

Lund 1968. (Scripta minora Regiae Societatis Humaniorum Litterarum Lundensis 1968–69: 2.)

RSLR = Rivista di Storia e Letteratura religiosa. Bd. 1 ff. Firenze 1965 ff.

Ruperti, Handb. = Georg Friedrich Franz Ruperti, Handbuch der Römischen Alterthümer. 2 Bde. Hannover 1841–1843.

Saller = Harald Saller, Ein neues Editionskonzept für die Schriften Notkers des Deutschen anhand von *De interpretatione.* Frankfurt am Main u. a. 2004. (Kultur, Wissenschaft, Literatur. Beiträge zur Mittelalterforschung 4.)

Sauer = Romuald Sauer, Zur Sprache des Leidener Glossars. Cod. Voss. lat. 4° 69. Augsburg 1917. (Programm des Kgl. humanistischen Gymnasiums St. Stephan in Augsburg zum Schlusse des Schuljahres 1916/17.)

Schaffner, Vern. Gesetz = Stefan Schaffner, Das Vernersche Gesetz und der innerparadigmatische grammatische Wechsel des Urgermanischen im Nominalbereich. Innsbruck 2001. (Innsbrucker Beiträge zur Sprachwissenschaft 103.)

Schaik, De musica = Martin van Schaik, Notker Labeo *De musica.* Edition, Übersetzung und Kommentar. Utrecht 1995.

Schede Med. = Schede medievali. Rassegna dell'Officina di Studi Medievali. Nr. 1. Palermo 1981 ff.

Scheible, Gedichte = Helga Scheible, Die Gedichte in der Consolatio Philosophiae des Boethius. Heidelberg 1972. (Bibliothek der klassischen Altertumswissenschaften. N. F. 2.)

Schimpf, Bibelglossar = Ira Natalie Schimpf, Das Bibelglossar der Handschrift Rom, Pal. lat. 288. Edition des Bibelglossars mit Übersetzung. Heidelberg 2004. (Germanistische Bibliothek 20.)

Schmidt, Germ. Adv. = Gernot Schmidt, Studien zum germanischen Adverb. Diss. Berlin 1962.

Schneider, Paläographie = Karin Schneider, Paläographie und Handschriftenkunde für Germanisten. Eine Einführung. 3., durchgesehene Aufl. Berlin · Boston 2014. (Samml. kurzer Gr. germ. Dial. B, 8.)

Schnurr = Reinhold Schnurr, Katechetisches in vulgärlateinischer und rheinfränkischer Sprache aus der Weissenburger Handschrift 91 in Wolfenbüttel. Diss. Greifswald 1894.

Schönfeld, Hist. Gr. = Adolf van Loey, Schönfeld's historische grammatica van het Nederlands. Klankleer. Vormleer. Woordvorming. Zesde Druk. Zutphen 1959.

Schrader, Arator = Arator's On the Acts of the Apostles (De Actibus Apostolorum). Edited and translated by Richard J. Schrader. Atlanta 1987. (Classics in Religious Studies 6.)

Schützeichel, Ahd. Wb.[7] = Rudolf Schützeichel, Althochdeutsches Wörterbuch. 7., durchgesehene und verbesserte Aufl. Berlin · Boston 2012.

Schulz, Ahd. quedan = Hans Dietrich Schulz, Ahd. *quedan* und Verwandtes. 1. Die Grundlagen. Diss. Leipzig 1957 (Masch.).

Schulz, Beschwörungen = Monika Schulz, Beschwörungen im Mittelalter. Einführung und Überblick. Heidelberg 2003. (Beiträge zur älteren Literaturgeschichte.)

Schulz, Essen = Anne Schulz, Essen und Trinken im Mittelalter (1000–1300). Literarische, kunsthistorische und archäologische Quellen. Berlin · Boston 2011. (RGA-E 74.)

Schuppener = Georg Schuppener, Die Dinge faßbar machen. Sprach- und Kulturgeschichte der Maßbegriffe im Deutschen. Heidelberg 2002. (Sprache – Literatur und Geschichte 22.)

Schwab = Helga Schwab, Ausdrücke der Abneigung im Althochdeutschen. Diss. Graz 1966 (Masch.).

Schwarz, Lehnb. = Heinz-Otto Schwarz, Die Lehnbildungen der Psalmenübersetzung Notkers von St. Gallen. Diss. Bonn 1957.

Scott, Kleidung = Margaret Scott, Kleidung und Mode im Mittelalter. Aus dem Englischen von Bettina von Stockfleth. Darmstadt 2009.

Seebold, Etymologie = Elmar Seebold, Etymologie. Eine Einführung am Beispiel der deutschen Sprache. München 1981.

Segelcke, Rîten = Dorothea Segelcke, *Rîten.* Studien zum Wortschatz des Reitens im Mittelhochdeutschen. Diss. Münster 1969.

Shanzer, Commentary = Danuta Shanzer, A philosophical and literary commentary on Martianus Capella's De nuptiis Philologiae et Mercurii, book 1. Berkeley · Los Angeles · London 1986. (University of California publications in classical studies V, 32.)

Sievers-Brunner, Ae. Gr.[3] = Karl Brunner, Altenglische Grammatik. Nach der Angelsächsischen Grammatik von Eduard Sievers. 3., neubearbeitete Aufl. Tübingen 1965. (Samml. kurzer Gr. germ. Dial. A, 3.)

Siewert, Statua = Klaus Siewert, *Statua* im Spiegel deutschsprachiger Kommentierung des Mittelalters. In: Migratio et commvtatio. Studien zur Alten Geschichte und deren Nachleben. Thomas Pekáry zum 60. Geburtstag am 13. September 1989 dargebracht von Freunden, Kollegen und Schülern. Hrsg. von Hans-Joachim Drexhage und Julia Sünskes. St. Katharinen 1989, S. 326–336.

Siewerts = Ute Siewerts, Qualität und Funktion althochdeutscher Übersetzungen am Beispiel der Murbacher Hymnen. Berlin 2010. (Berliner Sprachwissenschaftliche Studien 17.)

Smits van Waesberghe = Joseph Smits van Waesberghe, Musikerziehung. Lehre und Theorie der Musik im Mittelalter. 2., durchgesehene Aufl. Leipzig 1986. (Musikgeschichte in Bildern III,3.)

Somers Wicka = Katerina Somers Wicka, From Phonology to Syntax. Pronominal Cliticization in Otfrid's *Evangelienbuch.* Tübingen 2009. (Linguistische Arbeiten 530.)

Sonntag, Klosterleben = Jörg Sonntag, Klosterleben im Spiegel des Zeichenhaften. Symbolisches Denken und Handeln hochmittelalterlicher Mönche zwischen Dauer und Wandel, Regel und Gewohnheit. Münster 2008. (Vita regularis 35.)

de Sousa Costa, Stud. = Annette de Sousa Costa, Studien zu volkssprachigen Wörtern in karolingischen Kapitularien. Göttingen 1993. (Studien zum Althochdeutschen 21.)

Speculum = Speculum. A Journal of Medieval Studies. Bd. 1 ff. Chicago 1926 ff.

Stahl-Johnson = Martianus Capella and the Seven Liberal Arts. Vol. 1: The Quadrivium of Martianus Capella. Latin Traditions in the Mathematical Sciences. By William Harris Stahl. With a Study of the Allegory and the Verbal Disciplines by Richard Johnson with E. L. Burge. Vol. 2: The Marriage of Philology and Mercury. Translated by William Harris Stahl and Richard Johnson with E. L. Burge. New York 1977. (Records of Western Civilization 84.)

Stanforth, Bez. = Anthony Stanforth, Die Bezeichnungen für 'Groß', 'Klein', 'Viel' und 'Wenig' im Bereich der Germania. Marburg 1967. (Marburger Beiträge zur Germanistik 20.)

Steger, Philologia musica = Hugo Steger, Philologia musica. Sprachzeichen, Bild und Sache im literarisch-musikalischen Leben des Mittelalters: Lire, Harfe, Rotte und Fidel. München 1971. (Münstersche Mittelalter-Schriften 2.)

Stirling, Lex. = Lexicon nominum herbarum, arborum fructicumque linguae Latinae. Ex fontibus Latinitatis ante saeculum XVII scriptis collegit et descriptionibus botanicis instruxit Iohannes Stirling. Vol. I–IV. Budapestini 1995–1998.

Strewe = Die Canonessammlung des Dionysius Exiguus in der ersten Redaktion. Hrsg. von Adolf Strewe. Berlin · Leipzig 1931. (Arbeiten zur Kirchengeschichte 16.)

Stud. z. idg. Wortschatz = Studien zum indogermanischen Wortschatz. Hrsg. von Wolfgang Meid. Innsbruck 1987. (Innsbrucker Beiträge zur Sprachwissenschaft 52.)

Thema Kleidung = Das Thema Kleidung in den Etymologien Isidors von Sevilla und im Summarium Heinrici 1. Hrsg. von Mechthild Müller, Malte-Ludolf Babin und Jörg Riecke. Berlin · Boston 2013. (RGA-E 80.)

Theodisca = Theodisca. Beiträge zur althochdeutschen und altniederdeutschen Sprache und Literatur in der Kultur des frühen Mittelalters. Hrsg. von Wolfgang Haubrichs u. a. Berlin · New York 2000. (RGA-E 22.)

ThesCRA = Thesaurus cultus et rituum antiquorum (ThesCRA). Bd. 1 ff. Los Angeles 2004 ff.

Thomas = May Thomas, Lautstand der Leidener Handschrift von Willirams Hohem Liede. Diss. Zürich 1897; irrtümlich auch zitiert als May, vgl. Ahd. Wb. 5,XII.

Thomson = Prudentius, [Opera.] With an English Translation by Henry J. Thomson in two Volumes. London 1949. 1953. Neudruck 1993. 1995. (The Loeb Classical Library 387. 398.)

ThWNT = Theologisches Wörterbuch zum Neuen Testament. Begründet von Gerhard Kittel. Hrsg. von Gerhard Friedrich. 11 Bde. Stuttgart · Berlin · Köln 1933–1979. Nachdruck 1990.

Tiefenbach, Frauenstift Essen = Heinrich Tiefenbach, Frühmittelalterliche Volkssprache im Frauenstift Essen. In: Essen und die sächsischen Frauenstifte im Frühmittelalter. Hrsg. von Jan Gerchow und Thomas Schilp. Essen 2003. (Essener Forschungen zum Frauenstift 2.)

–, *Mist* = Heinrich Tiefenbach, Bezeichnungen für Mist und Dünger im Althochdeutschen. In: Untersuchungen zur eisenzeitlichen und frühmittelalterlichen Flur in Mitteleuropa und ihrer Nutzung. Teil II. Hrsg. von Heinrich Beck, Dietrich Denecke, Herbert Jankuhn. Göttingen 1980. (Abh. d. Akad. d. Wiss. in Göttingen, Phil.-hist. Kl. Dritte Folge Nr. 116.) S. 45–54.

Tiere und Fabelwesen im Mittelalter = Tiere und Fabelwesen im Mittelalter. Hrsg. von Sabine Obermaier. Berlin · Boston 2009.

Tränkle = Prudentius, Contra Symmachum. Gegen Symmachus. Übersetzt und eingeleitet von Hermann Tränkle. Turnhout 2008. (Fontes Christiani 85.)

Veerhusen, Adj. = Elsbeth Veerhusen, Das Adjektiv in der Syntax Notkers. Diss. Madison · Borna · Leipzig 1912.

Verben im interaktiven Kontext = Verben im interaktiven Kontext. Bewegungsverben und mentale Verben im gesprochenen Deutsch. Hrsg. von Arnulf Deppermann, Nadine Proske und Arne Zeschel. Tübingen 2017. (Studien zur deutschen Sprache 74.)

Verdam, Mnl. Hwb., Suppl. = Verdam Middelnederlandsch Handwoordenboek. Supplement door J. J. van der Voort van der Kleij. Leiden · Antwerpen 1983.

Voc. Ex quo VI = 'Vocabularius Ex quo'. Überlieferungsgeschichtliche Ausgabe Bd. VI: Frühneuhochdeutsches Glossenwörterbuch. Index zum deutschen Wortgut des 'Vocabularius Ex quo'. Hrsg. von Klaus Grubmüller. Tübingen 2001. (Texte und Textgeschichte 27.)

Vogt, sagen = Heinrich Vogt, „Sagen" und „Sprechen". Ein verbales Wortfeld des Althochdeutschen (dargestellt am Beispiel Otfrids). Diss. Hamburg 1953 (Masch.).

Vollmann-Profe, Komm. Otfr. = Gisela Vollmann-Profe, Kommentar zu Otfrids Evangelienbuch. Teil 1: Widmungen. Buch I,1–11. Bonn 1976.

–, *Otfr.* = Otfrid von Weißenburg, Evangelienbuch. Auswahl Althochdeutsch/Neuhochdeutsch. Herausgegeben, übersetzt und kommentiert von Gisela Vollmann-Profe. Stuttgart 2010.

Wälti, quedan = Franz Wälti, Die Wortsippen *quedan/ quiti* und *sprehhan/sprâhha* in Abrogans und Samanunga. Freiburg 1979.

Wagner, Notker = Alfred Hermann Wagner, Notkers des Deutschen kleinere logische Schriften. Diss. München 1972.

Wagner, Superl. = Reinhard Wagner, Die Syntax des Superlativs im Gotischen, Altniederdeutschen, Althochdeutschen, Frühmittelhochdeutschen, im Beowulf und in der älteren Edda. Berlin 1910. (Palaestra 91.)

Walpole = Arthur Sumner Walpole, Early Latin Hymns. With introduction and notes. Cambridge 1922. Nachdruck Hildesheim · Zürich · New York 2004.

WBÖ = Wörterbuch der bairischen Mundarten in Österreich. Hrsg. im Auftrag der Österreichischen Akademie der Wissenschaften von Eberhard Kranzmayer u. a. Bd. 1 ff. Wien 1970 ff. (Bayerisch-Österreichisches Wörterbuch. I. Österreich.)

WDW Online-Wb. = Wörterbuch der deutschen Winzersprache. WDW Online-Wörterbuch 5.0. Internationales und interregionales Fachwörterbuch zur Sprache und Kultur des Weines (wdw.uni-trier.de).

Wedel, Aktionsarten = Alfred Raphael Wedel, Die Aktionsarten und die Funktion der untrennbaren Präfixe in der althochdeutschen Benediktinerregel. Diss. Pennsylvania 1970.

Weinhold, Mystische Neunzahl = Karl Weinhold, Die mystische Neunzahl bei den Deutschen. Berlin 1897. (Abhandlungen der Königlich Preußischen Akademie der Wissenschaften.)

Weisemann = Ewald Weisemann, Form und Verbreitung des Compositionsvokals in Nominalcompositen bei Notker. Diss. Nürnberg 1911.

Weiss = Emil Weiss, Tun : Machen. Bezeichnungen für die kausative und die periphrastische Funktion im Deutschen bis um 1400. Stockholm 1956. (Acta Universitatis Stockholmiensis. Stockholmer Germanistische Forschungen 1.)

Westf. Wb. = Westfälisches Wörterbuch. Hrsg. von der Abteilung Mundart und Namenforschung der Volkskundlichen Kommission, ab 1972 von der Kommission für Mundart- und Namenforschung des Landschaftsverbandes Westfalen-Lippe. Neumünster 1969 ff.

Wickens, Music = Henry Edward Wickens, Music and music theory in the writings of Notker Labeo. Diss. Oxford 1986 (Masch.).

Wilhelm, Denkm. = Denkmäler deutscher Prosa des 11. und 12. Jahrhunderts. Hrsg. und mit Kommentar und Einleitung versehen von Friedrich Wilhelm. A: Text. München 1914. B: Kommentar. München 1916–1918. (Münchener Texte 8.) Nachdruck München 1960. (Germanistische Bücherei 3.)

Wißmann, Skop = Wilhelm Wissmann, Skop. Berlin 1955. (S.-B. d. Deutschen Akad. d. Wiss. zu Berlin, Klasse für Sprachen, Literatur und Kunst 1954, 2.)

Woitkowitz, Musikterminologie = Torsten Woitkowitz, Zur althochdeutschen Musikterminologie. In: Historische Semantik. Hrsg. von Jörg Riecke. Berlin · New York 2011. (Jahrbuch für Germanistische Sprachgeschichte 3.) S. 253–268.

Wüllner = Ludwig Wüllner, Das Hrabanische Glossar und die ältesten bairischen Sprachdenkmäler. Eine grammatische Abhandlung. Berlin 1882.

Wunderlich, Syntax = Hermann Wunderlich, Beiträge zur Syntax des Notker'schen Boethius. Diss. Berlin 1883.

Zekl, Hochzeit = Martianus Capella, Die Hochzeit der Philologia mit Merkur (De nuptiis Philologiae et Mercurii). Übersetzt, mit einer Einleitung, Inhaltsübersicht und Anmerkungen versehen von Hans Günter Zekl. Würzburg 2005.

ZfcPhil. = Zeitschrift für celtische Philologie. Jg. 1 ff. Tübingen 1897 ff.

ZfDial. = Zeitschrift für Dialektologie und Linguistik. Bd. 36 ff. Wiesbaden 1969 ff.

Zimmermann, Ordensleben = Gerd Zimmermann, Ordensleben und Lebensstandard. Die Cura Corporis in den Ordensvorschriften des abendländischen Hochmittelalters. Münster 1973. (Beiträge zur Geschichte des alten Mönchtums und des Benediktinertums 32.)

Zohary = Michael Zohary, Pflanzen der Bibel. Vollständiges Handbuch. 3., unveränderte Aufl. Stuttgart 1995.

III. Grammatische Ausdrücke

Adv.verb. Adverbverbindung

andl. altniederländisch

anl. anlautend

S

s Mayer, Glossen S. 13,2 *s.* sihhila.

s Mayer, Glossen S. 59,27 (*clm 4542, Hs. 9. Jh.*), *links verkürzt geschr. Gl. zu:* [*quia nos gratia libertatis unxit, dominationis*] *daemoniacae* (*Hs. daemonice*) [*iugum putruit, Greg., Hom. II,26, PL 76,1199C*] *ist nicht gedeutet; weist* -s *auf die Gen.-Sing.-Endg. eines Subst. zur Wiedergabe des Adj. lat. daemonicus 'teuflisch'?*

s Mayer, Glossen S.60,16 *s.* suohhen.

s Mayer, Glossen S. 60,18 *s.* uuesan.

s Mayer, Glossen S. 61,23 (*clm 4542, Hs. 9. Jh.*), *links verkürzt geschr. Gl. zu:* [*dum ergo illis quatuor*] *quae* [*ad Ephesios dixit, id est principatibus, potestatibus, virtutibus atque dominationibus, coniunguntur throni, quinque sunt ordines qui specialiter exprimuntur, Greg., Hom. II,34, PL 76,1250A*] *ist nicht gedeutet.*

s Mayer, Glossen S. 62,3 *s.* uuir.

s Mayer, Glossen S. 62,18 (*clm 4542, Hs. 9. Jh.*), *links verkürzt geschr. Gl. zu:* [*nemo contemnat, ne dum vocatus excusat, cum*] *voluerit* [*intrare non valeat, Greg., Hom. II,36, PL 76,1272C*] *ist nicht gedeutet; es könnte eine Entsprechung zu* velle *'wollen' vorliegen.*

s Mayer, Glossen S. 62,24 (*1. Beleg*) *s.* êuuîg, *Nachtrag.*

s Mayer, Glossen S. 62,24 (*2. Beleg*) *s.* lîb.

s Mayer, Glossen S. 63,24 *s.* thesêr.

s Mayer, Glossen S. 63,27 (*clm 4542, Hs. 9. Jh.*), *links verkürzt geschr. Gl. zu:* [*veni, quia in*] *hac* [*te lucis mansione suscipio, Greg., Hom. II,38, PL 76,1291C*] *ist unklar, wenn* -s *tatsächlich auslautend sein sollte; im Ahd. Wb. 2,423 wird der Beleg als Nachtrag s. v.* thesêr *behandelt.*

s Mayer, Glossen S. 63,30 *s.* er, siu, iz.

s Sprachwiss. 37,410,13 *s.* meri, *Nachtrag.*

s S 176,6[ab],10 (*vgl.* ZfdA. 133,358,10) *s.* uuesan.

s S 176,6[ab],11 (*vgl.* ZfdA. 133,358,11; *Preds. C*) *in:* daz ist dere fi*erde staph* dere *diemuoti* daz er in dera selbin kihorsame . s . . imo des imo unsemfti . unte uuider u . . daz er *em*phahi mit allerslahti kidulte [*vgl. quartus humilitatis gradus est, si in ipsa oboedientia duris et contrariis rebus vel etiam quibuslibet inrogatis iniuriis tacita conscientia patientiam amplectatur, Reg. S. Ben., Hellgardt, Pred. S. 104*] *ist aufgrund der bruchstückhaften Überlieferung nicht sicher deutbar.*

s S 177,7[a],2 (*Preds. C; vgl. Hellgardt, Pred. S. 68; nur vordere Hälfte eines Großbuchstabens* S *erhalten*) *ist aufgrund der bruchstückhaften Überlieferung nicht gedeutet.*

s Ahd. u. As. Lit. S. 119 (*zu* S 401; *Vers 1,1, Bestandteil eines vierzeiligen Eintrags; Sg 105,1 von einer Hd. des 10./11. Jhs., marginal unten;* s *verschmiert*) *in dem federprobenartigen Eintrag* anu taz s sat *ist nicht gedeutet; vielleicht handelt es sich bei diesem Buchstaben nur um einen Schreibanlauf.*

s MGh Carm. Cant. S. 76,7 (*Kleriker u. Nonne*) *in:* s . . *l* . . *nafr* . *s* . *l* s. *ninno bleibt aufgrund des stark beschädigten Textes unklar; Dronke S. 354,7 liest dagegen* sed angilo . . mia s .. *minne u. konjiziert* sed angilorum premia samt gotelicher minne, *wonach ein Beleg für* samant *praep. vorläge.*

s MGh Carm. Cant. S. 76,8 (*Kleriker u. Nonne*) *in:* . . s . . s . . *fru* . . ridan *bleibt aufgrund des stark beschädigten Textes unklar; Dronke S. 354,8 liest dagegen* . . uok . l . s veradan *u. konjiziert* te prement animam thines vogeles ver*r*adan, *wonach ein Beleg für* thîn *poss. pron. vorläge.*

s˜ Nievergelt, Glossierung S. 682,7 (*clm 18547,2, 10./11. Jh.*) *zu:* [*ab hoc primo*] *tempore* [*beati viri nomen enituit, Sulp. Sev., Mart. 7 p. 118,11*] *ist aufgrund der Abkürzung durch eine Wellenlinie nicht sicher gedeutet; Nievergelt z. St. erwägt eine Zuordnung des Belegs zu* stunta *st. f. 'Zeitpunkt'.*

s . Ahd. I,495 (*nach* Gl 1,766,33) *s.* uuesan.

s . . Gl 1,766,12 (*Sg 70, 8. Jh.*), *nach* Ahd. I,491 *eher* f- *als* s- *u. am Ende nach ca. 5 bis 7 Buchstaben* te-*Ligatur, zu:* [*sed*] *obtusi* (*Hs. obtunsi, so auch La. Sab. 3,734*[a]) [*sunt sensus eorum* (*der Söhne Israels*)*, 2. Cor. 3,14*] *ist nicht sicher gedeutet; die Konjektur* sleuue Gl 1,766 Anm. 7 *ist nach Voetz, Ahd. I,491, nicht möglich; im Gl.-Wortsch. 9,296 wird der Beleg unter dem fraglichen Ansatz* firstumbalen *sw. v. 'abstumpfen' gebucht.*

s . . Beitr. (Halle) 85,107 (*Würzb. Mp. th. f. 18, Gll. 9. u. 10. Jh.,* Moulin-Fankhaenel, Würzburger Ahd. S. 382 *liest* sc . . ; *nach* -c- *folgen ca. 5 bis 6 Buchstaben*), *Randgl. zu:* [(*Anna:*) *dabo eum* (*meinen Sohn*) *domino omnes dies vitae eius et*] *novacula* [*non ascendet super caput eius, 1. Reg. 1,11*] *ist nicht sicher deutbar; vielleicht ist der Beleg mit Bezug auf lat. novacula zu ahd.* scarasahs *st. n. 'Schermesser' zu stellen* (*vgl. Ahd. Gl.-Wb. S. 538 s. v.* skersahs *as. st. n. u. auch die Zuordnung im Gl.-Wortsch. 8,286*).

s . . Beitr. (Halle) 85,109, *neu gelesen als* scoll . Moulin-Fankhaenel, Würzburger Ahd. S. 425,15, *s.* scollo.

s . . Nievergelt, Glossierung S. 207,87 (*clm 18547,2, 10./11. Jh.;* s- *unsicher*) *zu:* [*videt defunctum*] *paulatim* [*membris omnibus commovere, Sulp. Sev., Mart. 7 p. 117,25*] *ist nicht gedeutet; es könnte eine Entsprechung zu paulatim 'allmählich' vorliegen.*

s.. Nievergelt, Glossierung S. 229,127 (*clm 18547,2, 10./11. Jh.; s- unsicher, dritter Buchstabe vielleicht* g) *zu:* [*tum ... videt prope assistere umbram sordidam*] *trucem* [*Sulp. Sev., Mart. 11 p. 121,15*] *ist unklar; es könnte eine Entsprechung zu lat. trux 'grimmig, drohend' vorliegen.*

s.. Nievergelt, Glossierung S. 396,428a *s.* suntarôn.

s.. Sonderegger, Ahd. S. 50 (*zu* Gl 1,765,3 Anm. 6; *Sg 70, 8. Jh.; auf Rasur*), *in:* s.. sint *zu:* [*qui in omni* (*korr. aus -ne*)] *pressura sunt* [*2. Cor. 1,4*], *von Sonderegger a. a. O. konjiz. als* suoahhidu, *läßt sich nach Voetz, Ahd. I,481 nicht bestätigen: der als* s *gelesene Buchstabe ist unsicher, es könnte auch eine Glossierung zu vorausgehendem lat. omni durch* al *pron. adj. vorliegen.*

..s Sprachwiss. 36,345,13 (*clm 18922, Gll. 10. u. 11. Jh.*) *in der fünfzeiligen schwachen Einritzung* sp / an.. m / .. / .. so / uizzit *ist aufgrund der mangelhaften Lesbarkeit nicht sicher gedeutet.*

..s. Nievergelt, Glossierung S. 334,316b *s.* fer *adj., Nachtrag.*

..s. Nievergelt, Glossierung S. 393,424b *s.* gi-suuâsi.

..s.. Gl 3,53,68 *s.* buhsboum.

..s.. Nievergelt, Glossierung S. 470,560 (*clm 18547,2, 10./11. Jh.*) *zu:* [(*Gallus:*) *tamen*] *relatis* (*rescriptis*) [*superius a Postumiano oboedientiae cogor exemplis, ut munus istud* (*sc. weiter vom Leben des hl. Martin zu erzählen*) ... *non recusem, Sulp. Sev., Dial. 1,27 p. 179,14*] *ist unklar; es könnte eine Entsprechung zu referre bzw. rescribere 'anführen' vorliegen.*

..s.. ZfdPhil. 128,336,34 (*clm 18524,2, Hs. 9. Jh.*) *in einer längeren, unlesbaren Eintragung zu:* [*siquidem et ceteri apostoli cum Petro*] *pari consortio* [*honoris et potestatis effecti sunt, qui etiam in toto orbe dispersi Evangelium praedicaverunt, Is., De off. 2,5 p. 782*] *ist unklar, vgl. Nievergelt z. St.; es könnte eine Entsprechung zu pari consortio 'in gleicher Gemeinschaft' vorliegen.*

sa Gl 2,771 Anm. 11, *in* Beitr. (Halle) 85,239 *gelesen als* g :: îsar :, *von* Schlechter, Aratorgl. S. 80,57 *schließlich gelesen als* g . tîsa . n, *s.* jetîsa(r)n.

sa Beitr. 52,160,17 (*clm 14364, Hs. 9. Jh.*) *zu:* [*cum leo*] *emissus* [*fuisset sanctus Vitus crucis signaculo facto leonis furorem superavit, Passio S. Viti, nach Digitalisat der Hs.*] *ist nicht sicher gedeutet* (*vgl. auch Gl.-Wortsch. 12, 56*)*; vielleicht wurde lat. emittere, hier: '*(*einen Löwen*) *herauslassen' mit einer Weiterbildung zum Verb* senten, *vielleicht* ûzsenten (*in der Form* uzgisanter*?*), *glossiert.*

sa Mayer, Glossen S. 62,4 (*clm 4542, Hs. 9. Jh.*), *links verkürzt geschr. Gl. zu:* [*sciendum praeterea est quod tribus modis virtus patientiae*] *exerceri* [*solet, Greg., Hom. II,35, PL 76,1264C*] *ist nicht gedeutet; es könnte eine Entsprechung zu exerceri 'etw.* (*Geduld*) *üben' vorliegen.*

sa Mayer, Glossen S. 62,26 *s.* thesêr.

sa MGh Carm. Cant. S. 77,9 (*Kleriker u. Nonne*) *ist aufgrund der unsicheren Lesung unklar.*

sā- *s. auch* sam-.

sa.. Nievergelt, Glossierung S. 488,592 *s.* sagên.

sa.. Nievergelt, Glossierung S. 705,42 (*clm 18547,2, 10./11. Jh.; -a- unsicher*), *marginal unten zu:* [*tu vero,*] *inquit Gallus meus* [*, nescio quid Hieronymo reliqueris* (*disputandum*)*, Sulp. Sev., Dial. 1,21 p. 174,7*], *ist unklar; Nievergelt, Glossierung S. 868 erwägt einen Bezug auf den EN Gallus; oder wurde inquit durch eine Form von* sagên *glossiert?*

sa ::: Gl 5,94,4 *s.* sahar.

s..a Nievergelt, Glossierung S. 193,59 (*clm 18547,2, 10./11. Jh.; Anfangs- u. Schlußbuchstabe sehr unsicher*) *zu: temptavit* [*autem idem Hilarius inposito diaconatus officio sibi eum artius inplicare, Sulp. Sev., Mart. 5 p. 115,17*] *ist unklar; es könnte eine Entsprechung zu temptare 'versuchen' vorliegen.*

sa..an Nievergelt, Runenschr.[2] S. 58,7 (*Sg 11, Gll. 8./9. Jh.*) *in:* unti scorna sa..an *zu: et glebae compingebantur* [*Job 38,38*] *ist unklar. Nach Nievergelt a. a. O. S. 59 könnte* saman- (*als Entsprechung zum Präfix com- des lat. Verbs*) *vorliegen.*

sâari *st. m., mhd.* sæjære, sæjer, *nhd.* säer; *mnd.* sey(g)er, sêger, *mnl.* saeyer(e); *ae.* sáwere. – *Graff VI,55.*

sa-ari: *nom. sg.* Gl 1,243,11 (*Ra*). 12 (*K; -ªa-*); *acc. sg.* 634,32 (*M*); **-ere:** *dass.* ebda. (*M*).

sahari: *acc. sg.* Gl 1,634,31 (*M, 5 Hss.; in 1 Hs.* ı *über* s, *vgl.* Davids, Bibelgl. S. 274,1077*; zu* -h- *zur Tilgung des Hiats vgl. Braune, Ahd. Gr.[16] § 152.2*).

Verschrieben: **scari:** *nom. sg.* Gl 1,243,11 (*K*).

Sämann: saari *sator* Gl 1,243,11. *seminator* 12. sahari [*disperdite*] *satorem* [*de Babylone, Jer. 50,16*] 634,3.

Vgl. sâo.

sa.as.ro Glaser, Griffelgl. S. 159,73,1b (*clm 6300, Gll. 8. oder 9. Jh.; Buchstabe nach erstem* a, *-s- u. -o fraglich*) *in: de* sa . as . ro *zu:* [*tunc demum decoros hominibus*] *hypocrisis* [*ostendit, Greg., Mor. in Job 3,22,45, PL 75,622D*], *ist aufgrund der unsicheren Lesung u. unklaren Segmentierung* (*vgl. auch* desa .as.ro, Glaser a. a. O. 2a. b) *nicht sicher gedeutet; es liegt eine Glossierung von lat. hypocrisis 'Heuchelei, Verstellung' vor.*

sab Gl 4,209,27 *s.* saf.

saban *st. m., mhd.* saben, *nhd. dial. bair.* (*älter*) saben *Schm. 2,207; ae.* saban; *got.* saban; *aus lat.* sabanum (*vgl. Feist-Lehmann S. 289*). – *Graff VI,67.*

sapon: *nom. sg.* Gl 1,597,4 (*M, 7 Hss.; lat. acc. pl.*). 3,12,10 (*C; -ºⁿ*); *dat. sg.* **-]a** 2,256,31 (*zu -a vgl. Braune, Ahd. Gr.[16] § 193 Anm. 1a*); *acc. pl.* **-]a** 1,596,63 (*M, 5 Hss.*); **sapun:** *nom. sg.* 4,97,41 (*Sal. a1, 3 Hss.*); **sopona:** *acc. pl.* 1,596,64 (*M*). – **saban:** *nom. sg.* Gl 1,384,23 = Wa 75,27. 597,5 (*M; lat. acc. pl.*). 2,261,37 = Wa 82,16 (*lat. acc. pl.*). 619,37 = Wa 87,14; *dat. sg.* **-]e** T 155,2. 185,12. O 4,11,17. 35,33. 5,5,14 (*F*). 6,57; *acc. sg.* **-]** Gl 5,8,15 (*M; -ā*). O 4,11,13; *instr. sg.* **-]u** T 185,12; *nom. pl.* **-]a** Beitr. 73,252,4 (*oder lat.?*); *acc. pl.* **-]a** Gl 1,596,65 (*M*). 2,348,8. Beitr. (Halle) 85,226 (*oder lat.* (?), *vgl. Anm. z. St.*); **sabon:** *nom. sg.* Gl 4,93,37 (*Sal. a1, 2 Hss.; in 1 Hs. -n aus Korr.*). 160,17 (*Sal. c*); *dat. pl.* **-]on** T 212,7 (*erstes -o- unter dem Einfluß der Endg.?*); *acc. pl.* **-]a** Gl 1,596,64 (*M*); **saben:** *nom. sg.* MGh Poet. lat. VI,1,8; **sabin:** *dass.* Gl 1,300,46 (*2 Hss.; oder acc.?*). 4,162,46 (*vgl.* Beitr. 73,222 Anm. 7*; Sal. c*). Beitr. 73,222 (*nach* Gl 4,162,46*; Sal. c*); **sabun:** *dass.* 97,42 (*Sal. a1, 2 Hss.*); *acc. pl.* **-]a** 1,622,32 (*Würzb. Mp. th. f. 20, Gll. 9. u. 10. Jh.*). – **sauen:** *nom. sg.* Gl 4,93,38 (*Sal. a1; von moderner Hand in* s,ˡauen *korr., Steinm.*).

Mit lat. Endung: **saponam:** *acc. sg.* Gl 1,307,55 (*M; zu lat. sabana f.* (*statt geläufigerem -um n.*) *vgl.* Gl 4,93,36 *s. v.* sabo).

Verschrieben: **sapona:** *acc. sg.* Gl 1,307,55 (*M*); **lapun:** *nom. sg.* 4,97,42 (*Sal. a1*); **sabsaban:** *dass.* 263,6.

1) (*feines*) *Leinengewebe:* saban [(*die tüchtige Ehefrau*)] *sindonem* [*fecit, et vendidit, Prov. 31,24*] Gl 5,8,15; *hierher wohl auch:* sapon *tramolol* 3,12,10 (*zum lat. Lemma vgl. trama 'Kett- oder Schußfaden im Gewebe'*).

2) (*feines*) *Leinenzeug:*

a) *leichtes Gewand, Tuch, Schleier* (*bes. für Frauen*): sabin [(*Thamar*) *depositis viduitatis vestibus, assumpsit*] *theristrum* (*genus pallii; 1 Hs. est pallium mulierum*) [*Gen. 38,14*] Gl 1,300,46. sapona *theristrum* [*ebda.*] 307,55 (*5 Hss.* sabo). saban *anoboladium amictorium lineum feminarum quo humeri operiuntur quod ... sindonem vocant* [*zu: dabo vobis triginta*] *sindones* [, *et totidem tunicas, Jud. 14,12*] 384,23 = Wa 75,27. sabsaban (*l.* saban) *anaboladium* [*zu ebda.?*] 4,263,6. sapona vuitta sapon [*in die illa auferet dominus* (*den Töchtern Zions*) ... *specula, et*] *sindones* [, *et*] *vittas* [, *et*] *theristra, Is. 3,23*] 1,596,63. 597,4, *z. gl. St.* sabuna uuittun huorgiuuat 622,32. sabin *teristrum movortium genus pallei muliebris* 4,162,46 (*vgl.* Beitr. 73,222 Anm. 7; *zu lat. mavors 'Kopfbedekkung, Kopftuch, Schleier der Frauen' vgl. Müller, in: Thema Kleidung S. 287ff. 607*). sabin *teristrum dicitur pallium Arabici vestimenti* Beitr. 73,222 (*nach* Gl 4,162,46). sum iungo folgeta imo (*dem verhafteten Jesus*), uuas giuuatit mit sabanu ubar naccot *adulescens autem quidam sequebatur eum amictus sindone super nudo* T 185,12; *ferner:* ebda. (*sindon*);

b) *Leichentuch:* sapona [*quem* (*den Toten*) *ex more lotum, vestimentis indutum, et*] *sabano* [*constrictum superveniente vespere sepelire nequiverunt, Greg., Dial. 3,17 p. 320*] Gl 2,256,31. intfiengun sie tho thes heilantes lichamon inti buntun inan mit sabonon *ligaverunt eum linteis* T 212,7, *z. gl. St.* O 4,35,33. ther suueiztuach uuard dar (*in Jesu Grab*) funtan ... fon demo sabane suntar 5,5,14 (*F; vgl. Pivernetz S. 102r; sabo PV*), *ähnl.* 6,57;

c) *Handtuch:* saban [*qui sibi de pedibus calceamenta abstraheret, vestimenta susciperet, et exeunti de caloribus*] *sabana* [*praeberet, Greg, Dial. 4,55 p. 464*] Gl 2,261,37 = Wa 82,16. sabana *sunt* (*Steinm. seu*) *sindones* [*zu:* [(*das Hausgesinde*) *pleno componit*] *lintea* [*guto, Juven. 3,263*] 348,8 (*vgl.* Beitr. 73,252 Anm. 3). sabana .l. sunt *sindones* [*zu ebda.*] Beitr. 73,252,4. sabana *lintea* [*ebda.*] Beitr. (Halle) 85,226. saban *linteolum a linteo* [*zu: omnem*] *linteolo* [*adcinctus tantum inclinavit honorem* (*Iesu*), *Sed., Carm. pasch. V,24*] Gl 2,619,37 = Wa 87,14 (*vgl. Wich-Reif, Stud. S. 215*). thanan ... bigonda thuuahan fuozzi sinero iungirono inti suuerban mit themo sabane themo her uuas bigurtit *coepit ... extergere linteo quo erat praecinctus* T 155,2, *z. gl. St.* O 4,11,17; *ferner:* 13;

d) *Leinenbezug, -überzug:* saben [*heros magnanimus solito quem more salutans duxerat ad solium, quod*] *byssus* [*compsit et ostrum, Walth. 293*] MGh Poet. lat. VI,1,8 (*zu lat. byssus vgl. Müller a. a. O. S. 320f.*).

3) *Glossenwort:* sabon *sabanum* Gl 4,93,37 (*5 Hss.* sabo). *sindo* 97,41. 160,17.

Abl. sabanîn; *vgl.* sabo.

Vgl. Müller, in: Thema Kleidung S. 290. 291. 304.

sabanîn *adj., mhd.* sabenîn. – *Graff VI,67.*

sabenin: *Grdf.* Gl 3,409,75 (*vgl.* Jb. Ph. 22,75) [HD 2,77; sabenino].

aus (*feinem*) *Leinen: byssina* (*zu lat. byssus 'Leinen, Muschelseide' vgl. Müller, in: Thema Kleidung S. 320f.*).

sabari Gl 4,273,28 *s.* saharahi.

sabeia Gl 3,592 Anm. 1 *s.* selbheila.

saben- *s.* sevin-.

sabin *s. auch* saban.

sabin- *s.* sevin-.

sabo *sw. m.* – *Graff VI,64f.*

sap-: *acc. sg.* **-un** Gl 1,539,66 (*M*); **-on** 307,54 (*M, 4 Hss.*). – **sab-:** *nom. sg.* **-o** Gl 4,93,36 (*Sal. a1, 4 Hss.*). 158,45 (*Sal. c*). Meineke, Ahd. S. 37,344 (*Sal. a1*); **-e** Gl 3,418,47 [HD 2,393 Anm. 28]. 419,48 [HD 1,223]; *dat. sg.* **-in** 1,329,60 (*M, 4 Hss., in 1 Hs.* sabin *am Rand wiederholt, 1* -y-); **-un** ebda. (*M, 3 Hss.; zur Endg. vgl. Braune, Ahd. Gr.*[16] *§ 221 Anm. 3d*). 4,253,3 (*M; zur Endg. s. o.*); *acc. sg.* **-un** 1,317,26 (*Rb;* : : sabun, s: *ausrad.*). T 155,2. O 5,5,11 (*F*); **-on** Gl 1,307,56 (*M*). O 5,5,11 (*PV*); **-en** Gl 1,539,66/67 (*oder st. flekt. u. damit zu* saban*?*); **-in** 66 (*zur Endg.* -in *statt* -un *vgl. Braune a. a. O.; oder st. flekt. u. damit zu* saban*?*); *dat. pl.* **-on** O 5,5,14 (*PV*); *acc. pl.* **-un** Gl 1,619,41 (*Rb*).

Verschrieben: **scabe:** *nom. sg.* Gl 4,93,37 (*Sal. a1*).

1) (*feines*) *Leinengewebe:* sabun [*tabernaculum vero ita facies: decem cortinas de*] *bysso* [*retorta, Ex. 26,1*] Gl 1,329,60. 4,253,3. sapun [(*die tüchtige Ehefrau*)] *sindonem* [*fecit, et vendidit, Prov. 31,24*] 1,539,66. sabe *bissum genus est quoddam lini nimis candidum et molle* [*HD 2,393 Anm. 28; Randgl. zu:* (*die Mitra*) *ex*] *bisso* [*conficitur, HD 2,390*] 3,418,47 [HD 2,393 Anm. 28]. sabe *bissum genus est quoddam lini nimis candidum et molle* [*HD 1,223*] 419,48 [HD 1,223]; *zu lat. byssus vgl. Müller, in: Thema Kleidung S. 320f.*

2) (*feines*) *Leinenzeug:*

a) *leichtes Gewand, Tuch, Schleier* (*bes. für Frauen*): sapon [(*Thamar*) *depositis viduitatis vestibus, assumpsit*] *theristrum* [*Gen. 38,14*] Gl 1,307,54 (*2 Hss.* saban), *z. gl. St.* sabun edo fanun 317,26. fanun sabun [*in die illa auferet dominus* (*den Töchtern Zions*) ... *specula, et*] *sindones* [, *et vittas, et*] *theristra* [*Is. 3,23*] 619,41;

b) *Leichentuch:* ther sueizduah ward thar (*in Jesu Grab*) funtan ... fon then sabon suntar O 5,5,14 (*PV;* saban *F*); *ferner:* 11;

c) *Handtuch:* mit diu her (*Jesus*) intfieng sabun bigurta sih *et cum accepisset linteum praecinxit se* T 155,2.

3) *Glossenwort:* sabo *sabana* Gl 4,93,36 (*3 Hss.* saban). 158,45. Meineke, Ahd. S. 37,344.

Vgl. saban.

Vgl. Müller, in: Thema Kleidung S. 290. 291. 304.

sabon *s. auch* saban.

sabsaban Gl 4,263,6 *s.* saban.

sabun *s. auch* saban.

sacci Thies, Kölner Hs. S. 181,11 *s.* sac.

sacclinchin Gl 1,206,32 (*Ra*) *s.* seckilinklîn.

[sacerdos I 35,20 *in:* huuanda so selp so im (*den Juden*) noh ein tempel ni bileiph ..., so sama ni bileiph im einich chuninc noh einich sacerdos Iudęoliudim *quia* *iam sicut nullum templum . . ., ita nullus rex nullus sacerdos remansit Iudaeis ist in unveränderter Lautgestalt aus dem Lateinischen in den ahd. Satz übernommen, vgl. dazu Frings, Germ. Rom. II,447 u. Matzel, Unters. S. 304; der Übersetzer verzichtet auf eine mögliche Wiedergabe durch ein dt. Wort* biscof, *das er gekannt haben muß, wie sein Gebrauch der Bildung* bisscofheit I 36,4 *zur Wiedergabe von lat. sacerdotium beweist, vgl. dazu Ahd. Wb. 1,1115 s. v.* biscofheit.]

sach Gl 3,363,46 *s.* saf.

sachana S 326,10 *s.* sahhan.

sachela Gl 3,397,36 *in:* sachela *zizinel narua (Hildeg., Berl. Lat. 4° 674, 13. Jh.) ist aufgrund der nicht sicher deutbaren Bezugswörter unklar; während narua nach Steinm., Anm. z. St. lat. ist, deutet es W. Grimm, ZfdA. 6,321 u. 326 Anm. 46 als dt. Wort in der Bed. 'fibulatura' ('Gürtelschnalle'), vgl. auch Gärtner-Embach, in: CCCM 226A,308,489 z. St.; im Ahd. Wb. s. v.* nar(a)uua *'Narbe; Schlaufe, Henkel' u.* nar(a)uuo *'Schnalle?' ist narua als lat. nicht aufgenommen; die Gl. steht zwischen Bez. für Beinbekleidungen nach ebenfalls unklarem* beinnich *iaschua 'eine Beinbekleidung?' (vgl. Ahd. Wb. 1,850) und vor* brůchgurdel *fuziz bracile 'Hosengürtel' (vgl. a. a. O. Sp. 1453); aufgrund der Glossenumgebung ist vielleicht von einem Hapaxlegomenon* seckila *'(am Gürtel getragener) kleiner Beutel (?)' auszugehen (unter Einfluß von mfrz.* sachel *'kleiner Sack' (vgl. FEW 11,23)?); oder ist an eine Verschr. von* sockel *mhd. st. m. 'leichter Schuh, Socke' (vgl. Ahd. Gl.-Wb. S. 568) zu denken (?); dagegen spricht jedoch neben der Form (nom. pl.?), daß geminiertes* k *in der Hs. in der Regel als* chk *oder* chg *wiedergegeben wird (nur einmal auch als* -ch- *in* acherman Gl 3,395,68).

[? and-**sacian** *ae. sw. v. (zur Bildg. vgl. Wißmann S. 75 f.; vgl. auch denominales* andsakon *as. sw. v., Ahd. Wb. 1,516); mhd.* entsachen; *mnl.* ontsaken; *vgl. as.* andsakan *st. v., got.* andsakan *st. v.*

in-sacie: *3. sg. conj.* Beitr. (Halle) 85,61,79 (*Würzb. Mp. th. f. 79, Gll. 8. Jh.*).

etw. verweigern: insacie [*non me concludat profundum, non mihi*] *deneget* [*exitum, Is., Syn. 1,73 p. 844*].

Vgl. andsakon *as.*]

in-**sacian** *ae. s. jetzt* ?and-sacian *ae.*

sadelzugo Gl 3,683,17 *s.* satulziugi.

sae Sprachwiss. 37,409,6 (*clm 14179, Hs. 9. Jh.*) *in:* sae [*nam et duas tabulas lapideas duorum testamentorum figuram habuisse viri eruditissimi*] *tradiderunt* [*Prol. in Ep. Pauli, Fischer-Weber p. 1748*] *ist unklar; Nievergelt a. a. O. vermutet eine verkürzt geschr., kontrahierte Form von* sagên *'sagen, berichten'.*

saedo Gl 3,2,48 *s.* ?sêuuido.

sâen *sw. v., mhd.* sæ(j)en, *nhd.* säen; *as.* sāian, *mnd.* sey(g)en, sêgen, *mnl.* saeyen; *ae.* sáwan *red. v.*; *an.* sá *red. v.*; *got.* saian *red. v. – Graff VI,54.*

saata: *3. sg. prt.* Gl 1,383,14 (*S. Paul XXV d/82, 10. Jh.*); **sa-:** *3. sg.* **-it** S 171,2. 10. F 8,4. T 87,8 (*2; beide* -ai- *aus* ahi *korr.*); **-et** Npw 36,26; *3. pl.* **-int** 125,5 (2). 6; *inf.* **-an** F 8,4; *gen. sg.* **-nes** Npw 36,34 (*zur Kontraktion vgl. Braune, Ahd. Gr.*[16] *§ 359 Anm. 3*); *part. prs. gen. sg. m.* **-entin** F 9,7; *1. sg. prt.* **-ta** T 151,8; *3. sg. prt.* **-ta** Gl 2,524,37. F 8,5. T 71,2. 72,1. 73,2. 76,4. Nb 44,6 (sâ-) [35,23]; **-ita** F 9,24; *2. sg. prt.* **-tos** T 72,4. 149,6. 151,7; *2. pl. prt.* **-tut** O 2,14,109; *3. sg. conj. prt..* **-ti** Gl 1,292,28 (*Jb-Rd*); **ca-:** *part. prt.* **-it** 91,17 (*R*); **ke-:** *dass.* **-it** Npgl 101,28 (3); **ki-:** *dass.* **-it** Gl 1,243,9 (*KRa*). 10 (*K*); **ga-:** *dass.* **-it** F 9,16; **gi-:** *dass.* **-it** Beitr. (Halle) 86,392,6 (*Wolf. Wiss. 50, 9. Jh.*). Publ. 62,448,34 (*Paris Lat. 9532, Gll. 9., 10. u. 11./12. Jh.*); *nom. sg. m.* **-te** Gl 1,611,43 (*M; zum Lat. s. unten* I 1bα); *acc. pl. m.* **-ta** 44 (*M*); **-te** 43 (*M, 3 Hss.; zum Lat. s.* I 1bα). – **saiin:** *inf.* Gl 2,54,10 (*Carlsr. Aug. CCIII, Gll. 11. Jh.; zu* -i- *für sekundäres* j *vgl. Braune a. a. O. § 117,1*). – **sah-:** *3. sg.* **-et** Nb 39,7. 280,22 [31,26. 216,30]. Np 36,25 (-â-). 26; *1. pl.* **-en** Npgl 80,3 (*oder conj.?*); *3. pl.* **-ent** Np 125,5 (2). 6 (*alle* -â-); *inf.* **-en** Nb 127,31 [110,16]; *dat. sg.* **-enne** 280,21 [216,30]; *zu* -h- *zur Tilgung des Hiats vgl. Braune a. a. O. § 152,2.* – **sauu-:** *1. sg.* **-iu** T 149,7 (s- *aus* a *korr.*); *3. sg.* **-it** 71,1. 76,4; *3. pl.* **-ent** 38,2; *inf. dat. sg.* **-enne** 71,1; *part. prs. gen. sg. m.* **-entes** 75,1; **gi-:** *part. prt.* **-it** ebda. (2). 2. 3. 4.

gi-sete: *part. prt. acc. pl. m.* Gl 1,611,44 (*M, clm 22201, 12. Jh.; zum Umlaut vgl. Matzel S. 59*). – **seio:** *1. sg.* Gl 2,379,15 (*Bonn 218, Gll. 11. Jh.* (?); *zum Umlaut vgl. Franck, Afrk. Gr.*[2] *§ 24; zu* -i- *für sekundäres* j *vgl. Franck a. a. O. § 73*).

Verstümmelt: **ga- . . :** *part. prt.* F 9,9/10. 10/11 (*beide Ausg.* ga*sait*); **gha- . . :** *dass.* 11/12 (*Ausg.* gha*sait*).

Auf Konjektur beruht: gasait: *part. prt.* F 9,20.

I. *transitiv:*

1) *etw. (irgendwohin) (aus)säen:*

a) *eigentl.:*

α) *mit Akk. d. Sache:* suenne der acchirman sait sinen samen, so fellit sumelichiz pi demo uuege [*vgl. dum seminat, aliud cecidit secus viam, Luc. 8,5, Hellgardt, Pred. S. 92*] S 171,2. thie thar sauuit guotan samon, ther ist mannes sun . . . thie fiiant thie iz (*das Unkraut*) sata thaz ist ther diuual *qui seminat bonum semen, est filius hominis . . . inimicus autem qui seminavit ea est diabolus* T 76,4. tu (*Schöpfer des Himmels*) getemperost taz iar . . . so . daz . . . daz chorn . daz man ze herbeste sahet . . . ze sumere rifee [*vgl. ut quod seminatur in autumno . in aestate iam metitur maturum, X*] Nb 39,7 [31,26]; *in bruchstückhafter Überlieferung:* saan sinan .. *seminare semen suum* F 8,4;

β) *mit Akk. d. Sache, auch mit abstr. Akk. zur Angabe der Menge, u.* in + *Akk.:* daz auuar in steinac uuarth gha*sait daz* ist der gotes uuort gahorit *qui autem super petrosa seminatus est, hic est qui verbum audit* F 9,11/12 (*vgl.* T 75,3 *unter* bβ). in dea dorna ist gasait *qui autem est seminatus in spinis* 16 (*als Subj. ist wohl gegen Lat. qui* dhaz *zu erg., vgl.* F 9,11 *u.* daz auuar in guota haerda uuarth *gasait* F 9,19). gilih ist himilo rihhi manne thie thar sata guotan samon *in* (*Hs.* inti) sinan accar *simile factum est regnum caelorum homini qui seminavit bonum semen in agro suo* T 72,1, *z. gl. St.* F 9,24. gilih corne senafes, thaz inphahenti man sata iz in sinan garton *simile est grano sinapis, quod accipiens homo seminavit in hortum suum* T 73,2. ter do . do diu sunna in Cancro meistun hizza teta . filo sata in unuuilligen acher *qui tum credidit larga semina negantibus sulcis . cum grave sydus Cancri inaestuat radiis Phoebi* [*vgl. nemo tunc seminat . quia semen tunc comburitur, X*] Nb 44,6 [35,23]; *ferner:* T 72,4 (*seminare*); – *Glosse:* gisait [*volucres coeli quae iuxta viam*] *satum* [*triticum devorare festinant, Hier., Ep. LXXVIII,24, PL 22,713*] Publ. 62,448,34;

b) *bildl., von Menschen:*

α) *im Passiv, mit Nom. d. Pers.:* gisate [*neque plantatus, neque*] *satus* (*3 Hss. -os, zur La. vgl. Fischer-Weber 2,1137*) [, *neque radicatus in terra truncus eorum* (*der Fürsten u. Richter*), *Is. 40,24*] Gl 1,611,43 (*3 Hss.* sezzen);

β) *im Passiv, mit Nom. d. Pers. u. Präp. verb.:* these ist thie nah themo uuege ist gisauuit *hic est qui secus viam seminatus est* T 75,1, *ähnl.* F 9,10/11 (*seminare*). thie thar ubar steinahi gisauuit ist *qui autem supra petrosa seminatus est* T 75,2. thie thar ist gisauuit in thorna *qui autem est seminatus in spinis* 3. thie thar in guota erda gisauuit ist *qui vero in terram bonam seminatus est* 4;

c) *stellvertretend für eine andere (körperliche oder geistige) Arbeit, mit pronom. Akk./Akk. d. Sache:* ih forahta, uuanta thu grim man bist, ... arnost thaz thu ni satos *timui enim, quia homo austerus es, ... metis quod non seminasti* T 151,7 (*im Gleichnis von den Talenten*). ih santa iuih (*die Jünger*) arnon; ir ni satut tho thaz korn [*vgl. ego misi vos metere, quod vos non laborastis, Joh. 4,38; alius est qui seminat, ebda. 37*] O 2,14,109; *ferner:* T 151,8 (*seminare*).

2) *etw. besäen, mit Akk. d. Sache:* ter guoten acher sahen uuile . der errumet in êr des unchrutes *qui volet serere ingenuum agrum . liberat prius arva fruticibus* [*vgl. seminare, Rem.*] Nb 127,31 [110,16].

3) *übertr.: etw. hervorbringen, im Passiv, mit Nom. d. Sache:* sata [*post partum virginis, ex quo corporis humani naturam pristina origo deseruit carnemque novam vis ardua*] *saevit* [*Prud., Psych. 73*] Gl 2,524,37. seminatur corpus animale . resurget corpus spiritale (dar uuirt kesait fehe gelich lichamo unde irstat keistlich lichamo). Seminatur mortale . resurget inmortale (uuirt kesait todelich lichamo unde irstat untodiger). Seminatur corruptibile . resurget incorruptibile (uuirt kesait iruuartlich lichamo stat uf uniruuartlicher) Npgl 101,28 (Npw *alle* firlâzan; *zum irdischen Körper, d. h. dem irdischen Menschen im Gegensatz zur auf das Himmlische gerichteten Existenz vgl.* lîhhamo 1dγ *u.* 1bγ, *Ahd. Wb. 5,960 u. 559*).

4) *übertr.: (an einem Ort/bei jmdm.) den Anstoß zu etw. geben, den Keim zu etw. legen:*

a) *mit abstr. Akk.:* sin samo uueret in segene . keistlichiu ding sahet er . uitam ęternam inphahet er . daz ist sines samen benedictio *semen illius in benedictione erit* [*vgl. qui seminat in spiritu, de spiritu metet vitam aeternam, Gal. 6,8*] NpNpw 36,26. vuanda er guottate sahet . dannan habet er seti [*vgl. semen uniuscuiusque hominis operam esse diximus, quam seminat et metit, sive bonam sive malam, Cass.*] Np 36,25 (Npw sehan);

b) *mit abstr. Akk. u. Präp. verb./Adv.:* Christ, der dir tagilichen in dera heiligun christinheite durh die munda dere lerari sait in dei herzi sinere holden die keistlichan lera [*vgl. significat autem sator iste Christum, filium dei, qui evangelii praedicationem ... in corde credentium, cotidie seminat per doctores in ecclesia, BH, Hellgardt, Pred. S. 92*] S 171,10. quimit thie ubilo inti ginimit thaz thar gisauuit ist in sinemo herzen *venit malus et rapit quod seminatum est in corde eius* T 75,1, *z. gl. St.* F 9,9/10. die hier sahent elemosinam . unde bona opera die arnont (Npw snident) so sie uitam ętернam ze lone inphahent [*vgl. quid seminabimus? opera bona, Aug., En.*] NpNpw 125,5. vuanda ouh Paulus chit . si nos vobis spiritalia seminavimvs . magnvm est si nos carnalia vestra metamvs? (ube uuir an iu keistlichiu dinch sahen dunchit iu danne michil daz uuir uuerlt kuot arneien) Npgl 80,3; – *bildl.:* monacho quicquid sine spiritalis patris ł bonorum fratrum consensu egerit boni non solum non esse utilitati sed etiam improbum reputari. Ideoque discretum pastorem quęras. vt viuere valeas. Chleino sol man ribin. daz er in sin ouga sol saiin [*zu: operationes bonae si cum consensu spiritalis patris fiunt vel bonorum fratrum, tunc dicuntur nostrae; si ... proprio arbitrio, id est sine consensu spiritalis patris vel bonorum fratrum, dicitur meum, Expos. reg. S. Bened. p. 12*] Gl 2,54,10 (*wörtlich vielleicht: 'fein soll ein Mensch reiben, was er in sein Auge streuen soll', d. h., was er als Erkenntnis in seinem Erkenntnisvermögen anstoßen möchte?*).

5) *Glossenwort, Vok.-Übers.:* casait pim *conserer* Gl 1,91,17 (*zur urspr. zugrundeliegenden Glossengruppe vgl. Splett, Sam.-Stud. S. 61 f.*). kisait *sata* 243,9. *seminata* 10. seio [*in 'ro' finita per 'vi' syllabam terminant praeteritum, ut ...*] *sero* [*seris sevi, Prisc., Inst. II,532,6*] 2,379,15. gisait uuisu *seror* [*satus, ebda. 25,13*] Beitr. (Halle) 86,392,6.

II. *intransitiv: säen, Saat ausbringen:*

a) *eigentl.:* sati [*cum ...*] *sevisset* [*Israel, Jud. 6,3*] Gl 1,292,28. 383,14 (*Hs. lat. senuisset*). *fu*or uz daer sait *exiit qui seminat* F 8,4, *z. gl. St.* T 71,1. *mit di*u aer sata sum (*der Samenkörner*) felun *dum seminat, quaedam ceciderunt* F 8,5, *z. gl. St.* T 71,2. scouuot himiles fugala, bithiu uuanta sie ni sauuent noh ni arnont *respicite volatilia caeli, quoniam non serunt neque metunt* T 38,2. gieng tho uz thie thar sauuit zi sauuenne *exiit qui seminat seminare* 71,1 (*zu* sauuit *s. oben* T 71,1 *u.* F 8,4). andar ist the sait inti ander ist the arnot *alius est qui seminat et alius est qui metit* 87,8. der (*Bauer*) hina after dero lengi dero furehe sahet . unz er durhkat Nb 280,22 [216,30]; – *im substant. Part. Praes.:* gahorret biuuorte dhes saentin *vos ergo adtendite parabulam seminantis* F 9,7, *z. gl. St.* T 75,1; – *im substant. Inf.:* diu gereccheda . diu darana (*an der göttlichen Voraussicht*) ist . unde diu ordena . fone anagenne unz in uz . tiu heizet series a serendo . nah tes achermannes sahenne [*vgl. series dicta per translationem a sertis florum invicem conprehensarum, Is., Et.*] Nb 280,21 [216,30];

b) *stellvertretend für eine andere (körperliche oder geistige) Arbeit:* the dar arnot, mieta intfahit inti samonot fruht in euuin lib, thaz der the sait saman giueha inti the dar arnot *qui metit mercedem accipit et congregat fructum in vitam aeternam, ut et qui seminat simul gaudeat et qui metit* T 87,8. herro, ih ueiz thaz du hart man bist inti arnos thar du ni satos *domine, scio quia homo durus es et metis ubi non seminasti* 149,6 (*im Gleichnis von den Talenten*). sie farent uueinonde unz sie sahent sie choment aber frouue mit iro garbon . so sie arnont *euntes ibant et flebant mittentes semina sua. Venientes autem venient cum exultatione portantes manipulos suos* [*vgl. etsi cum fletu seminamus, tamen cum gaudio metemus, Aug., En.*] NpNpw 125,6; *ferner:* T 149,7 (*seminare*). NpNpw 125,5 (*seminare*); – *im substant. Inf.:* nu bechenne hie uuesen daz zit dero arbeite unde des frostes unde sanes unde der zaheri Npw 36,34 (Np *semen*, Npgl sâmo).

Abl. sââri, sâmo, sâo, sât, sâunga; *vgl.* unsâit.

ana-**sâen** *sw. v., nhd.* ansäen; *ae.* onsáwan *red. v.* – *Graff VI,54.*

ana-ga-sait: *part. prt.* Gl 2,229,41 (*S. Flor. III 222 B, Gll. 9. Jh. (?). Wien 949, 9. Jh.*).

(*hin*)*einsäen, -streuen:* anagasait [*de apostata quippe angelo scriptum est, cum bonae messi*] *inserta* [*fuisset zizania: inimicus homo hoc fecit, Greg., Cura 3,23 p. 71*] (*Verwechslung von inserta zu inserere 'einfügen' mit insita zu inserere 'einsäen, einpflanzen'?*).

gi-**sâen** *sw. v., mhd.* gesæjen, *frühnhd.* gesäen, *nhd. dial. schwäb.* g^esäe^n *Fischer 3,438; mnl.* gesaeyen; *ae.* gesáwan *red. v. – Graff VI,54.*

ge-saidun: *1. pl. prt.* Gl 2,698,3 (*Paris Lat. 9344, Gll. 10./11. u. 11. Jh.*).

(*aus*)*säen:* gesaidun [*grandia saepe quibus*] *mandavimus* [*hordea sulcis, infelix lolium et steriles nascuntur avenae, Verg., E. V,36*].

ubar-**sâen** *sw. v., mhd.* übersæjen, *nhd.* übersäen; *as.* ovarsäian (*s. u.*), *mnl.* oversaeyen; *ae.* ofersáwan *red. v. – Graff VI,54.*

ubar-sata: *3. sg. prt.* T 72,2. – **ofar-sagia:** *3. sg. conj.* Gl 4,289,10 = Wa 50,7 (*Ess. Ev.; zu -gi- für j vgl. Gallée, As. Gr.^{3} § 158*).

Verstümmelt: .. **ar-saita:** *3. sg. prt.* F 9,26 (*Ausg. ub*ar-).

etw. über etw. säen, streuen:

a) *eigentl.:*

α) *mit Akk. d. Sache u.* in mittan *+ Akk. d. Sache:* quam sin fiiant inti ubarsata beresboton in mittan then uueizi *venit inimicus eius et superseminavit zizania in medio tritici* T 72,2;

β) *mit unklarer Konstr. aufgrund bruchstückhafter Überlieferung:* .. *ub*arsaita den achar .. *unt*ar den hueizi *superseminavit zizania in medio tritici* F 9,26;

b) *bildl.:* ofarsagia *hac sententia nos cautos esse admonet . ne diabolus foeditatem vitiorum super semen bonae voluntatis spargat* [*Randgl. zu: venit inimicus eius, et superseminavit zizania in medio*] *tritici* [*Matth. 13,25*] Gl 4,289,10 = Wa 50,7.

zi-**sâen** *sw. v.; vgl. mhd.* zersæjen *sw. v., ae.* tósáwan *red. v.*

zi-sate: *part. prt. nom. pl. m.* O 4,7,4. – **ze-se:** *1. sg.* Gl 1,686,47 (*M, clm 22201, 12. Jh.; zum Umlaut vgl. Matzel S. 58*).

jmdn./etw. verstreuen, verteilen: ich zese *seminabo* [*eos* (*die Stämme Juda u. Josef*) *in populis, et de longe recordabuntur mei, Zach. 10,9*] Gl 1,686,47 (*5 Hss.* ziuueiben); – *im adjekt. Part. Praet.: zerstreut:* thie steina (*des Tempels*) werdent noh zi thiu, thaz sie sint so unthrate, hiar liggent al zisate O 4,7,4.

sænan Beitr. (Halle) 85,39,21 *s.* sahhan.

saer Gl 3,296,70 *s.* sahar.

saf Gl 3,668,45 *s.* sahs.

saf, saph *st. n. m., mhd.* saf, saft *st. n. m.* (*vgl. auch Findebuch S. 294*), *nhd.* saft *st. m.; mnd. mnl.* sap *st. n.; ae.* sæp *st. n.; vgl. an.* safi *sw. m. – Graff VI,169.*

saf: *nom. sg.* Gl 2,370,6 (*2 Hss., in 1 Hs. dazu noch am Rande*). 374,48. 3,93,38 (*SH A, 7 Hss.*). 214,55 (*SH B*). 243,58 (*SH a2, 4 Hss.*). 277,56 (*SH b, 3 Hss.*). 302,17 (*SH d*). 385,54 (*Jd*). 475,21. 478,23 (*2 Hss.*). 501,21. 508,10. 603,3. 4,99,24 (*Sal. a1, 5 Hss., in 1 Hs. s- auf Rasur*). Hbr. I,174,64 (*SH A*). II,346,55 (*SH a2; vgl. Hbr. II,565,40*). Thies, Kölner Hs. S. 172,17 (*SH*); *gen. sg.* -]**as** Gl 2,410,33 (*zur Endg. vgl. Braune, Ahd. Gr.^{16} § 193 Anm. 1a*); *dat. pl.* -]**un** 618,45; **saff:** *nom. sg.* 3,93,39 (*SH A; 15. Jh.*); *dat. sg.* -]**e** Nb 201,13 [166,20]; **sahf:** *nom. sg.* Gl 4,161,36 (*Sal. c*).

saph: *nom. sg.* Gl 2,363,43 (*M, 4 Hss., in 1 Hs. -p- aus Korr.*). 512,65 (sa : ph). 623,12 (saph^h). 680,48. 3,319,16 (*SH e*). 337,12 (*SH g, 3 Hss.*). 352,23. 4,99,25 (*Sal. a1, 3 Hss.*). 123,14 (*Sal. a2*). 161,38 (*Sal. c*). 352,14 (*2 Hss.*). Beitr. (Halle) 85,228,10. Mayer, Glossen S. 94,10; *gen. sg.* -]**es** Gl 2,457,34 (*2 Hss.*). 482,42. Nc 709,2 [25,6]; -]**is** Gl 2,542,63; *dat. sg.* -]**e** 631,51. 661,61. 4,123,15 (*Sal. a2, 2 Hss.*). 161,37 (*Sal. c*); **sapphe:** *dat. sg.* 352,18 (*erstes -p- sehr unsicher*).

sap: *nom. sg.* Gl 2,712,5; **sab:** *dass.* 4,209,27 (*zu -b vgl. Katara S. 54*).

Verschrieben: **schaf:** *nom. sg.* Gl 3,93,40 (*SH A*); **sach:** *dass.* 363,46 (*Jd*).

saphe Gl 3,326,36 *s.* seifa; saph 544,7 *s.* mâhensaf(t) *mhd.*

1) *Flüssigkeit, Saft:*

a) *Pflanzensaft:* safun [*confestim viduata suis ficulnea*] *sucis* [*aruit et siccis permansit mortua ramis, Sed., Carm. pasch. IV,50*] Gl 2,618,45. saf *librum* 3,93,38 (*1 Hs. noch vel sucus, vgl. Hbr. I,174,64; im Abschn. De arboribus*). Hbr. I,174,64. Thies, Kölner Hs. S. 172,17. saf *librum humor sub cortice* [*Hbr. II,346,55*] Gl 3,243,58. 277,56. 302,17. 319,16. 337,12. Hbr. II,346,55 (*vgl. Hbr. II,565,40*). uues aber ih sule iehen fone boumen . unde fone chriuteren . tiu fone saffe lebent ... tes zuiuelon ih Nb 201,13 [166,20]. tes manen tou ist anagenne unde samo . saphes unde marges Nc 709,2 [25,6]; *hierher wohl auch:* saph *sucus* Gl 3,352,23 (*im Abschn. über Bäume; davor* rinte *cortex*). 385,54 (*im Abschn. Nomina arborum feracium et sterilium*);

b) *Körpersaft, Sekret:* sach *sucus* Gl 3,363,46 (*im Abschn. über menschliche Körperteile; danach* blût harn *sanguis urina; vgl. Riecke, Med. Fachspr. 2,220 f.*);

c) *Getränk,* (*Obst-*)*Saft, wohl auch Arzneitrank:* saph *sapa* (*sucus pirorum*) [*Sed., De Graeca*] Gl 2,623,12. saf *sucus* 3,214,55 (*im Abschn. De potu*). *anagloxena.* sucvs radicvm holentres vnt atheches saf conmixta 478,23 (*oder zu* a*?*); *hierher vielleicht auch:* saf *limpis* 475,21 (*mit unklarem lat. Lemma, nach Gl.-Wortsch. 8,55 ist vielleicht lympha gemeint; in einem Heilmittelglossar*). 508,10 (*in einem Heilmittelglossar*);

d) *Glossenwort:* saf seu brud *ius* Gl 3,501,21. saf *ius* 603,3 (*in einem Pflanzenglossar*).

2) *das feuchte, Wasser* (*u. Nährstoffe*) *transportierende Bastgewebe eines Baumes:* saph [*hoc tuber, hoc*] *suber* [*... quae omnia tertia sunt declinationis, Phocae ars 415,15*] Gl 2,363,43. saf *suber* (*dazu Randgl.:* saf flozzun *suber subera*) [*Prisc., Inst. II,150,15*] 370,6 (*1 Hs. als Randgl. nur* flozzun *subera*). saf *suber* [*ebda.*] 374,48 (*Hs. noch* flozvn *subera; vgl.* Gl 5,104,23). safas [*ecce tibi inserto revirescit nunc oleastro truncus et externi vestitur cortice*] *libri* [*! Prud., Apoth. 341*] 410,33. 457,34. 482,42. 542,63, *z. gl. St.* saph rindo 512,65 (*1 Hs. nur* rindo). saphe [*huc aliena ex arbore germen includunt udoque docent inolescere*] *libro* [*Verg., G. II,77*] 631,51. fonna saphe [*tegmina quis capitum raptus*] *de subere* [*cortex, ders., A. VII,742*] 661,61. sap *suber* [*zu ebda.*] 712,5. saph [*cum moriens alta*] *liber* (*vgl. corticis pars interior, Serv.*) [*aret in ulmo, ders., E. X,67*] 680,48. saf *suber* 4,99,24 (*danach* flozzin *subera*). 209,27. saph saphe *suber subere* 123,14. 15 (*danach* flozen *subera*). sahf saphe saph *suber subere suber* 161,36. 37. 38 (*danach* flozun *subera*). sapphe [*huic* (*an die Lanze*) *natam,*] *libro* [*et silvestri subere clausam, implicat,*

Verg., A. XI,554] 352,18 (*vgl.* l i b e r *dicitur interior corticis pars, quae ligno cohaeret, Serv.*). saph [*nonne hoc spumosum, et cortice pingui, ut ramale vetus vegrandi*] s u b e r e [*coctum? Pers. 1,97*] Beitr. (Halle) 85,228,10. saph *tuber* (*Hs.* s u b e r) [*Alc., Gr. p. 864B*] Mayer, Glossen S. 94,10.

3) *Unklare Glossierung:* saph [*aret ager et sitit herba moriens*] *vitio* (*Hs. vitium*) [*aeris, Serv. zu Verg., E. VII,57*] Gl 4,352,14 (*zur unklaren Glossierung vgl. Steinm. z. St.*).

Komp. kôl-, mâhen-, phlûmen-, slê-, slêhen-, wolves-saf(t) *mhd.*

saffîrînisc *adj.*; *vgl. mhd.* saphîrîn *adj.* (*vgl. Findebuch S. 296*), *nhd.* saphir(e)n *adj.*, *mnl.* saffierijn *adj.*; *aus lat.* sapphirinus *adj. zu* sapp(h)irus *m.*

saffiriniskem: *dat. pl.* Gl 1,553,23 (*Rb; -k- aus c korr.*).

aus L a s u r s t e i n (*vgl. Lüschen, Steine S. 309 ff.*): saffiriniskem [*venter eius* (*des Geliebten*) *eburneus, distinctus*] *sapphiris* (*Hs.* s a p h i r i n i s) [*Cant. 5,14*].

saf(f)rân *st. m., mhd.* saf(f)rân, *nhd.* safran; *mnd.* safrân, *mnl.* saf(f)raen; *aus afrz.* safran, *vgl. Kluge, Et. Wb.*[25] *S. 781.*

Nur im Nom. Sing. belegt.

safran: Gl 3,101,7 (*SH A, Darmst. 6, 12. Jh.*). 538,22 (*Vat. Pal. 1259, 13. Jh.*); **saffran:** 527,13 (*clm 615, Hs. 14. Jh.*). 553,60 (*Innsbr. 355, 14. Jh.*); *mit Sproßvokal:* **saph-eran:** 538,22 (*Wien 2524, 13. Jh.; -ā*); **-aran:** 553,60 (*clm 615, Hs. 14. Jh.*).

S a f r a n, *Crocus sativus L.* (*vgl. Marzell, Wb. 1,1248 f.*): safran c r o c u s *est species floris* [*Hbr. I,187,231/232*] Gl 3,101,7 (*9 Hss.* kruogo). c r o c u s 527,13. 538,22. 553,60.

saga, sage Gl 3,259,32 (*SH a2, clm 2612, 12. oder 13. Jh., Wien 2400, 13. Jh.*) *zu lat. sagana sind* n i c h t s i c h e r d e u t b a r. *Nach Hbr. II,488,26 liegt mit* saga *sagana bzw.* sage *sagana eine lat.-lat. Glossierung vor; zu lat. saga u. sagana 'kluge Frau, Zauberin' vgl. Georges, Handwb.*[11] *2,2451 u. 2455 s. v. sagus; oder ist wegen der Endung* -e *bei* sage *ahd.* saga *sw. f. 'Wahrsagerin' anzusetzen, das vielleicht sekundär an* sagên *angelehnt ist* (?), *so Splett, Ahd. Wb. I,2,783 u. 784 Anm. 6. Aus lautlichen Gründen wie fehlendem Umlaut ist ein Ansatz ahd.* saga *'Schleppnetz' (entlehnt aus lat. sagena 'Schleppnetz', vgl. dazu nhd. Säge 'Schleppnetz', DWb 8,1648, u. ahd.* segina, *Splett a. a. O. I,2,798 Anm. 2) oder ein Anschluß an mhd.* sege *'feiner Wollstoff' (dazu Lexer 2,844 u. Duc. 7,265 s. vv. sagana 'vestis' ('Kleid'), saga 'pro panni specie') eher unwahrscheinlich.*

-saga *vgl. auch* aba-, ana-, ant-, fora-, umbi-, ursaga.

saga[1] *st. sw. f., mhd.* sage *st. f., nhd.* sage; *mnd.* sāge, *mnl.* sage; *afries.* sege, sei; *ae.* sagu *st. f.*; *an.* saga *sw. f.* – *Graff VI,105 f.*

sag-: *nom. sg.* **-a** Gl 2,29,56. 123,1 (*M, 6 Hss., darunter clm 6242, Hs. 9. Jh.*). 126,48. 143,34 (*beide M*). 190,74 (*M, 5 Hss.*). 772,47. Nb 184,17 [155,12]. Ni 509,19. 20. 548,23. 587,20 [16,12 (2). 61,7. 105,14]. Nk 487,25 [133,27]. NpNpw 44,2. Ns 615,5. 621,23 [296,18. 308,14]; **-e** Gl 4,247,26 (*2 Hss.*); *dat. pl.* **-on** Nc 702,7 [17,6]. Ni 561,7. 566,11 [75,12. 80,27].

S t a r k: **sag-:** *dat. sg.* **-u** O 1,2,15; **-o** Gl 1,788,48 (*M, 5 Hss.*). 2,110,27 (*M*). 185,40 (*M, 4 Hss.*). 404,5. Mayer, Glossen S. 101,23. Nb 180,1 [151,29]. Nc 812,8 [131,6]. Np 48,5; **-a** Gl 1,788,49 (*M, 2 Hss.*). 2,126,24 (*M*). Npw 48,5; *acc. sg.* **-a** T Prol. 1. Nb 184,4 [155,1]. Ni 518,5 [25,20]; *nom. pl.* **-a** Gl 2,753,50. Nievergelt, Glossierung S. 461,543 (*zu* Gl 2,753,50). Ni 516,12 (-â). 24 (-â; -g- *aus* b *korr., so Piper, oder aus* h, *so K.-T.*). 587,15 [23,21. 24,6. 105,9]; *acc. pl.* **-a** Nb 184,8 (2) [155,3. 4] (*beide* -â).

S c h w a c h: **sag-:** *dat. sg.* **-un** Gl 2,166,33 (*clm 6277, Hs. 9. Jh.*). 247,54 (*Berl. Lat. 4° 676, 9. Jh.*). Nc 688,5 (-ûn). 812,13 [2,21. 131,10]. Ni 560,22. 565,17 [75,1. 80,3]; *acc. sg.* **-un** Gl 1,790,20 (*Wien 1239, Hs. 9. Jh.*). Ni 516,16 (-ûn). 587,32 [23,26. 105,26]; *nom. pl.* **-un** Gl 2,416,33; *acc. pl.* **-un** 404,19. 745,1 (*Ja*).

sagen Gl 2,771,40. Beitr. 73,231 (*nach* Gl 5,22,20) *s.* sago[1].

1) *G e s a g t e s, W o r t e, A u s s a g e:*

a) *a l l g e m.*: die sagun [*heroum tandem intelleximus*] *o r s a* (*Glossen:* d i c t a, *vel* v e r b a; l o c u t i o n e s, *vgl. PL 59*) [*priscorum, Prud., Apoth. 236*] Gl 2,404,19. sagun [*nil est ... quod plus hominem iuvare possit, quam vatis pia praecinentis*] *o r s a* (*Glosse:* d i c t a, *vgl. PL 59*) [*ders., H. p. cib. (IV) 96*] 416,33 (*nach Gl.-Wortsch. 8,57 noch Gll. praedicatio, verbum*). sagun [*Jacobus autem in spiritu sancto confidenter agens, omnes*] *a s s e r t i o n e s* [*illorum evacuavit, Pass. Jac. sec. Abd. p. 517*] 745,1 (*'Behauptungen'*). an dero sago (*wo das vollkommene Glück zu finden ist*) ih tes ahton ze erest zefragenne . ube dehein so getan guot . muge sin under allen dingen *in quo illud primum arbitror inquirendum . an aliquod huiusmodi bonum ... in rerum natura possit existere* [*vgl. in hac quaestione; de quo adhuc dicendum, X*] Nb 180,1 [151,29]. noh sia (*die Philologia*) nefilti daz selo glihnisse . daz alle hina farente sela fillet . nah tero sago Syri philosophi *nec simulacrum animae Syri cuiusdam* d o g m a t e *verberarit* Nc 812,8 [131,6] (*'Meinung, Lehre', vgl. dazu Schulz, Ahd. quedan S. 61*); *ferner:* 13 [10] (*d o g m a*);

b) *s p e z.*: *a l s T e r m. t e c h n. der Logik:* *A u s s a g e a l s* (*sprachlicher*) *A u s d r u c k d e s U r t e i l s* (*vgl. Staeves S. 93 ff.*); *auch als Oberbegriff lat. Termini wie affirmatio 'Bejahung, Setzung eines Satzes, eines Urteils' u. negatio 'Verneinung, Aufhebung eines Urteils' bzw. der Verben affirmare, negare* (*vgl. Staeves S. 95*): iro beidero membra (*der Syllogismen*) . heizent communiter p r e d i c a t i o n e s . alde p r o l o q u i a . alde p r o p o s i t i o n e s . alde e n u n t i a t i o n e s. Tiu fier uuort . mugen uuir gelicho . unde gemeinlicho diuten saga Nb 184,4 [155,1]. der syllogismus sol io haben zuo saga . solche . daz sie dia dritttun sterchen 8 [4]. ein saga ist . summum bonum est in deo. Summum bonum . daz ist subiectiuum . in deo est . taz ist declaratiuum 17 [12]. saga ist peidiu . uuar ioh lugi Ni 509,20 [16,12]. ube man fone allelichen . allelicho saget nein unde iah . tie saga uuerdent uuideruuartig *si ergo universaliter enuntiet in universali . quoniam est . aut non . contrariae erunt* e n u n t i a t i o n e s 516,12 [23,21]. ih chido . aber dia unallelichun saga . stan gagen dero allelichun in uuiderchetungo *dico autem opponi contradictorie* a f f i r m a t i o n e m *quae universale significat . eidem . i. illi quae non universaliter* 518,5 [25,20]. uuile du ein sagen . fone manigen . alde manigiu fone enimo . ein species . neuuerde uzer in anderis neist iz ein saga nieht . iehendo noh lougenendo *at vero affirmare vel negare unum de pluribus vel plura de uno . si non est unum ex pluribus . non est affirmatio una . neque negatio* 548,23 [61,7]. also du chiesen maht . an dero sagun . ambulat homo . diu mit non ambulat homo gelougenet uuirdet [*vgl. sunt quaedam* p r o p o s i t i o n e s *in quibus ... additur ... id quod in his enuntiatur idem valet ... ut in ea quae est . homo ambulat, Boeth.,*

Comm. I] 560,22 [75,1]. est autem *enuntiatio* . oratio uerum aut falsum significans. Haec teutonice saga dicitur . quia solemus enuntianti respondere . tu sagest uuar . du nesagest uuar Ns 615,5 [296,18]; *als sprachliche Wiedergabe des Urteils in Gegenüberstellung zu* uuân *'Urteil' (vgl. Staeves S. 95 f.)*, githanc *'geistige Vorstellung, Überlegung'*: saga sint io offenunga des uuanis . unde dero gedancho *sunt autem hae quae sunt affirmationes et negationes notae eorum . i. earum passionum quae sunt in anima* Ni 587,15 [105,9]. so uuirdet ... fone dero uuideruuartigi des allelichen uuanis . samouuideruuartig ein allelih saga anderro [*vgl. quod si universalis affirmatio et universalis negatio sunt in opinione contrariae . eaedem quoque in vocibus erunt, Boeth., Comm. I*] 20 [14]. niomer negeskihet einen uuan uuarin alde eina sagun uuara . anderen uuaren uuideruuartig uuerden *manifestum est autem quoniam et veram verae non contingit esse contrariam nec opinionem nec contradictionem* [*vgl. hoc non solum in opinionibus esse ... sed in propositionibus quoque, Boeth., Comm. I*] 32 [26]; – *ferner:* Nb 184,8 [155,3]. Ni 509,19. 516,16 (*beide enuntiatio*). 24. 561,7. 565,17. 566,11 [16,12. 23,26. 24,6. 75,12. 80,3. 27]; Ns 621,23 [308,14] s. 3.

2) (*mündliche oder schriftliche*) *Mitteilung, Nachricht, Bericht, Erzählung:* saga [*non deerit sua*] *fama* (*propria relatio mea*) [*locis, Ar. I,1002*] Gl 2,29,56 (*vgl.* von Gadow, Aratorgl. S. 46,135). saga *fama* (*propria relatio id est narratio expositio quod mistice designent*) [*ebda.*] 772,47 (*vgl.* Schlechter, Aratorgl. S. 102,109; *vgl. auch* 3). saga [*directa ad decessorem nostrum sanctae recordationis Damasum fraternitatis tuae*] *relatio* [, *me iam in sedem ipsius constitutum ... invenit, Decr. Sir. Praef. p. 190*] 123,1. uone der saga [*quam grata mihi, ... quam necessaria legatio a tua sanctitate ... ad nos directa fuerit, gestorum ipsorum*] *replicatione* [*cognosces, Decr. Inn. XLII p. 204*] 126,24. saga [*cum per singula*] *adsertio* [*legatorum ex voto completa esse fateretur, ... communionem ecclesiae vestrae ita recepi, ebda. XLIV*] 48. saga [*adverti, sedi apostolicae, ad quam*] *relatio* [, *quasi ad caput ecclesiarum missa curebat, aliquam fieri iniuriam, ebda. L p. 207*] 143,34. sagun [*cuius* (*des Julianus*) *ego quoque hoc didici*] *relatione* [*quod narro, Greg., Dial. 1,10 p. 193*] 247,54. saga [*ne in hac quidem parte* (*sc. in Bezug auf die Heil- u. Wunderkraft*) *inferiorem fuisse Martinum multa*] *documenta* [*sunt, Sulp. Sev., Dial. 1,25 p. 177,22*] 753,50. Nievergelt, Glossierung S. 461,543 (*zu* Gl 2,753,50). bithiu uuanta manage zilotun ordinon saga thio in uns gifulta sint rahhono *quoniam quidem multi conati sunt ordinare narrationem quae in nobis completae sunt rerum* T Prol. 1. thaz ih, druhtin, thanne in theru sagu ni firspirne O 1,2,15. tiu uoresaga . i. prefatio . dia rehtores heizent exordium . diu ist êr in ordeno . danne selbiu diu saga *prooemium enim prius est narratione per ordinem* Nk 487,25 [133,27]. ih keheldo min ora ze minero sago *inclinabo in parabolam aurem meam* [*vgl. id est audiam, quid tibi dicam, Aug., En.*] NpNpw 48,5; – *hierher auch* (?), *Glossenwort:* brief. ł sage gerivne *dica dicae* Gl 4,247,26.

3) *Darlegung, Abhandlung, Erörterung:* sago [*si nobis in foro aut ... tribunalibus ... in media*] *prosecutione* [*atque conflictu, tussis, screatus, risus, oscitatio, somnus obrepserit, Cassian, Coll., PL 49,1255A*] Mayer, Glossen S. 101,23. ze dero sagun (*über die Hochzeit Merkurs mit Philologia*) bitet er (*Martianus Capella*) helfo . unde heilesodes Himeneum den alte liute habeton fure higot Nc 688,5 [2,21]. in interpretando proprie *sermo* saga dicitur . sic et enuntiatio quę similiter philosophis tradita est . et disputantibus necessaria est . quia inest ei semper uerum aut falsum Ns 621,23 [308,14] (*zu* sermo *'philosophische Rede' vgl. K.-T. 7A,158 zu* 308,14 ff.; *zum zweiten Teil des Konjunkts vgl.* 1b).

4) *das Sichrechtfertigen, Rechenschaft, Bekenntnis* (*vgl.* reda 6, redina 4; *zur Übernahme von urspr. zu* reda, redina *gehörenden Bedeutungen vgl. Schulz, Ahd. quedan S. 61 f.*): zi sago [(*vos*) *parati semper*] *ad satisfactionem* (*ł doctrinam*) [*omni poscenti vos rationem, de ea, quae in vobis est, spe, 1. Pet. 3,15*] Gl 1,788,48 (*vgl.* Davids, Bibelgl. S. 403,1711; *nach Gl.-Wortsch. 8,57 4 Hss. noch doctrina*). 2,166,33 (*Greg., Cura 2,11 p. 34 = ebda.*), *z. gl. St.* zi sago *satisfactionem* 185,40. sagun [(*vos*) *parati semper ad satisfactionem omni poscenti vos*] *rationem* [, *de ea, quae in vobis est, spe, 1. Pet. 3,15*] 1,790,20.

5) *Argumentation, Schlußfolgerung* (*vgl.* reda 9. 10, redina 7; *zur Übernahme von urspr. zu* reda, redina *gehörenden Bedeutungen vgl. Schulz, Ahd. quedan S. 61 f.*): sago [*inventi sunt ... propria*] *ratiocinatione* [*doctrinae tanquam sanctis sibi eas* (*die ersten Früchte*) *offerri debere, apud se et inter se dispensandas, Conc. Gangr. Praef., PL 84 p. 111D*] Gl 2,110,27.

6) *das Reden, Aussprechen:* saga [*plerumque vero elatos comitari solet liberae vocis*] *assertio* [*Greg., Cura 3,17 p. 59*] Gl 2,190,74. in sago [*pauca loquar, ne dira*] *relatu* (*Glosse: aspera dictu, vgl. PL 59*) [*dogmata catholicam maculent ... linguam, Prud., Apoth. 1*] 404,5 (*zur Zuordnung zu* saga *vgl. Ahd. Gl.-Wb. S. 501, daneben im Ahd. Gl.-Wb. S. 306 u. im Gl.-Wortsch. 8,58 auch einem sonst nicht belegten* in(t)saga *zugeordnet*). uuanda an filio alliu gotes uuerch sint . fone diu ist imo generare . opera sua regi dicere. Noh ander neist diu saga . danne diu generatio [*vgl. quia in ipso verbo omnia opera dei, Aug., En.*] NpNpw 44,2.

7) *nichtsprachlich: was sich als Aussage aus den Eingeweiden bei der Opferschau ergibt* (*vgl.* sagên 10): friskingen irslagenen . tie in herderen uuizegoton mit naturlichen sagon *denuntiata pecudum caede . phisiculatis prosicis extorum viscera loquebantur* [*vgl. naturalibus responsis ... prosica ergo dicit responsa quae ad similitudinem humanae vocis formata dabantur, Rem.*] Nc 702,7 [17,6].

Komp. rehtsaga, *vgl. auch* -saga.

[Nässl]

fir-**saga** *st. f.; vgl. nhd. dial. schweiz.* versag *m. Schweiz. Id. 7,377 f.* – *Graff VI,106.*

uer-saga: *nom. sg.* Ni 514,8 [21,15].

in der Logik: die Verneinung, d. h. die Aufhebung eines Urteils (*der „affirmatio“*), *im Gegensatz zu* anasaga*:* festenunga . daz ist eteliches tinges anasaga. Lougen . daz ist eteliches tinges uersaga . unde abesaga *affirmatio vero est . enuntiatio alicuius de aliquo. Negatio vero . enuntiatio alicuius ab aliquo* [*vgl. negatio quoque . aliquid alicui non inesse significat . sed tota vis ipsius est aliquid abnuere atque disiungere, Boeth., Comm. II*] (*z. St. vgl. Staeves S. 95. 182*).

saga[2] *st. sw. f., mhd.* sage, *nhd. dial. schweiz.* sage[n] *Schweiz. Id. 7,423 ff., tirol.* sâg(e) *Schatz, Tirol. Wb. 2,499, bair.* sag *Schm. 2,235; as.* saga (*s. u.*), *mnd.* sāge, *mnl.* sage; *afries.* sage; *ae.* sagu *st. f.; an.* sǫg *st. f.* (*vgl. Fritzner 3,650*). – *Graff VI,88.*

Belege im Nom. Sing., wenn nicht anders angegeben.

sag-: -a Gl 1,600,46 (M, 10 Hss.). 617,44 (Jd). 2,8,30. 340,1 = 4,234,21. 2,368,67. 3,640,31 (3 Hss.). 4,279,62 (4 Hss.); **-e** 3,192,46 (SH B). 641,22; -] 640,31 (clm 14584, 13. Jh.).

Stark: **saga:** acc. sg. Beitr. (Halle) 85,229,12 (Vat. lat. 3860, Hs. 9./10. Jh.).

Verstümmelt, verschrieben: **. uga:** Gl 3,658,10 u. Anm. 11 (Leiden Voss. lat. 4° 51, 11. Jh.).

Werkzeug mit (gezähnter) Schneide, Säge: saga [numquid ... exaltabitur] serra [contra eum, a quo trahitur? Is. 10,15] Gl 1,600,46. 617,44. 4,279,62. serra i. saga inde serrula [zu:] serrae [autem nomen de sono factum est, id est, a stridore, oder zu:] serrae [, circinique usum perdices quidam adolescens invenit, quem puerum Daedalus ... studiis per docendum acceperat, Is., Et. XIX,19] 2,340,1 = 4,234,21. saga ['rubicunda rubicundula' ... 'puella puellula',] 'serra [serrula', Prisc., Inst. II,113,18] 2,368,67. sage serra 3,192,46 (im Abschn. De fabris ferrariis; 1 Hs. sega). 640,31 (1 Hs. sega). 641,22 (davor zangelin forcipula). saga [quid tale sector ausus est? Prud., P. Vinc. (V) 531] Beitr. (Halle) 85,229,12; hierher wohl auch (vgl. Formenteil): sega serra Gl 3,658,10 u. Anm. 11; – zur Wiedergabe von lat. lima 'Feile (mit gezahnten Seitenflächen', vgl. Darms, Schwäher S. 242): saga ł uila lima [. Corpore sulcato nec non ferrugine glauca sum formata fricans rimis informe metallum, Aldh., Enigm. XXI, Überschr. p. 106] Gl 2,8,30 (Randgl. nur sega; oder ist von einer zu fîhala synonymen Gl. u. der Bed. 'Feile' auszugehen (? So Tiefenbach, Werkzeuge S. 734).

Abl. sagôn; vgl. sega.

Vgl. Darms a. a. O. S. 242 f., Heyne, Hausalt. 1,76, Tiefenbach a. a. O. S. 733 ff.

? **sagaboum** st. m., ? **sagûnboum** st. m. (zu den beiden Ansätzen vgl. Splett, Ahd. Wb. I,2,797), nhd. dial. westf. sāgebōm (in anderer Bed., vgl. Westf. Wb. 4,1072); mnd. sāgebôm; vgl. mhd. segeboum. – Graff III,122. VI,129.

Alle Belege im Nom. Sing.

saga-bŏm: Gl 1,607,57 (M, Engelb. I 4/11, 12. Jh.); **-bům:** ebda. (M, Stuttg. Herm. 26, 12. Jh.); **sage-boū:** 4,279,37 (M, Goslar 2, 14. Jh.); oder alle Belege als Verschr. zu segalboum, so Gl.-Wortsch. 8,124.

sagin-bŏm: Gl 1,607,56 (M, Zürich Rhein. 66, Hs. 12. Jh.); oder als Verschr. zu segalboum, so Gl.-Wortsch. a. a. O.

Mastbaum: saginbŏm [fugietis, donec relinquamini quasi] malus [navis in vertice montis, et quasi signum super collem, Is. 30,17] Gl 1,607,56 (11 Hss. segalboum, 1 Hs. mastboum). 4,279,37.

-sagalîh vgl. un-, uuîssagalîh.

-sagalîhho vgl. fora-, unirsagalîhho.

sagarâri st. n. oder m., mhd. sag(e)ræere, sagrer, nhd. dial. bair. sag(e)rer Schm. 2,235, tirol. sôgerer, sâger Schatz, Tirol. Wb. 2,500, schwäb. sägrer, sagrer Fischer 5,539; aus mlat. sacrarium (vgl. Masser, Gotteshaus S. 147 f.). – Graff VI,151.

sag-arari: nom. sg. Gl 3,10,54 (C); **-erare:** dass. 4,158,49 (vgl. Beitr. 73,220; Sal. c); **-erære:** dass. 3,412,61 [HD 1,78 u. Anm. 45; -aere] (lat. abl.).

Sakristei (vgl. Masser a. a. O.): sagarari segradas (sc. secreta, Steinm.) Gl 3,10,54 (nach Steinm. aus secreta 'Abtritt' übers., „als sei sacrarium gemeint", dagegen nach Masser a. a. O. S. 147 wohl Verwechslung von secreta mit secretarium 'Sakristei'; zu dieser Bed. von secretarium vgl. Sleumer S. 706). sagerære sacrario 412,61 [HD 1,78 u. Anm. 45] (zum Versuch einer Kontextermittlung vgl. Anm. z. St. u. HD 2,151, doch vgl. noch gazophilatio HD 2,151 mit Anm. 2; zu lat. gazophylacium 'Schatzkammer' vgl. Georges, Handwb.[11] 1,2908). sacrarium 4,158,49.

Vgl. sagiristo, sigintri.

Vgl. Heyne, Hausalt. 1,97.

sagâri[1] st. m., mhd. nhd. (älter) sager; vgl. mnd. mnl. segger. – Graff VI,108.

Belege im Nom. Sing., wenn nicht anders angegeben.

sag-ar-: -i Gl 3,142,32 (SH A, 2 Hss.); **-e** ebda. (SH A); -] 33 (SH A); **-ere:** ebda. (SH A, 2 Hss.). 187,50 (SH B, 2 Hss.); dat. sg. 2,27,50; **-ære:** 3,142,33 (SH A). – **segere:** Hbr. I,296,375 (SH A).

1) Verkünder: sagere [quibus,] indice [claudo, testis erat meriti, Ar. I,305] Gl 2,27,50.

2) Schwätzer: sagari futilis Gl 3,142,32. Hbr. I,296,375. sagere futilis dicitur qui nil celare valet [Hbr. II,23,448] Gl 3,187,50.

Komp. ê(o)-, mârisagâri, lüge-, wârsagere mhd.; vgl. anasagâri.

Vgl. sago[1].

-sagâri vgl. auch ana-, ê(o)-, mârisagâri, vgl. auch -sagere mhd.

sagâri[2] st. m., nhd. dial. schweiz. sager Schweiz. Id. 7,436; mnd. säger, mnl. sager; afries. -sager (nur in holt-). – Graff VI,89.

sagari: nom. sg. Gl 2,431,6 (clm 14395, Hs. 10. Jh.).

(Zer-)Säger: sagari [quid tale] sector (Glosse: Isaiae, vgl. PL 60) [ausus est? Prud., P. Vinc. (V) 529] (zu Isaiae vgl. Esaiam prophetam serra lignea dissectum fuisse, constans Iudaeorum acque ac Christianorum traditio est, Ausg. Dressel, Anm. z. St.; 1 Hs. segâri).

Vgl. segâri.

Vgl. Tiefenbach, Werkzeuge S. 734.

sage Gl 3,259,32 s. saga.

-sagên s. auch ursagên.

sagên sw. v., mhd. nhd. sagen; as. seggian, mnd. mnl. seggen; afries. sedza; ae. secgan; an. segja. – Graff VI,91 ff.

Zum Nebeneinander von Formen der 3. u. 1. Konjugation vgl. Braune, Ahd. Gr.[16] § 368 Anm. 2.

sak-: 1. sg. **-em** Gl 1,176,34 (K); 3. pl. **-ent** 180,15 (K); 3. sg. conj. **-ee** S 257,20 (B); inf. **-en** Gl 1,176,31 (PaK; -n- aus m korr. K). 177,36 (R); part. prs. **-enti** AJPh. 55,229. Schulte, Gregor S. 214,129 (Eintrag nicht sicher lesbar); 3. sg. prt. **-eta** Gl 2,41,10 (Würzb. Mp. th. f. 28, Gll. 8., 9. u. 10. Jh.; -&a); **ka-:** part. prt. **-et** 1,228,27 (R; ca-, -&). Nievergelt, Runenschr.[2] S. 188,19 (nach Glaser, Griffelgl. S. 621,*7; clm 6433, Gll. 9. Jh.; -t unsicher); **ki-:** dass. **-et** Gl 2,306,35 (Rb); **ke-:** dass. **-et** Nievergelt, Runenschr.[2] S. 120,7 (nach Gl 2,243,7; Sg 219, Hs. 9. Jh.; -&). – **sag-:** 1. sg. **-em** Gl 1,176,34 (Pa). F 4,13. 6,21. 11,18. 19,16. 20,20; **-en** Gl 2,291,31 (M, 2 Hss.). 293,40 (M, 2 Hss.). 346,33 (clm 6325, Gll. 9. Jh.?). 734,55 (Zürich Rhein. 99a, Gll. 9. Jh.?). Mayer, Griffelgl. S. 101,482 (Vat. Ottob. lat. 3295, Gll. 9. Jh.?). T 6,2. 17,7. 25,5. 27,3. 33,2. 34,1. 35,1.

44,15. 27. 47,6. 64,6. 65,3. 5. 68,5. 88,10 (-en *aus* u *korr.*). 104,2. 119,2. 3. 6. 121,3. 123,6 (-a- *aus angefangenem* u *korr.*). 131,3. 5. 175,3. O 1,3,9. 5,45 (*PV*). 8,3. 9,37. 12,17. 15,40. 17,67. 18,26 (*FPV*). 44. 19,25. 20,22 (*PV*). 23,63. 24,20. 27,28. 2,2,11 (*FPV*). 15 (*FPV*). 8,2. 11,7. 26. 12,15. 29. 13,6. 34. 14,61. 16,3. 18,5. 24. 19,3. 9. 20,7. 14. 22,16. 30. 42. 23,23. 24,2. 4. 3,4,17. 4,38. 7,41. 48. 8,32. 9,6. 11,2. 12,32. 13,39. 14,6. 36. 77. 99. 15,32. 39. 50. 18,5. 61. 20,11. 59. 159. 21,9. 22,15. 50. 23,54. 24,66. 93. 4,4,7. 6,26. 7,3. 12,25. 13,7. 16,27. 18,17. 23. 19,29. 20,39. 23,35. 41. 26,44. 31,1. 33,32. 35,14. 5,1,37. 2,7. 10,33. 11,6. 15,38. 19,62. 20,16. 91. 23,261. 25,22. Oh 26. 72. 99. 102. 130. 133. Ol 44. 62; **-an** O 1,5,45. 20,22 (*beide F*); **-on** W 87,4. 97,6 [161,31. 177,18]; **-o** Nb 33,18. 85,9. 96,14. 189,28. 211,1. 253,23. 258,6. 289,1. 292,24. 311,29. 320,7 [27,9. 73,25. 83,15. 159,3. 172,19. 200,12. 202,29. 222,8. 224,21. 237,26. 243,10]. Nc 692,19 [6,16/17]. Ni 549,4 [61,11]. Nk 437,24 [81,14]. NpNpw 44,2. 49,7. 141,3. Cant. Deut. 3. Np 49,7. 50,15. 67,15. 70,19. 72,15. 88,2. Npw 50,15; **-e** Gl 4,232,13. 20. S 158,5b,15 (-e *nur teilweise erhalten*). Npw 118 E,37; -] Gl 1,657,32 (*M, 3 Hss.*). MGh Carm. Cant. S. 76,4 (*mit Elision vor vokalischem Anlaut*); *2. sg.* **-es** Gl 2,248,13 (*Berl. Lat. 4° 676, 9. Jh.*). F 23,8. T 131,2. 188,5 = T Fragm. S. 292,12; **-est** Nb 78,19 [67,18]. Nc 691,18 [5,19]. Ns 615,6. 7 [296,19 (2)]; *3. sg.* **-et** Gl 1,546,5 (*M, 3 Hss.; -&*). 683,1 (*M, 4 Hss., 3 -&*). 759,4 (*clm 14179, Hs. 9. Jh.*). 2,102,14 (*3 Hss., darunter clm 14747. clm 19417, beide 9. Jh.; 2 -&; lat. conj.*). 115,61 (*M; -&; lat. conj.*). 272,9 (*M, 3 Hss., 2 -&*). 300,29 (*M, 2 Hss.*). 438,18 (*2 Hss.*). 515,1. 774,41. 4,13,38 (*Jc*). 323,54 (*mus. Salzb., Gll. 9. Jh. (?); -&*). Glaser, Griffelgl. S. 281,257 (*clm 6300, Gll. 8. oder 9. Jh.*). S 345,1 (*Hs. A*). I 1,22. T 13,8. 69,9. 88,10 (2). 131,5. 171,1. 173,2. 3. 4. 239,5. O 1,20,25. 3,16,19. 4,26,19. Nb 41,16. 69,16. 75,20. 100,18. 103,1. 108,26. 113,24. 120,1. 149,11. 161,13. 191,2. 209,27. 238,4. 248,26. 318,5 [33,20. 58,25. 64,29. 87,9. 89,13. 94,15. 98,19. 103,19. 126,17. 136,7. 160,1. 171,28. 190,15. 197,11. 241,27]. Nc 688,2. 692,9. 707,29. 732,21. 747,16. 752,9. 761,4. 774,1. 780,7. 806,17. 817,28. 821,8. 9. 822,2 [2,19. 6,8. 23,18. 49,7. 62,21. 67,18. 76,21. 90,15. 97,7. 125,9. 136,17. 140,9. 10. 141,8]. Ni 509,19. 510,19. 511,25. 516,11. 522,7. 523,5. 526,6. 8. 9. 22. 527,7. 535,18. 20. 552,15. 574,16. 588,6 [16,11. 17,17. 18,26. 23,21. 30,2. 31,8. 35,2. 4. 5. 20. 36,6. 46,11. 14. 65,16. 91,2. 106,5]. Nk 367,13. 16. 368,1. 372,6. 378,26. 411,8 (-êt). 441,18. 450,1 [3,14. 17. 4,5. 9,15. 18,12. 53,13. 85,20. 94,26]. NpNpw 9,Diaps. 7 (= Npw 9,30). 17,1. 50,16. 102,17. 106,Prooem. 118 F,45. Np 68,1. 72,10. 82,1. 87,12. 95,Prooem. (2). 107,14. 118 L,85. S,142. X,172. 136,2. Cant. Ez. 10. Cant. Zach. 68. Npw 11,5. Ns 612,17. 619,10 (*beide -&*) [292,8. 304,6]; **-at** Gl 1,546,6. 683,2 (*beide M*); **-æt** 4,146,28 (*Sal. c, mus. Brit. Add. 18379, 13. Jh.*); **-it** 1,546,5. 683,2 (*beide M, 2 Hss.*). 2,515,1. 4,91,42 (*Sal. a1*). S 124,3 (*oder Praet. (?), vgl. Ausg.* sagita). 174,3d,18. Npw 118 S,142. X,172. 136,2; **-ot** Gl 2,32,17; **-t** S 345,1 (*nach* Priebsch, Dt. Hss. S. 309,15; *Hs. B*); **-id** Gl 2,588,59 = Wa 102,28; *1. pl.* **-en** O 3,20,89 (*DPV*); **-e** ebda. (*F; zum Abfall des* -n *vor* uuir *vgl. Braune a. a. O. § 307 Anm. 8*); **-un** Mayer, Glossen S. 100,31 (*mit einer Form der* ôn-*Verben, zu* -u- *für* o *vgl. Förster, Verbalendungen S. 107*); *2. pl.* **-et** T 21,5. 171,2; **-ant** S 90,31; *3. pl.* **-ent** Gl 1,180,15 (*Pa*). 2,101,31 (*3 Hss., darunter clm 14747, 9. Jh. clm 19417, 9. Jh.*). 114,46 (*M*). 4,323,20 (*mus. Salzb., Gll. 9. Jh.?*). F 24,22. T 88,12. 13. 91,4 (*alle* -e- *aus* a *korr.*). 134,3. O 2,18,9. 4,34,14. 5,23,31. Oh 88. Nb 61,27. 63,13. 77,25. 216,22. 279,6/7. 298,27 [51,23. 53,6. 66,30. 175,28. 216,1. 228,15]. Nc 689,6. 690,17. 720,6 (-ê-). 755,17. 760,26. 811,27. 824,4. 828,12. 834,18 [3,9. 4,15. 37,1. 71,10. 76,18. 130,20. 143,10. 148,8. 155,13]. Ni 539,25. 562,9 [51,17. 76,14]. NpNpw 5,7. 28,9. 144,4. 6. 7. 11. 146,9. Cant. Deut. 8. Np 73,17. 77,51. 88,6 (3). 7. 93,4. 149,8. Npw ebda. Cant. Ez. 19. Ns 599,8 [271,5]; **-ant** S 116,62; *1. sg. conj.* **-ee** Nb 295,29 [226,16]; **-e** Gl 1,657,31 (*M, 3 Hss.*). NpNpw 16,4. Np 70,19; *2. sg. conj.* **-es** S 2,12 (*Hildebr.*); **-eêst** Nb 272,5 [211,15]; *3. sg. conj.* **-e** Ni 529,20 [39,1]. Np 84,9; *1. pl. conj.* **-en** O 1,27,24; *2. pl. conj.* **-et** T 91,4 (*lat. fut. ex.*); *3. pl. conj.* **-een** Ni 562,2. 12 [76,8. 17]; **-en** Gl 2,111,59 (*M, 4 Hss.*). F 34,23. Ni 539,21 [51,12]; **-an** Gl 2,111,60 (*M; nach* -n *ein getilgter Buchstabe, vgl.* Gl 4,657,40). 637,22; *2. sg. imp.* **-e** 1,645,35 (*M, 3 Hss.*). 803,47 (*M, 2 Hss.*). 2,657,30. 3,12,24 (*C*). T 51,3. 53,14. 187,5. O 1,27,15 (*PV*). 2,7,59. 8,45. 3,20,43. 4,7,7. 21,7. 35. Nb 45,2. 46,9. 28. 88,11. 141,7. 144,19. 237,11 [36,13. 37,13. 29. 76,19/20. 120,2. 122,26. 189,29]. Nc 691,24 [6,2]. W 13,1 [53,6]. W*C* 86,6. 98,2. 5 [161,10. 177,25. 33]; **-a** Gl 1,645,36 (*M, 3 Hss.*). S 157,8. W*A* 86,6. 98,2. 5; -] Gl 1,645,37 (*M, 2 Hss.*). O 1,27,15 (*F*); *2. pl. imp.* **-et** Gl 1,672,40 (*M, 8 Hss., 6 -&*). F 15,9. T 64,3. 223,3. O 3,12,6. 20,85. 4,4,12; **-iht** Gl 1,672,42 (*M, clm 22201, 12. Jh.; zu* -ht *für* t *vgl. Matzel S. 126*); **-ent** 2,690,35. 4,350,35; *inf.* **-en** 1,176,31 (*Ra*). 691,67 (*M*). 2,142,46. 221,67 (*clm 18550,1, 9. Jh.; nach* -n *Rasur von* t). 627,39. Mayer, Griffelgl. Salzb. S. 55,81 (*Salzb. St. Peter a VII 2, Gll. 9. Jh.*). S 72,91 (*Musp.*). 162,19. T 2,9. 219,1 = T Fragm. S. 291,4. O 1,5,43. 10,19. 12,7. 9. 14,22. 15,28. 17,5 (*FPV*). 2,1,12. 8,13. 9,18. 3,22,4. 52. 4,13,13 (*PV*). 28,17. 35,44. 5,7,5. Oh 124. Nb 74,11. 120,8. 121,26. 123,17. 134,30. 148,7. 155,15. 173,17. 191,25. 194,2. 210,23 (*Ausg. fälschlich* sâ-). 214,9. 18. 302,7. 350,12 [63,19. 103,26. 105,6. 106,18. 115,18. 125,21. 131,18. 146,9. 160,16. 162,2/3. 172,14. 174,14 (*Ausg. fälschlich* sâ-). 18. 230,28. 263,22]. Nc 692,12. 735,2 [6,11. 51,8a]. Ni 500,6 (-ê-). 513,12. 517,4. 527,20. 535,23. 548,21. 588,6 [4,12. 20,17. 24,16. 36,17. 46,17. 61,4. 106,5]. Nk 370,27. 372,5. 465,20 [8,2. 9,14. 110,15]. NpNpw 38,9. 143,15. Cant. Deut. 1. Npgl 44,2 (2). Nr 682,13 (*dazu S.* CLXXV,16) [179,17 (*Hs. G;* -ê- *Hs. D*)]. Ns 621,27. 29 [308,18. 309,1]; **-an** Gl 1,691,66 (*M, 5 Hss.*). 2,755,60. O 4,13,13 (*F*). Nr 682,13 (*dazu S.* CLXXV,16) [179,17 (*Hs. H*)]; *dat. sg.* **-enne** I 30,14/15. O 5,7,23 (*PV*). 14,4 (*P*). Nb 23,20. 31,4. 42,24/25. 121,28. 179,29. 272,2. 274,7. 363,15 [19,12. 25,11. 34,23. 105,7. 151,27. 211,13. 212,26/27. 271,27]. Ni 501,11. 516,22. 552,6. 557,21 [5,25. 24,4/5. 65,7. 71,17]. Nk 377,30/378,1. 435,2. 464,21 (-ênne). 468,6. 14. 469,2 (*Hs. B, vgl. S.* CXXXVII,31*;* -ênne *Hs. A*). 473,8. 491,4. 493,3 (-ênne). 6. 20 [17,8. 78,22. 109,14. 113,9/10. 19. 114,3. 118,7. 137,26. 140,6. 9/10. 26]. NpNpw 37,13. 130,1. Np 91,3. Cant. Mariae 47. Npw 118 V,161; **-anne** Gl 2,169,53 (*clm 6277, Hs. 9. Jh.;* -ñ-). O 1,4,63. 2,9,73 (*PV*). 5,7,23 (*F*); **-ane** Gl 2,144,1. O 2,9,73 (*F*); *part. prs.* **-enti** 1,4,58. 5,9,7; **-ende** Pw 2,6. Nk 411,5 (-e *aus* o *korr. Hs. A, vgl. S.* CXXII,8) [53,10/11]. Np 2,6; *nom. sg. m.* **-ender** Gl 1,10,21 (*PaK*); **-anter** 2,92,76 (*Würzb. Mp. th. f. 146, 9. Jh.*); *nom. sg. f.* **-enta** Ni 580,20 [98,10]; **-antiu** Mayer, Glossen S. 89,11 (*clm 14425, 8./9. Jh.;* -g- *unsicher; lat. acc. sg. f.*); *gen. sg. n.* **-antes** T 87,9; *dat. sg. m.* **-antemo** Gl 2,296,48 (*M, 2 Hss.*); *dat. sg. f.* **-entûn** Ni 580,21 [98,11]; *nom. pl. m.* **-ente** Np 77,4; *dat. pl.* **-entên** Nc 817,23 [136,14]; *1. sg. prt.* **-eta** Gl 2,265,3 (*M*). T 14,7. 145,17 (-etaz, *s.* 1kα). O 1,8,1. 11,25 (*FP*). 36. 12,19. 15,10. 17,41. 4,12,33. 16,47 (*F*). 19,42. Nb 84,21. 158,19. 162,20. 182,9. 242,12. 243,7 [73,10. 134,1. 137,6/7. 153,24. 193,8. 26]. Nc 776,25 [93,18]. NpNpw 39,6. 11. 50,8. 118 B,13. D,26. 121,8. 9. W*C* 97,5 [177,15]; **-ata** O 1,11,25 (*V*); **-ada** Gl 1,120,7 (*Ra*); **-ode** W*A* 97,5; **-et** O 4,16,47 (*PV;*

mit Elision vor vokalischem Anlaut); *2. sg. prt.* **-etos** T 21,4 (-o- *aus* u *korr.*); **-etost** Nb 42,20. 218,6 (-o-). 9 (-o-) 12/13. 219,3. 9. 227,5 (-ô-). 293,24. 294,1 (*beide* -ô-) [34,19. 176,26. 29. 177,1. 7. 11. 183,8. 225,10/11. 15]; *3. sg. prt.* **-eta** Gl 1,338,8 (*clm 19410, 9. Jh.;* -&a). 438,44 (*M, 3 Hss., 1 Hs.* -&a). 592,29 (*M, 3 Hss.;* -&a). 686,1 (*M, 3 Hss., 2* -&a). 745,49 (*M, 3 Hss., 2* -&a). 2,230,16 (*S. Flor. III 222 B, Gll. 9. Jh.* (*?*); -&a). 275,27 (*M, 2 Hss., 1 Hs.* -&a, *1 aus* sag&geta *durch Rasur von* -g&- *korr.*). 344,31 (*clm 6325, Gll. 9. Jh.* (*?*); -&a). 655,57. 754,19. S 71,78 (*Musp.*). 116,65. T 14,6. 223,1. O 2,3,32 (*PV*). 34. 6,5 (*PV*). 7,43. 61. 9,47. 14,86. 3,11,32. 22,48. 4,7,27 (*P*). 63. 9,11. 11,26 (*F*). 16,54. 18,38. 36,6. 5,4,4. 7,66. 9,52. 20,4. Oh 83. Nb 120,8. 121,12. 307,26. 28. 336,4 [103,26. 104,25. 235,3. 4. 254,9]. Nc 694,24. 700,16. 703,16. 705,29. 771,29. 785,1. 10 [9,5. 15,7. 18,18. 21,10. 88,10. 102,9/10. 16]. Ni 508,16. 513,5. 535,10 (= *S.* CXLII,23; *Ausgg. Piper u. K.-T. bessern* iz foresageta *zu* ih foresageta, *1. sg. prt.*). 543,9 [14,26. 20,11. 46,4. 55,8]. Nk 378,25 [18,10/11]. NpNpw 20,3. 27,4. 105, Prooem. (*Hs. R; Hs. V*[1] *= S.* XXXII,18 sâg-; *dagegen* K.-T. 10,394a,18 sagêta). Np 70,15. 86,6. Fides 2. Npw 118 S,140. De ps. gr. 2; **-ete** Gl 1,592,30 (*M, 2 Hss.*). 686,2 (*M, 2 Hss.*). Npw Cant. Zach. 68; **-ata** Gl 1,438,45 (*M*). 592,30. 686,3. 805,52 (*alle M*). 2,174,49 (*clm 6277, Hs. 9. Jh.*). 230,16 (*Wien 949, 9. Jh.*). T 87,7. 88,5. 11. 12. 218,5. O 1,5,72; **-ite** Gl 1,438,45 (*M, 2 Hss.*); **-et** O 2,6,5 (*F; mit Elision vor vokalischem Anlaut*). 4,7,27 (*FV; mit Elision vor vokalischem Anlaut*); **-at** 2,3,32 (*F; mit Elision vor vokalischem Anlaut*); **-eda** S 86,45 (*Ludw.*); *1. pl. prt.* **-etun** O 1,14,18 (*PV*). 5,9,37; **-eton** 1,14,18 (*F*). Nb 348,3 [262,7] (-ô-). Np 79,7; *2. pl. prt.* **-dun** Gl 4,300,14 = Wa 58,29 (*Ess. Ev.*); *3. pl. prt.* **-etun** 1,664,37 (*M, 3 Hss., 1 Hs.* -&un, *1* -e- *aus* a *korr.*). 2,282,13. 15 (*beide M*). S 2,15. 6,42 (*beide Hildebr.*). F 1,1. T 53,11. 55,6. 66,1. 99,4. 102,1. 222,1. 223,4. 229,3. O 1,1,51. 17,19. 2,14,56. 4,6,20. 14,11 (*F; nach* -a- *Rasur von* r). 16,46. 21,8. 5,9,45 (*FP*). 13,11. 12; **-eton** Nb 28,30. 69,11. 101,25 (*alle* -ô-) [23,24. 58,20. 88,11]. NpNpw 43,3. 118 L,85. Cant. Moysi 2. Np 17,14. 53,2. 63,9; **-eten** Npw 108,2. 20; **-atun** Gl 1,664,38 (*M*); **-atan** 39 (*M*); **-aten** 745,51 (*M*); **-oton** *WC* 90,13/14 [169,2/3]; **-itin** Gl 1,664,39. 745,50 (*beide M, 2 Hss.*); **-odon** *WA* 90,13/14; *1. sg. conj. prt.* **-eti** T 162,1. 195,6. O 1,3,29. 4,15,9 (*FV*); **-et** ebda. (*P; mit Elision vor vokalischem Anlaut*); *2. sg. conj. prt.* **-etîst** Nb 47,18 [38,17]; *3. sg. conj. prt.* **-eti** T 13,4 (2). O 1,6,13. 2,14,97. 4,12,36 (*F*). Ni 522,8 [30,3]; **-eta** Npw 118 N,99; *3. pl. conj. prt.* **-etin** O 1,13,19. Nc 693,18. 19/20. 703,17 [7,16. 17. 18,19]; **-eten** Npw 11,3; **-atin** T 86,2; **ka-:** *part. prt.* **-et** Gl 2,296,29 (*M*). 343,1 (*clm 6325, Gll. 9. Jh.* (*?*). *clm 19410, 9. Jh.;* -&). 745,5 (*2mal in clm 14747, 9. Jh.*); *nom. pl. n.* **-etiu** ZfdPhil. 128,330,15 (*clm 18524,2, Hs. 9. Jh.;* -&iu); **ki-:** *Grdf.* **-et** Gl 2,232,8 (*S. Flor. III 222 B, Gll. 9. Jh.* (*?*); -&). 512,57; **ke-:** *dass.* **-et** Nb 213,19 [174,2]. Nc 748,11. 750,4. 771,9. 780,10 [63,15. 65,12. 87,18. 97,10]. Ni 522,27 [30,25]. Nk 467,25 [113,1] (-êt). Np 86,3. Npgl 77,9. 80,17; *nom. sg. m.* **-eter** Gl 2,773,33 (-t̄); *dat. sg. f.* **-etero** Nc 846,13/14 [169,19]; **gi-:** *Grdf.* **-et** Gl 2,47,48. 280,70 (*M*). 296,30 (*M, 2 Hss.;* -&). 512,57. 553,62. Mayer, Griffelgl. S. 104,502 (*Vat. Ottob. lat. 3295, Gll. 9. Jh.* (*?*); -&). Schulte, Gregor S. 278,7 (*Würzb. Mp. th. f. 65, Gll. 9. Jh.?*); **-at** Gl 2,280,70/71 (*M*); *dat. sg. m.* **-atemo** 294,4 (*M, 5 Hss., 1 Hs.* -em̊); *acc. sg. f.* **-eta** 265,39 (*M;* -&a; *lat. acc. sg. n., s.* 3c); **-ata** 40 (*M; lat. acc. sg. n., s. u.* 3c); **ge-:** *Grdf.* **-et** 4,91,51 (*Sal. a1*). 157,57 (*Sal. c*). Nb 28,28/29 (-sa- *aus* fr *korr., vgl. K.-T. z. St.*). 42,18. 75,30. 100,22. 120,6. 132,28. 191,23/24. 222,17. 227,10. 232,5. 233,23. 280,17/18. 282,8. 302,17 [23,23. 34,17. 65,8/9. 87,13. 103,24. 114,2. 160,15. 179,19. 183,11. 186,18/19. 187,19. 216,27. 218,1. 231,5]. Nc 769,12 [85,19]. Ni 501,9. 508,15. 24. 513,18. 523,10. 535,24. 541,4. 547,13. 551,10. 564,30. 585,6 [5,23. 14,25. 15,8/9. 20,24. 31,15. 46,19/20. 52,26. 59,18. 64,6. 79,12/13. 102,27]. Nk 380,24. 427,23. 431,6 (-êt). 7 (*Hs. A, vgl. S.* CXXVII,25*;* -êt *Hs. B*). 468,6/7. 14 [20,14. 70,25. 74,16. 17. 113,11. 19]. Nm 857,20 [341,9]. NpNpw Fides 23. Np 58,1. Fides 2. Np*X*gl 118 Cant. grad. (*X = S.* X,9). *WC* 100,4 [181,7]; **-ot** *WA* ebda.; *nom. sg. m.* **-eter** Gl 2,30,46; *nom. pl. f.* **-eten** Nk 459,22 [104,14]; *dat. pl.* **-etên** 380,7 [19,23]; **sagh-:** *1. sg.* **-em** I 37,8. F 18,24; *3. sg.* **-et** I 33,3. 36,7/8. 42,14; *3. pl. conj.* **-een** 7,11; *2. sg. imp.* **-e** 37,7; *3. sg. prt.* **-ida** 24,11; **chi-:** *part. prt.* **-et** 25,16. 30,8; **shagehn:** *1. sg.* S 96,33 (*Georgsl.*).

sek-: *3. pl. conj. prt.* **-itin** Gl 1,310,53; **ki-:** *part. prt.* **-it** 2,742,32 (*Ja*). – **seggen:** *inf.* S 1,1 *u.* Anm. 1 (*Hildebr.*). – **seg-:** *2. sg.* **-ist** S 90,25; *3. sg.* **-it** Gl 1,684,1 (*M, 2 Hss.*). 2,191,23 (*M, 4 Hss.*). Tiefenbach, Aratorgl. S. 26,18 (-e- *u.* -i- *unsicher*); *3. sg. prt.* **-ita** Gl 1,277,67 (*Jb-Rd*). 490,52 (*M*). 686,1 (*M, 2 Hss.*). 745,49 (*M, 2 Hss.*). 2,275,28 (*M*). 283,55 (*M, 2 Hss.*). 300,41 (*M, 2 Hss.*). S 97,48; *3. pl. prt.* **-itun** Gl 1,304,18 (*M*). 664,37 (*M, 2 Hss.*). 788,14 (*M, 6 Hss.*). 2,282,8 (*M, 2 Hss.*). 13. 15 (*beide M*). 5,98,41 (*nach* Gl 1,814,15*; M;* -vn*; Gl. rad.*); *3. sg. conj. prt.* **-iti** 1,483,10 (*M, 2 Hss.*). 2,299,1 (*M, 2 Hss.*); **ki-:** *part. prt.* **-it** 260,5 (*Jb*); **gi-:** *dass.* **-it** 299,14 (*M, 2 Hss.*); *nom. sg. f.* **-itiu** 298,21 (*M, 4 Hss., 1 Hs.* -iv); *acc. sg. f.* **-ita** 265,39 (*M; lat. acc. sg. n., s.* 3c); **ge-:** *nom. sg. m.* **-iter** Tiefenbach, Aratorgl. S. 24,14; *ohne Präfix* (*vgl. Braune a. a. O. § 323 Anm. 2*)*:* **segitiu:** *acc. pl. n.* Gl 2,752,40. Nievergelt, Glossierung S. 379,398 (*zu* Gl 2,752,40*;* -tiv*; zweites* -i- *unsicher*).

Verkürzt geschrieben: **sak:** *inf.?* Nievergelt, Runenschr.[2] S. 189,24 (*nach* Glaser, Griffelgl. S. 621,*7*; clm 6433, Gll. 9. Jh.;* -a- *unsicher; lat. Gerundium im Gen.; zur verkürzten Schreibung s.* 6bα); **s ta:** *3. sg. prt.* Mayer, Glossen S. 59,24 (*clm 4542, Hs. 9. Jh.; lat. prs.*); **sa:** *inf.?* Ernst, Griffelgl. S 315,37 (*clm 6272, Hs. 9. Jh.; l.* sagen, *so Ernst a. a. O., lat. Gerundium im Gen.*).

Verschrieben: **sag-:** *part. prs. nom. sg. m.* **-entes** Gl 1,10,21 (*Ra; l.* -ter, *vgl. Splett, Stud. S. 62*); *inf. dat. sg.* **-enanne** Mayer, Griffelgl. Salzb. S. 71,143 (*Salzb. St. Peter a VII 2, Gll. 9. Jh.*); **segi:** *3. sg. prt.* Gl 1,490,52 (*M*).

Verstümmelt: **s . . :** *1. sg.* F 21,9 (*Ausg. sagem*). O 2,2,11 (*D*); *inf.* 1,17,5 (*D*); **s . go:** *2. sg. imp.* MGh Carm. Cant. S. 75,1; **sa . . :** *3. sg.* F 37,14 (*Ausg.* sage*t*); *3. sg. prt.* Nievergelt, Glossierung S. 488,592 (*zu* Gl 2,754,19*;* -a- *unsicher; l.* sageta); **sag . . :** *1. sg.* O 2,2,15 (*D*); **sagetu . :** *3. pl. prt.* F 12,16 (*Ausg.* sagetu*n*); **sageto:** *dass.* Np Cant. Moysi 2 (*Hs. W*[1] *= S.* XLIII,3); **sageta:** *part. prt. acc. sg. f.* Gl 2,265,40 (*M;* -&a, *verstümmelt* (*?*)*; lat. acc. sg. n., s.* 3c*; zur Lesbarkeit der Gl. vgl. Steinm. z. St., zur Rasur der meisten Gll. der Hs. in diesem Bereich vgl. auch* Gl 4,532,30 f.); **. . en:** *1. sg.* O 1,18,26 (*D*); **. . gan:** *inf.* Nievergelt, Glossierung S. 546,698b (*zu* Gl 2,755,60*;* -a- *unsicher*); **. . n:** *dass.* ebda. 698a (*zu* Gl 2,755,60*;* -n *als Rest einer getilgten Griffelgl.*); **. ag . :** *1. sg.* ebda. 303,262 (*l.* sago*?*).

sagen Gl 2,771,40. Beitr. 73,232 (*nach* Gl 5,22,20) *s.* sago[1].
sae Sprachwiss. 37,409,6 *s. dort.*

In den Bedeutungsgruppen 1–4 („1) (*jmdm.*) *etw.* *sagen, mitteilen, berichten*", „2) *in der Logik: etw.* *aussagen*", „3) *etw.* *darlegen, erörtern*", „4) (*jmdm.*) *etw.* *verkünden*") *leitet* sagên *eine* (*mündliche oder schriftliche*) *Äußerung ein oder zeigt sie an. Das*

Verb sagên *ist dabei mit satzförmigen Satzgliedern (auch direkter Rede) verbunden, die den Inhalt des Gesagten bezeichnen. Mit einem Pronomen im Akkusativ* (iz, thaz) *kann ferner auf einen im Kontext vorangehenden oder noch folgenden Redeinhalt Bezug genommen werden. Möglich ist auch die Verbindung von* sagên *mit einem nominalen Akkusativobjekt, das die Form einer Äußerung (= Äußerungsform, z. B. Wort, Rede, Gleichnis u. ä.) oder einen Sachverhalt, der erzählt wird, angibt. In den Bedeutungsgruppen 5–6 („5) jmdn./etw. nennen, erwähnen", „6) über etw. sprechen, von etw. berichten") ist* sagên *mit Akkusativ- bzw. präpositionalen Objekten verbunden, die einen Menschen, einen Gegenstand, bisweilen auch einen abstrakten Sachverhalt bezeichnen, der genannt wird oder über den geredet wird; das, was tatsächlich gesagt wird, wird dagegen nicht genannt. Die nicht sehr umfangreichen Bedeutungsgruppen 7–11 („7) jmdn./etw. als etw. bezeichnen", „8) jmdm. etw. zusprechen", „9) in der Logik: etw. bejahen, bestätigen", „10) etw. (ohne Worte) zeigen", „11) etw. besagen, bedeuten") zeigen* sagên *in spezifischeren Bedeutungen. Das Verb ist dabei überwiegend mit Akkusativobjekten verbunden. In der Gruppe „12) weitere Verbindungen" sind ebenfalls Belege von* sagên *in Verbindung mit verschiedenen Akkusativobjekten versammelt, für die sich jeweils eigene Bedeutungen herausbilden, oder die sich nicht eindeutig einer der oben genannten Gruppen zuordnen lassen, wie z. B. „a)* thaz burgreht sagên *Stadtrecht sprechen, weisen, urteilen" oder „b)* fridu sagên *Frieden wünschen". Hierher wurden auch Verbindungen mit verschiedenen Nomina gestellt, die alle lat. testimonium perhibere/(pro-)ferre/dicere wiedergeben u. eine größere Gruppe mit syntaktischer Varianz bilden (vgl.* 12eα–eε). *In der letzten Gruppe sind Glossenwörter zusammengefaßt (vgl.* 13).

Die Gruppen 1–4, *in denen* sagên *zur Einleitung oder Anzeige einer Äußerung dient („etwas" sagen, aussagen, usw.), sind nach folgenden Ordnungsprinzipien syntaktisch weiter untergliedert: Als Beispiel dient wegen ihres Umfangs die Gruppe* 1, *die Gruppen* 2–4 *sind nach Maßgabe des belegten Materials entsprechend aufgebaut. Bei den durch* sagên *eingeleiteten oder angezeigten Äußerungen wird unterschieden zwischen Äußerungen, die für sich stehen* (1a–1i, *auch* 1q *u.* 1r, *s. dazu unten) u. solchen, die an eine Person gerichtet sind* (1j–1p, *auch* 1s, *s. dazu unten), einschließlich „1q) etw. vor jmdm. sagen". Sowohl in Sätzen mit für sich stehenden Äußerungen als auch mit an eine Person gerichteten Äußerungen können weitere Satzglieder hinzukommen, die angeben wo, d. h. in einer schriftlichen Quelle,* (1d. 1e *bzw.* 1n. 1o) *oder worüber* (1 f. 1h *bzw.* 1p) *etwas gesagt wird, auch in Kombination beider Satzglieder* (1i). *Die Gruppe „1q etw. gegen jmdn. sagen" stellt eine besondere Form des sich über jmdn. Äußerns dar. In den Gruppen* 1r–1s *dient* sagên *zur Einleitung einer Äußerung, die in einer bestimmten (mit etw. vergleichbaren oder bewertbaren) Art u. Weise gesagt wird, u. entweder für sich steht* (1r) *oder an jmdn. gerichtet ist* (1s). *Den Abschluß bilden zwei Gruppen, in denen* sagên *ohne die zu erwartende Äußerung steht, in* 1t *ohne ein weiteres Satzglied, in* 1u *an eine Person gerichtet, sowie Fälle, in denen* sagên *substantiviert belegt ist* (1v). *Bei den durch* sagên *eingeleiteten oder angezeigten Äußerungen wird überdies danach gegliedert, ob sie durch eine satzförmige Ergänzung einschließlich der Sonderform der Akk.-m.-Inf.-Konstruktion* (1a. 1d. 1f. 1i *bzw.* 1j), *durch eine pronominale Ergänzung, die allgemein auf einen im Kontext bereits genannten oder noch folgenden Redeinhalt Bezug nimmt* (1b. 1e. 1g *bzw.* 1k. 1n), *oder durch ein nominales Akkusativobjekt, einschließlich eines auf ein Nomen verweisenden Pronomens im Akkusativ* (1c. 1h *bzw.* 1l. 1m. 1o. 1p), *ausgedrückt werden.*

1) *(jmdm., auch vor jmdm., s. unter* m) *etw. (über etw./jmdn.) sagen, mitteilen (auch behaupten), jmdm. etw. (in einem Text) erzählen, berichten (zu: von etw. erzählen s.* 6); *auch etw. gegen jmdn. sagen, s. unter* q):

a) *mit (korrelat. Pron. im Akk. u.) satzförmiger Ergänzung/Akk. m. Inf.:*

α) *mit direkter Rede:* do segita *her (der von Georg wieder zum Leben Erweckte):* Jobel ihz (*sc. hiz, d. h. hieß*) ih bet *namon* S 97,48 (*vgl.* Schützeichel, Codex S. 68). nu sage ze erest . uuile du ... besuochen din muot . uuio iz stande? *primum igitur . paterisne ... temptare statum tuae mentis ...?* Nb 45,2 [36,13]. sage no . sid tu uueist . kot tia uuerlt rihten . mit uuiu er sia rihte uueist tu? *sed dic mihi . quia non ambigis mundum a deo regi . quibus etiam gubernaculis regatur advertis?* 46,9 [37,13]. din hant sageton sie . fersuanta andere diete . unde in iro stal . flanzotost du sie [*vgl. haec audivimus a patris nostris, Aug., En.*] NpNpw 43,3; – *Glossen:* sagen [*rursus poterat alius causari et*] *dicere* [*: Paupertate prohibeor, Hier. in Matth. 10,41, CCSL 77,76,1841*] Mayer, Griffelgl. Salzb. S. 55,81. za sagenanne *dicente* [*domino: fiat tibi secundum fidem tuam, ebda. 17,16, CCSL 77,152,365*] 71,143; *mit* sagên *in der 1. Sing. Praes. innerhalb einer direkten Rede, um dem Gesagten Nachdruck zu verleihen, nach lat. Vorbild: ich gestehe, bekenne:* sagen [*horremus,*] *fateor* [*, tantae impietatis aliquem reperiri, ut de dei pietate desperet, Hrab., Poenit. XXXVIII p. 1423B*] Mayer, Griffelgl. S. 101,482. sago [*concidi,*] *fateor* [*, obortisque lacrimis flevi uberrime, Sulp. Sev., Ep. II p. 143,11*] Nievergelt, Glossierung S. 303,262;

β) *mit (korrelat. Pron. im Akk. u.) Nebensatz:*

mit thaz-*Satz:* the dar sagent daz im unreht katan si [*quod si ... fiat altercatio, licere eis,*] *qui se laesos adserunt* [*, apud sanctam synodum provinciae de his movere certamen, Conc. Chalc. XVII p. 136*] Gl 2,101,31. 114,46. 4,323,20. ik gihorta đat seggen, đat sih urhettun ... Hiltibrant enti Hađubrant S 1,1 *u.* Anm. 1. uuaz sagent thie buochera thaz gilimpha Heliam zi erist queman? *quid ergo scribae dicunt quia Heliam oporteat primum venire?* T 91,4. (*die drei Weisen*) sagetun, thaz sie gahun sterron einan sahun O 1,17,19. ja saget man, thaz zi waru sie scrigtin fon theru baru 4,26,19. Cicero saget . taz noh sar do be sinen ziten . der rumisko geuualt chunt uuorten neuuare . ennont Caucaso monte *aetate denique Marci Tullii . sicut ipse significat quodam loco . nondum transcenderat fama Romanae rei publicae Caucasum montem* Nb 113,24 [98,19]. also die poetę sagent taz alliu diu uuerlt lieht habe . fone Apollinis facchelo Nc 755,17 [71,10]. fone ad aliquid sagendo . uuart ouh kesaget . taz tiu uerba sedere . unde stare . diu situm bezeichenent . kesprochen sint fone nominibus sessio . statio . diu positionem bezeichenent *dictum est autem et de situ in his quae ad aliquid sunt . quia denominative a positionibus dicitur* Nk 467,25 [113,1] (*'sprechend über das ad aliquid wurde auch gesagt, daß ...', s.* sagênto 2b). ih ... sageta iz do selbo ... daz dero ubelon manigfalti uberslahet die zala dero rehton *locutus sum . multiplicati sunt super numerum* NpNpw 39,6. phisiologi sagent daz pulli coruorum des touues lebeen . die uuila sie uuiz sint 146,9; *ferner:* O 5,13,12. Nb 69,16. 108,26 [58,25. 94,15]; S 90,25 *vgl.* cβ; – *bei abstr. Subj.:* fabulę sagent . taz Achelous amnis tiu in Grecia rinnet . ze farre uuorteniu . mit Hercule fuhte Nb 63,13 [53,6]. tar die chreftigen steina noh ligent ... mit tien diu spel sagent . taz tie risen ze himele fuhtin [*vgl. pugnasse dicuntur, Serv.*] 216,22 [175,28]. be diu sagent fabulę . daz in (*den Vulcanus*) Iuno stieze aba himele . unde er in Lemnum fallendo halz uuurte Nc 760,26 [76,18];

mit (korrelat. Pron. im Akk. u.) indirektem Fragesatz: far in thin hus zi thinen inti sage uuelihhu thir truhtin teta *vade in domum tuam et narra quanta tibi dominus fecerit* T 53,14. tu nesagest uuaz iz (*das Lied*) si . doh tu iz singest Nc 691,18 [5,19]. nu nehil iz . nube sage uuaz tu liudoest . unde uuara daz sang helle *quin potius edoce quid apportes . et revelato quorsum praedicta sonuerint* 24 [6,2]. uuaz aber uuideruuartig si demo sehsten uuehsale . daz ist unsenfte zesagenne *reliquorum vero assignatorum motuum . s. qui sunt in sexta specie . non facile est assignare quid sit contrarium* Nk 493,20 [140,26]. der darfore beteta . der saget nu uuaz sin beton gemahta [*vgl. ubi narrantis verba sunt, non petentis, Aug., En.*] NpNpw 118 F,45. officia lingue negenuogent ze sagenne . uuaz ih freuui habo inne [*vgl. quod nullo linguae officio explicari ... valeat, Sg*] Np Cant. Mariae 47 (Npw gisagên); *ferner:* NpNpw 20,3. Cant. Ez. 10; *erw. mit Adv.verb.* thâr fora, *im Passiv:* darfore gesaget ist uuaz nomen si . unde innominabile *nomen autem dictum est et innominabile prius* Ni 535,24 [46,19/20]; – *bei sachl. Subj.:* dar (*beim Jüngsten Gericht*) scal denne hant sprehhan, houpit sagen ... uuaz er (*der Mensch*) untar desen mannun mordes kifrumita S 72,91; – *bei abstr. Subj.:* vuaz populo dei gescahe ... unde uuieo manigfalte sin miserationes dei . daz saget diser psalmus NpNpw 106, Prooem. (*zum zweiten Teil des Konjunkts vgl.* [h]uuio-*Satz*);

mit relativem [h]uuio-*Satz:* sie (*die Geschichtsschreiber*) sagent ouh uuio diccho er (*der Makedonierkönig Perseus*) andere consules fore ubersigenota Nb 61,27 [51,23]. Liuius saget . uuio Tarquinius superbus . ter ze Romo uuas septimus rex a Romulo . fertriben uuard fone Bruto 103,1 [89,13]. uuio filo dero uuizi si sagende . knotmezot er daz ueld *album quantum sit assignans . superficiem definiet* Nk 411,5 [53,10/11]. danne lera ih unrehte dine uuega unde sago uuio du mir unrehtemo gnadotest Npw 50,15 (Np *s.* jβ); T 229,3 *vgl. Rel.-Satz,* NpNpw 106,Prooem. *vgl. indirekter Fragesatz;* – *bei abstr./sachl. Subj.:* Genesis saghet huueo Abrahames chibot uuas zi sinemu chnehte *Genesis ostendit dicente Abraham ad puerum suum* I 33,3. uuio sie avur got thar drosta, joh Moyses irlosta, thaz sagent buah zi waru in sines (*des Mose*) selbes leru Oh 88 (*'in, gemäß seiner Lehre', vgl. Erdm. S. 487; zur modalen Auffassung vgl.* in 1. Teil A V 2a, *Ahd. Wb. 4,1534*); – *in der Verbindung* zi lang zi sagênne sîn *zu langwierig zu erzählen sein* (*vgl.* rβ. 3)*:* lang ist iz zi saganne, wio iz quimit al zisamane O 2,9,73;

mit Rel.-Satz: sie sagetun thiu dar gitaniu uuarun in uuege inti uuio sie inan forstuontun in brehchanne thes brotes *ipsi narrabant quae gesta erant in via et quomodo cognoverunt eum in fractione panis* T 229,3 (*zum zweiten Teil des Konjunkts vgl.* [h]uuio-*Satz*).

uuola noh . sage des ih fragee *age enim* Nb 88,11 [76,19/20]. taz ist per contrarium gesprochen. Samo si chade . sih ube ih umbe dero liuto uuan laze . ih nesagee . daz in ungloublih ist 295,29 [226,16]. daz noh do chumftic uuas, daz sagete der uuissage Npw Cant. Zach. 68 (Np daz saget propheticus spiritus in preterito *s.* rβ);

γ) *hierher auch, Glossen:* sagan [*praecepit Iudas*] *praedicare* [*in castris, ut applicarent unusquisque in quo erat loco, 1. Macc. 5,49*] Gl 1,691,66. saganter *adseverans* [*Randgl. zu: si talis aliquis extiterit temerarius, ut fortassis excusationem afferens*] *adseveret* [*, quod populi literas acceperit, cum manifestum sit potuisse plures praemio, et mercede corrumpi eos ... ut clamarent in ecclesia, et ipsum petere viderentur episcopum, Conc. Sard. II p. 138*] Gl 2,92,76 (*vgl.* Beitr. (Halle) 85,88). sag*et adseveret* [*ebda.*] 102,14. 115,61. 4,323,54. ih sagen [*hoc* (*Gott anzurufen, um den Heiligen Geist zu erlangen*) *autem a quo potissimum fiat, quemadmodum papa sanctus Innocentius scripserit,*] *subiciam* [*; dicit enim, non ab alio quam ab episcopo fieri licere, Is., De off. 2,27 p. 825*] 2,346,33. sage [*set te qui vivom casus, age*] *fare* [*vicissim, attulerint, Verg., A. VI,531*] 657,30 (*nach Gl.-Wortsch. 8,63 noch Gl. narrare*);

δ) *mit Akk. m. Inf.* (*im Passiv mit Nom. m. Inf.*), *bei* Nb *u.* Ni *nicht immer eindeutig von* 3 *zu trennen:* ih chade chiuske uuunna uuarin . chena . unde chint . âne daz man saget ... neuueiz uueliu chint chelen iro fater *honestissima quidem foret iocunditas coniugis . et liberorum . sed nimis e natura dictum est . nescio quem invenisse filios tortores* Nb 161,13 [136,7]. tu fienge ana ze beatitudine . unde sagetost sia uuesen summvm bonum *etenim paulo ante a beatitudine incipiens . eam summum bonum esse dicebas* 218,6 [176,26]. ih nesago sia (*die Wahlfreiheit*) doh nieht kelicha uuesen . an allen die sia habent *sed hanc non aequam esse constituo i. fateor in omnibus* 311,29 [237,26]. uuio harto grehto daz nu missecheret ist . taz ioman saget . tise fristmaligen geskihte . machunga uuesen . dero eouuigun gotes uuizentheite *iam vero quam praeposterum est . ut dicatur eventus temporalium rerum . causa esse aeternae praescientiae* 318,5 [241,27]. sie sagetin nieht lieberen uuesen Ioui under dien himeluuunnon . danne dia uuiniun *nec aliquid loquerentur Iovi inter aetherias voluptates dulcius una coniuge* Nc 693,19/20 [7,17]. uuanda er (*Bootes*) Plaustris folget . tie ebenglat sint facchelon . dannan uuirt er sie gesaget zunden 769,12 [85,19] (*'daher wird gesagt, daß er sie anzünde'*). hinnan sagent tie poetę . rinnen daz lougezenta helleuuazer *hinc ... allusit sollertia poeticae adumbrationis ... tractum ... Pirflegetonta . i. ignem flammantem* [*vgl. poetae dicunt quod ex circulo Martis igneus Phlegeton progreditur, Anon.; allusit: finxit, docuit, ebda.*] 824,4 [143,10]. sagent sie dih (*Sol*) einen tragen in houbete . zuelif culdine skimen *radiis ... sacratum . bis senis perhibent caput aurea lumina ferre* 834,18 [155,13]. so michel daz ueld ist . so michela saget er uuesen dia uuizi *quanta enim superficies fuerit . tantum esse album dicet* Nk 411,8 [53,13]. an dero zungun ouget er (*der Antichrist*) guot . so er sih saget cot sin . darundere birget er dia ubeli . diu labor unde dolor ist NpNpw 9,Diaps. 7 (= Npw 9,30). Christvs selbo sageta iz so uuesen gescriben . an dien scriften dero iudeiscon liuto *dominus narravit in scripturis populorum* Np 86,6. vuaz ist ioh anderes daz man Marcholfum saget sih ellenon uuider prouerbiis Salomonis? 118 L,85. mit demo fater zogeten Arriani den sun, do si in (*den Sohn*) imo (*dem Vater*) sageten smaheren wesen [*vgl. apud deum patrem detrahunt Ariani, quando ei filium minorem esse testantur, Cass.*] Npw 108,20 (Np mir ęqualitatem patris fersagent). fone diu saget Boetius . Aristotilem zuo slahta syllogismorum lerin in zuein buochin *propterea Boetius Aristotilem in thopicis dialecticam . et in secundis analiticis apodicticam docuisse testatur* Ns 619,10 [304,6]; *ferner:* Nc 688,2. 690,17 (*perhibere*). 694,24. 752,9 (*dicere*). 817,28 [2,19. 4,15. 9,5. 67,18. 136,17]. Nk 441,18 [85,20]. Np Cant. Moysi 2 (Npw *s.* 7b); *Glossen:* segit [*quando dei et hominis filius, ...*] *testatur* [*se non a semetipso iudicare, Greg., Cura 3,18 p. 61*] Gl 2,191,23. gisegit sint [*Petrus namque et Thomas, Nathanael, filii Zebedaei, et alii ex discipuli eius duo, in eo* (*dem letzten Abendmahl*) *fuisse*] *memorantur* [*ders., Hom. II,24 p. 1543*] 299,14. ist kisaket [*mater eius cum quasi non agnoscitur, foris stare*] *perhibetur* (*Hs.* peribitur) [*ebda. I,3 p. 1444*] 306,35. gisaget ist *fertur* [*horruisse mundus noctis aeternae chaos, Prud., H. o. horae (IX) 81*] 553,62. sageta [(*diaconus*) *prostremo pauperem non conparere*] *causatur* [*Sulp. Sev., Dial. 2,1 p. 181,16*] 754,19. Nievergelt, Glossierung 488,592 (*zu* Gl 2,754,19). gisag*et* [(*personae*) *quae possent non habentes viros in matrimonium convenire, nisi lege prohiberentur, sicut*] *fertur* [*esse consuetudo Persarum, Hrab., De consang. nupt. p. 1092B*] Mayer, Griffelgl. S. 104,502. sakenti [*nunquam se ad sanctae conversationis habitum venire, iurando, irascendo, deridendo*] *testabatur* [*Greg., Dial. 4,38, PL 77,389C*] Schulte, Gregor S. 214,129; – *bei abstr. Subj.:* er gedeumuota centauros . die fabulę sagent uuesen halbe man . unde halbe ros [*vgl. centauri dicuntur homines equo mixti, X*] Nb 298,27 [228,15]. den (*Namen Xyrios für Merkur*) echert fone egipzisken urdahten dero liuto lucca firuuizze saget uuesen ermarten . unde ersprangten *verum illud ... nuncupatione compactum est . ac per sola Aegiptiorum commenta vulgatum . fallax mortalium curiositas asseverat* [*vgl. affirmat, Rem.*] Nc 774,1 [90,15]; *Glosse ohne erkennbare Rektion:* saget [*testamentum vetus hoc faciendum denunciat, quod testamentum novum de domino factum*] *clamat* (*Hs. -et*) [*Greg., Hom. II,25 p. 1547*] Gl 2,300,29 (*im Lat. mit erspartem esse*);

b) *mit pronom. Akk.* (*im Passiv mit pronom. Nom.*)/*Gen.* (*auch mit relativem Adv. u. Ersparung des Pron.*) *zur Bezugnahme auf einen* (*bereits bekannten oder noch nicht bekannten*) *Redeinhalt:*

α) *mit pronom. Akk.* (*im Passiv mit pronom. Nom., auch mit relativem Adv.* alsŏ/sô)*:* diz sageta Marcuuart, Nanduuin, Helitberaht S 116,65 (*in einer Markbeschreibung*). ni ueiz ih huuaz du sages *nescio quod dicis* F 23,8, *ähnl.* T 188,5 (*quid dicis*) = T Fragm. S. 292,12 (*quid tu dicis*). bi thiu ward, thi (*l.* thaz?) ih nu sageta, thaz Joseph sih irburita O 1,11,25 (*zur Auflösung von* thi *als* thaz *vgl. Piper, Glossar S. 380 s. v.* sagên, *Wunder S. 352 f.; Erdm. Syntax 1,65 § 112 Anm. 2 fragt daneben auch* thiu *an; zu* thaz ... irburita *als Subjektsatz zu* uuerdan *vgl.* thaz 1. Teil I 1, *Ahd. Wb. 2,318*). oba thu Helias avur bist, ... thaz gizeli thu uns nu sar, thaz wir iz avur sagen thar [*vgl. ut responsum demus his, qui miserunt nos, Joh. 1,22*] 27,24. ih gihu ... in iuih (thaz ir hortut quedan mih, ni sagen iz nu ouh thes thiu min), thaz ih selbo Krist ni bin 2,13,6 (*zur Konstr. vgl. Ahd. Wb. 4,1793 s. v.* jehan*; anders Piper a. a. O. S. 382, wo der folgende* thaz*-Satz auf* sagên *bezogen ist*). fuar si (*die kanaanäische Frau*) sines wortes fro tho heimortes; ... giloubta, thaz er (*Jesus*) sageta 3,11,32. uuar ist taz tu sagest . meistra allero tugede *vera commemoras o nutrix omnium virtutum* Nb 78,19 [67,18]. tu neuueist noh mag keskehen . uuaz ih sagen uuile *nondum forte intellegis quid loquar* 121,26 [105,6]. uuaz tu doh sagen uuellest ... ih fernimo iz toh kerno fone dir *sed quid afferas ... planius tamen ex te audire desidero* 210,23 [172,14]. tes uuaren liehtes zeigara ... souuaz tu noh sagetost . taz ist turh sih kotelih *o ... praevia veri luminis . quae usque huc tua fudit oratio . cum sui speculatione divina* 227,5 [183,8]. si uuas ilig also iz kesaget ist . alliu ding zeergrundenne Nc 771,9 [87,18]. unzin hera sageta iz der Iudo Npw 118 De ps. gr. 2 (Np *usque huc Iudaeus*); *ferner:* O 4,36,6. Nb 214,18. 320,7 [174,18. 243,10] (*beide dicere*). Nc 750,4 [65,12]; *Glossen:* segitun [*nescio quis primus auctor septuaginta cellulas Alexandriae mendacio suo extruxerit ...: cum Aristaeas eiusdem Ptolemaei, ὑπερασπιστής et multo post tempore Iosephus, nihil tale*] *retulerint* [*Gen., Prol.*] Gl 1,304,18. 310,53. segiti [*cum ... Achior universa haec*] *exposuisset* [, *omnis populus cecidit in faciem, adorantes dominum, Judith 6,14*] 483,10. sage [*haec*] *loquere* [, *et exhortare, et argue cum omni imperio, Tit. 2,15*] 803,47. saketa [*quid tamen una istarum*] *asserit* [*mulierum (sc. Eva u. Maria)? Domine, inquit, Aug., Serm. de Salomone, Bibl. nov. patr. 1,445*] 2,41,10. sag*et* (*1 Hs. noch* ł har*et*) [*hoc* (*die Aufforderung: 'geht hin und verkündet: das Himmelreich ist nah'*) *iam ... etiam si evangelium taceat, mundus*] *clamat* (*Hss. -et*) [*Greg., Hom. I,4 p. 1448*] 272,9 (*2 Hss. nur* harên). sagen [*sed ne cui hoc iniuriosum videatur fortasse quod*] *assero* [, *me quoque pariter accuso, ebda. I,17 p. 1502*] 291,31. gisaget [*hoc solum scimus, quod*] *traditur* (*Glosse: in scripturis, vgl. PL 59*) [*esse deum, quem non genitus genitor generavit, Prud., Apoth. 268*] 512,57. sagun [*si modo intellectus vester ea quae*] *dicimus* [, *etiam operibus subsequatur, Cassian, Coll. XXI,32, PL 49,1210A*] Mayer, Glossen S. 100,31; *mit* sagên *in der 1. Sing. Praes. innerhalb einer direkten Rede, um dem Gesagten Nachdruck zu verleihen:* ir in then sorgon ruafet thesen bergon, bittet sie (thaz sagen ih), sie fallen ubar iuih O 4,26,44; *erw. mit Adv.* fora/*Adv.verb.* thâr fora (*vgl.* 3)*:* uniuersalis affirmatio . unde uniuersalis negatio ... tie nemugen samen uuar sin . noh in einemo dinge samint sin . daz sageta er ouh fore *hae quidem manifestum est . quoniam numquam erunt . neque verae simul . neque in eodem ipso* Ni 543,9 [55,8]. kemeinlicho uernim uone allen daz ouh fore gesaget ist . daz tu esse unde non esse haben solt fure subiecta *universaliter vero quemadmodum dictum est esse quidem et non esse oportet ponere . quemadmodum subiecta* 564,30 [79,12/13]. aber uns ist ze denchenne uuaz er (*der Begriff der personae*) bezeichenne ... unde ze chedenne ... tres personas . tres representationes . tri geougeda. Vues? dero relationum . also iz fore gesaget ist Np Fides 2; *ferner:* Nb 233,23 [187,19] (*demonstrare*). Ni 508,15. 24 [14,25. 15,8/9] (*beide dicere*). Nk 468,6/7 [113,11] (*dicere*); *erw. mit* mit + *Dat. zur Angabe des Mittels:* allero meist tie poetę ... mit lobesamero . unde mit misseliutigero pagina daz (*die Hochzeiten der Götter*) sagetin *poetae praecipue ... epica liricaque pagina consonarent* Nc 693,18 [7,16]; – *bei abstr. Subj., erw. mit Adv. zur Angabe der Art u. Weise:* thaz (*die Ereignisse bei Jesu Auferstehung*) zellent evangelion ...; iz sagent filu scono thie selbun buah frono O 4,34,14. quinquagesimus nonus psalmus saget iz folleghlichor Np 107,14;

β) *mit pronom. Gen.* (*an den zu erwartenden Kasus des übergeordneten Satzes angelehnt*)*:* iz ist uuunderlih tes mih langet zesagenne *mirum est quod gestio dicere* Nb 121,28 [105,7]. an primis substantiis fligo ih mih . tes ih sago *nam in primis substantiis verum est* Nk 437,24 [81,14];

γ) *mit relativem Adv.* alsŏ/sô *u. Ersparung eines pronom. Akk. (im Passiv pronom. Nom.), häufig in eine Aussage eingeschoben:* wanta thar ... thageta Petrus, so ih nu sageta; ni gidorsta sprechan luto herosto thero druto! O 4,12,33. an disen (*quaestiones*) ist also uuir gesaget eigen . suasio unde dissuasio Nb 100,22 [87,13] (*vgl.* 3b). ouh uuirt in erdo funden so man saget naturlih electrum Nc 707,29 [23,18]. taz ist quis . taz Iouis stella ... mit Mercurio gangendiu in einemo zeichene so mathematici sagent . heilesod tue demo gehileiche [*vgl. aiunt namque phisici quod Mercurio cum Iove in oroscopo .i. in orologio posito salubres sint nuptiae, Rem.*] 720,6 [37,1]. tiu (*Vesta*) getorsta Ioui daz houbet chussen . uuanda si sin magezoha ist . unde si in barmota so man saget *quae quod nutrix Iovis ipsius suoque eum sustentasse gremio ferebatur . caput regis ausa est osculari* 747,16 [62,21]. doh uuas er (*Vulcanus*) so Eraclitus saget . peheftare allero dero uuerlte *totius mundi ab Eraclyto dictus est demorator . i. detentor* 761,4 [76,21]. (*Philologia dankte dafür*) daz si den hellouuart mit sinero chenun nioner negesahe . so Etrusci philosophi sagent . tie in heizent Uedium *quod nec Vedium ... cum uxore ... conspexerit . sicut suadebat Etruria* [*vgl. Etruria autem pro philosophis Etruscis ... qui dicunt ... quod ... Vedius dicitur, Rem.*] 811,27 [130,20]. hier dar iz chit . a secvlo . uuandon genuoge so Cassiodorus saget . Adam genada geheizzen uuesen NpNpw 102,17. die (*Fesseln*) uuerdent anageleget Christianis principibus . fone dien . die gladios ancipites habent so sie sagent . iudicium durum his qui prȩsunt Np 149,8 (*bei Auffassung von iudicium durum als erläuternde Apposition zu gladios ancipites;* Npw so si in sagent die harten urteile *s.* 1α); *ferner:* O 3,15,32. 4,9,11. 19,42. 5,9,45 (*V* gisagên). Nb 149,11 [126,17]. Nc 822,2. 828,12 (*dicere*) [141,8. 148,8]; *hierher wohl auch, bei zu ergänzendem* sô, *Glossen:* sages [*ut*] *asseris* (*Hs. astruis*) [*ita est, Greg., Dial. 3,28 p. 340*] Gl 2,248,13. sagantemo [*quid esse ... credimus, quod sudarium capitis domini cum linteaminibus non invenitur in monumento, nisi quia Paulo*] *attestante* [*, caput Christi deus, ders., Hom. II,22 p. 1531*] 296,48; *erw. mit Adv.* fora/*Adv. verb.* thâr fora (*vgl. auch* 3b): dien sigenemon . gab man palmas in hant ... unde guollichota man den sigo mit lobe also darfore gesaget ist Nb 75,30 [65,8/9]. sihest tu an barez uuort . so neist is nieht . also er uore sageta Ni 513,5 [20,11]; – *bei abstr. Subj.:* so morgenrotiu sunna ufen iro reito . so fabulȩ sagent . ritentiu beginnet skinen . so timberent tie sternen *cum Phoebus roseis quadrigis coeperit spargere lucem polo . pallet hebetata stella* Nb 77,25 [66,30];

δ) *nur mit Ersparung des pronom. Akk.:* die des uuanent . so sie sagen horent . taz Platoni disiu uuerlt neduohti haben anagenne zites . noh ende *qui putant . cum audiunt visum esse Platoni . nec habuisse hunc mundum initium temporis . nec habiturum defectum* Nb 350,12 [263,22];

c) *mit abstr. (auch pronom.) Akk.* (*vgl. auch* 12):

α) *zur Angabe einer Äußerungsform:* maere sagit *refert .. divulgat* Gl 4,91,42. druhtin saghida dhazs chiscrip dhero folcho, dhese ist dhar chiboran *dominus numeravit scribens populos, iste natus est ibi* I 24,11 (*nach Eggers, Wb. S. 79 liegt statt des Isidor-Texts Ps. 86,6 der Itala der Wortlaut der Vulgata 'dominus narrabit in scripturis populorum' zugrunde, so daß* sagên *als Übers. von narrare 'kundtun, erzählen' u. mit Änderung der lat. Konstruktion* giscrîb *als Übers. von scriptura 'die (Heilige) Schrift' anzusehen ist*). engil floug zi himile zi selb druhtine; sagata er in frono thaz arunti scono O 1,5,72. wio thiu wort hiar gagantin, thiu êr forasagon sagetin 13,19 (*vgl.* 4). ferliusest die . die lugi sagent *perdes omnes qui loquuntur mendacium* NpNpw 5,7. uuanda ih gotes uuort sago *quia nomen domini invocabo* Cant. Deut. 3; *im abs. Dat.:* tero satyra nu eines micheles teiles kesagetero *transcursa ... magna parte fabula* Nc 846,13/14 [169,19]; *hierher auch, Glossen:* sageta [*docuit eam (die Königin von Saba) Salomon omnia verba, quae*] *proposuerat* [*3. Reg. 10,3*] Gl 1,438,44. segita [(*Moses*) *qui etsi testamentum vetus edocuit, novi tamen dicta non*] *protulit* [*Greg., Hom. I,11 p. 1475*] 2,283,55. sageta [*dicta sui vivificatoris*] *narrat* [*, quae mortiferi serpentis verba narraverat, ebda. II,25, PL 76,1194A*] Mayer, Glossen S. 59,24. ih pin aber fone minemo fater ... ze chuninge gesezzet uber sinen heiligen berg . daz ist ȩcclesia sin gebot sagende . daz chit euangelium lerende *ego autem constitutus sum rex ab eo super Syon montem sanctum eius praedicans praeceptum eius* Np 2,6 (Npw sagênto), *hierher auch, z. gl. St.* Pw 2,6 (*praeceptum Vulg. u. Hs.; Ausg. Quak bessert praeceptum wegen des auf Plur. weisenden Pron.* sina *in praecepta, Ausg. Hench dagegen in imperia, vgl. Sab., Laa.; zu* gebot *'Herrschaft, Amtsgewalt' nach Ausg. Hench vgl.* gibot 6, *Ahd. Wb. 1,1280; vgl. auch* 4aα); *erw. mit* mit + *Dat. d. Sache zur Angabe des Mittels:* mit lefsen sageta ih alle die urteilda dines mundes *in labiis meis pronuntiavi . omnia iudicia oris tui* NpNpw 118 B,13; – *bei sachl. Subj.:* min zunga saget din gechose *pronuntiabit lingua mea eloquium tuum* NpNpw 118 X,172 (*vgl.* 4);

β) *zur Angabe eines Sachverhalts:* sage ratussa (*2 Hss.* ratunga, *1 Hs.* ratnisside) [*fili hominis*] *propone aenigma* [*, et narra parabolam ad domum Israel, Ez. 17,2*] Gl 1,645,35. uueiz ih, daz du uuar segist, daz du commen nehebist S 90,25 (*zum sinngleichen* thaz*-Satz s.* aβ, *vgl. auch* thaz C I 5b, *Ahd. Wb. 2,327*). dhaz (*das Geheimnis der Geburt Christi*) ni saget apostolus, noh forasago ni bifant, noh angil gotes ni uuista *dum sacrae nativitatis eius archana nec apostolus dicit, nec propheta conperit, nec angelus scivit* I 1,22 (*vgl.* 4aα?). neomanne ni saget ir thie gisicht, eer thanne der mannes sun fon tode arstante *nemini dixeritis visionem, donec filius hominis a mortuis resurgat* T 91,4. in thia krippha sinan (*l.* si inan) legita bi note, thih (*l.* thia ih) nu sageta O 1,11,36 (*'wegen der Notlage, die ich eben erzählte'*). haben ih ... leidalih zi sagenne, ni weiz ih, les! in gahe, war ih iz anafahe 5,7,23. thiu thing, wir hiar nu sagetun joh thir ouh hiar gizelitun 9,37 (*zur Ersparung des Pron. u. zum Indikativsatz in der Funktion eines Relativsatzes vgl. Wunder S. 252*). thaz (*sc. daß Gott ihn nicht im Stich ließ*) Josepe ouh giburita, tho er thie drouma sageta [*vgl. accidit ... ut visum somnium referret fratribus suis, Gen. 37,5*] Oh 83. taz (*daß Böse aus Bösen Gute machen*) ist taz vuunder . daz ih sago Nb 289,1 [222,8]. vnreht sagent unde sprechent sundige *effabuntur et loquentur iniquitatem loquentur omnes qui operantur iniustitiam* Np 93,4. nihil melivs . nihil dvlcivs intellegi vel dici potest (nieht nist pezzera nieht nemach suozzira fernomen noh kesaget uuerden) Npgl 80,17; *ferner:* Nb 33,18 [27,9] (*proferre*). NpNpw 17,1. 50,8; *Glossen:* segita [(*die Mordpläne*) *nuntiavit ... illa* (*Esther*) *regi ex nomine Mardochaei, qui ad se rem*] *detulerat*

[*Esth. 2,22*] Gl 1,490,52. saget [*ille qui verum*] *deierat* (*Hss. digerat, -erit*) [*Eccles. 9,2*] 546,5 (*zu digerere 'berichten, schildern' vgl. Mlat. Wb. III,626*). (*wohl zu erg.*: *after*) zalu gisaget vuirdit [*cum XXVIIII tunc sunt epacte XVIII secundum argumenti*] *calculationem canatur* [*Lamb., Comp. 40,13*] 2,47,48 (*z. St. vgl. auch item anno XIX, quia luna embolismi tertio die nonarum Martiarum incipit, cogit lunam in calendas Maias XXVIII computari cum* (*'obwohl'*) *XXIX secundum argumenti calculationem canatur, Beda, De rat. temp. 20 p. 395*). sagen [*rem, fratres, quae nuper contigit*] *refero* [*Greg., Hom. I,19 p. 1514*] 293,40. sagan [*nos pie*] *praestruere* (*Hs. praestare, mit Korr. aus -stauere*) [*profitemur historiae veritatem, Sulp. Sev., Dial. 3,5 p. 203,21*] 755,60. Nievergelt, Glossierung S. 546,698a. ebda. 698b (*beide zu* Gl 2,755,60); – *bei abstr. Subj.*: ube Platonis poema uuar saget . al daz ter ungehuhtigo gelirnet . tes pehuget er sih *quod si Platonis musa personat verum . quod quisque discit inmemor recordatur* Nb 209,27 [171,28]; *Glossen:* sagot *fert* [*atque refert geminam res una figuram, Ar. II,991*] Gl 2,32,17 (*vgl.* von Gadow, Aratorgl. S. 66,280). 774,41 (*dazu Randgl. una res dupliciter dicitur, vgl.* Schlechter, Aratorgl. S. 167,262/263). Tiefenbach, Aratorgl. S. 26,18;

γ) *zur Angabe der Menge* (*auch mit davon abhängigem pronom. Gen.*): (*die Hirten*) sagetun al (*sc. wie die Dämonen in die Säue fuhren u. diese im Meer ertranken*) ioh fon*a* dhem diubilsiuhhom *ma*nnum *nuntiaverunt omnia, et de his qui daemonia habuerant* F 1,1 (*zum zweiten Teil des Konjunkts vgl.* 6bα). thie (*die Schweinehirten*) ... sagetun in burgi inti accarun allu *qui ... nuntiaverunt in civitate et in agros omnia* T 53,11. tho druhtin Krist giboran ward, thes mera ih sagen nu ni tharf, thaz blidi worolt wurti theru saligun giburti O 1,17,5 (*zum partitiven Gen. vgl. Ahd. Wb. 6,466 s. v.* mêra *indecl. n.* bα). sagen mag man thes ginuag, wio alt giscrib êr thes (*die Verlosung der Tunika Christi*) giwuag 4,28,17 (*bei Auffassung des* [h]uuio-*Satzes als Vergleichssatz; anders Piper, Glossar S. 381 u. Wunder S. 294*). uuaz tu in frono guotes ketan eigist . tes habest tu luzzel gesaget; uuider diu iz uuar ist *tu quidem vera dixisti . de tuis meritis in commune bonum . sed pauca pro multitudine gestorum tibi* Nb 42,18 [34,17]. so getanes knuoge sageta si . daz si al erluoget habeta . mit fureuuizlichero speho *id genus innumera astruebat . quae curiosis perscrutationibus aspexerat* Nc 785,1 [102,9/10]; *erw. mit Adv.verb.* thâr fora*:* tes ist taruore gnuege gesaget Nk 427,23 [70,25];

d) *mit satzförmiger Ergänzung* (*Nebensatz*) *u. Präp.verb./Adv. zur Bezugnahme auf einen Text oder eine Stelle in einem Text:*

α) *mit* thaz-*Satz u.* in + *abstr. Dat.*: tannan sageta Aristotiles in Cathegoriis . taz priuatio nemuge feruuandelot uuerden in habitum Nb 336,4 [254,9];

β) *mit relativem* [h]uuio-*Satz u. Adv. zur Bezugnahme auf eine Stelle in einem Text:* hear saget fona gotspelle h*ueo* Christus oba se*uues* uuazarum gen*c rursus in Matthaeum XIV de domino ambulante super aquas mari* F 37,14 (*'hier erzählt* (*der Autor*) (*den Teil*) *aus dem Evangelium, wie Christus ...'; zur Auffassung von* fona gotspelle *im modalen Sinn, d. h. als Ganzes, von dem ein Teil gesondert betrachtet wird, u. kaum im Sinne einer Quellenangabe, vgl. s. v.* fona V 3bβ, *Ahd. Wb. 3,1111; zur Annahme einer persönlichen Konstruktion des Verbs* (*'er, d. h. der Autor, sagt an dieser Stelle'*) *statt einer unpersönlichen* (*'es heißt an dieser Stelle'*), *wie es nach modernem Sprachempfinden möglich wäre, vgl. s. v.* quedan A I 3, *Ahd. Wb. 7,416; vgl. ferner auch Stotz, Hb. z. lat. Sprache 4,374 § 93.2 über die Ellipse des Subj. bei Verba dicendi u. subjektloses lat. dicit zur Einführung von Zitaten*); I 25,16 *vgl.* rβ);

e) *mit pronom. Akk.* (*auch mit relativem Adv. u. Ersparung des Pron.*) *u. Präp.verb./Adv. zur Bezugnahme auf einen Text oder eine Stelle in einem Text:*

α) *mit pronom. Akk. u. Adv.*: dhes martyrunga ... uuir findemes mit urchundin dhes heilegin chiscribes, dhanne uuir in andreidim dhurahfaremes, dhazs hear aer dhiu zi sagenne ist *cuius passionem ... in suo loco scripturarum testimoniis adprobabimus* I 30,14/15 (*z. St. vgl. auch Eggers, Wb. S. 70 s. v. locus*). so thes thritten dages sar so ward thiz, thaz ih sagen thar O 2,8,2 (*F* thaz ih thir sagen thar *s.* nα). Boetius ... mit temo tode des keirret uuard . daz er nemuosa fernemen fone Philosophia . diu si imo gehiez . haranah (*nach dem fünften Buch*) zesagenne Nb 363,15 [271,27] (*vgl.* 3);

β) *mit relativem Adv.* alsō, *Ersparung des pronom. Akk. u. mit* in + *abstr. Dat.*: sume lobeton in (*Cicero*) durh sinen uuistuom . sume chaden . also Salustius saget in Catilinario . consulatum uiolari . eo quod de equestri ordine ortus sit . non de senatorio Nb 100,18 [87,9];

f) *mit Nebensatz u.* fona + *Dat. d. Pers./abstr. Dat. zur Angabe desjenigen, über den/das etw. gesagt wird:*

α) *mit relativem* [h]uuio-*Satz:* uuaz (*'warum'*) tarf ih sagen fone dien gesuason dero chuningo . uuio ueeih tie sin . sid ih selben die chuninga geouget habo so ueeiche? *nam quid ego disseram de familiaribus regum . cum ipsa regna demonstrem . plena tantae imbecillitatis?* Nb 155,15 [131,18]; – *bei abstr. Subj.*: er (*der Psalm*) saget fone sancta ęcclesia ... uuieo si mit cantico nouo fidei spei et caritatis kezimberot uuard Np 95,Prooem.;

β) *mit Rel.-Satz:* tu sagetost fone chiuskero tate . dero sie dih zihent alde fone dien luginen . daz in allen chunt ist *de honestate vel falsitate obiectorum tibi . cunctis nota memorasti* Nb 42,20 [34,19];

γ) *hierher wohl auch, Glossen:* sageta [*tamquam si* (*Johannes*) *ignoret quem ostenderat, et an ipse sit, nesciat, quem ipsum esse prophetando, baptizando, et ostendendo*] *clamaverat* [*Greg., Hom. I,6 p. 1452*] Gl 2,275,27; – *bei abstr. Subj.*: sagit [*furor illorum, quos*] *tradit* (*Glosse: narrat, vgl. PL 59*) [*fama dicatis consecrasse deas Febrem Scabiemque sacellis, Prud., Ham. 157*] Gl 2,515,1;

g) *mit pronom. Akk.* (*auch mit relativem Adv. u. Ersparung des Pron.*) *u. Präp.verb./pronom. Gen./ Adv. zur Angabe desjenigen, über den/das etw. gesagt wird:*

α) mit *pronom. Akk. u.* fona + *Dat. d. Pers./abstr. Dat./Dat. d. Sache:* ther fon imo saget waz: ther suachit io thaz sinaz, wilit thes gigahen thaz sinaz io gihohen [*vgl. qui a semetipso loquitur, gloriam propriam quaerit, Joh. 7,18*] O 3,16,19. antfristota (*Jesus*) ouh filu fram thaz giscrib in (*den Emmausjüngern*) ..., wio iz iagilicher (*der Propheten*) zelita, fon imo sulih sageta [*vgl. omnibus prophetis interpretabatur illis in omnibus scripturis, quae de ipso erant, Luc. 24,27*] 5,9,52. doh tes selben tages keloubta er (*der Kaiser*) in . daz sie fone mir sageton *atqui . eo die deferentibus eisdem . suscepta est delatio nostri nominis* Nb 28,30 [23,24]. uuaz habo ih nu fone dien lugebrieuen zesagenne . mit tien sie mih zihent uuellen uuidere guuunnen umbe den cheiser dia rumiskun selbuualtigi? *nam quid attinet de compositis falso literis dicere . quibus arguor sperasse Romanam libertatem?* 31,4 [25,11]. al daz si (*Philosophia*) fone dien rebus saget . die fortuna gelazet . so opes sint . unde dignitates . unde potentię ... daz ist al disputatio 120,1 [103,19]. taz selba mag ih sagen fone dien anderen drin *idem de reverentia . claritudine . iocunditate . coniectare licet* 194,2 [162,2/3]. predicare autem est inquit Boetius . aliquid de aliquo dicere . i. eteuuaz sagen fone eteuuiu Ns 621,29 [309,1]; – *bei abstr. Subj.:* daz heilege io giredotun ouh buach fon mir sagetun O 4,14,11 (*PV* gisagên);

β) *mit pronom. Akk. u. pronom. Gen., bei abstr. Subj.:* er (*Jesus*) sie thar tho manota, waz thes ther wizzod sageta O 3,22,48;

γ) *mit pronom. Akk. u. Adv.* than(a)na*:* then (*Gott*) anagin ni fuarit, ouh enti ni biruarit, joh quam fon himile obana – waz mag ih sagen thanana? O 2,1,12;

δ) *mit relativem Adv.* alsŏ, *Ersparung des pronom. Akk. u. mit* fona + *Dat. d. Pers., bei abstr. Subj.:* die so inuuertig kote sint . taz sie iro stat neuuehselont . noh potescaft netribent . also die scrifte sagent fone cherubim . unde seraphim Nb 279,6/7 [216,1];

h) *mit abstr. Akk. (im Passiv mit abstr. Nom.) u. Präp.verb. zur Angabe desjenigen, über den/das etw. gesagt wird (vgl. auch* 12*):*

α) *mit abstr. Akk. (im Passiv mit abstr. Nom.) zur Angabe eines Sachverhalts u.* fona + *Dat. d. Sache/Dat. d. Pers.:* noh ih negieng in michelen dingen . unde uuunderlichen . diu fone mir uuarin zesagenne NpNpw 130,1. kuollichiu ding sint kesaget fone dir gotes purg *gloriosa dicta sunt de te civitas dei* Np 86,3. sina fiande lugelichiu fone imo sageten Npw 108,2;

β) *mit abstr. Akk. (im Passiv mit abstr. Nom.) zur Angabe der Menge u.* fona + *abstr. Dat.:* taz fone leidarro frataten . unde undriuuon . luzzel dir si zesagenne . dar dunchet tir rehto *de sceleribus fraudibusque delatorum . recte tu quidem putasti . strictim attingendum* Nb 42,24/25 [34,23] (*mit Angabe des Sprechenden im Dat.*). de intellectibus animę . de his quidem satis dictum est. Fone dero selo uernumiste . ist nu ze male gnuge gesaget Ni 501,9 [5,23]. nio iro (*der Leser*) nehein unsih neinchunne . ze erist fone qualitate erheuen . unde aber daranah gnuogez fone relatiuis sagen *ne quis nos dicat . i. reprehendat . de qualitate propositionem facientes . multa de relativis interposuisse* Nk 465,20 [110,15]. fone uuenne . unde uone uuar . unde uone habenne . neist nieht nu zesagenne . uuanda siu semfte sint *pro reliquis autem . quando . et ubi . et habere . eo quod manifesta sunt . nihil de eis aliud dicitur* 468,6 [113,9/10]. fone dien generibus ih pedeh zesagenne . habo ih cnuoge gesaget *de propositis itaque generibus quae dicta sunt . sufficiunt* 14 [19];

γ) *hierher wohl auch, Glosse:* sakenti uuesan [(*Sanctulus, ein wundertätiger Priester*) *a me ... ipse quoque de his quae egerat extrema quaedam*] *fateri* [*cogebatur, Greg., Dial. 3,47, PL 77,305*] AJPh. 55,229 (*vgl.* Schulte, Gregor S. 170,48);

i) *mit Nebensatz,* fona + *Dat. d. Pers. u. Adv. zur Bezugnahme auf eine Stelle in einem Text:* hear auh noh frammert saghet dheselbo forasago Esaias fona Christe, huueo ir fona Dauides samin uuardh chiboran after fleisches mezsse *adhuc idem Esaias de Christo quia ex semine David natus est secundum carnem* I 42,14 (*mit Ersparung von dicit im Lat.*);

j) *mit Dat. d. Pers. (, korrelat. Pron. im Akk.) u. satzförmiger Ergänzung/Akk. m. Inf.:*

α) *mit (korrelat. Pron. im Akk. u.) direkter Rede (zu direkter (auch indirekter?) Rede bei* F *u.* T *mit einleitender Konj.* thaz/[h]uuanta *nach lat. Vorbild vgl.* β)*:* diz sagent imo [*regi ...*] *haec dicite* [*vestro: non illi imperium pelagi ... set mihi sorte datum, Verg., A. I,137*] Gl 2,690,35. 4,350,35 (*Glosse fälschlich zu non illi, Verg., A. I,138*). nu saga uns, uuaz ist aua, daz tu unsih uuola heizest S 157,8. quid uis ut faciam? sago thu *mir, guod man* MGh Carm. Cant. S. 75,1 (*vgl. Kögel, Lit.-Gesch. I,2,137*). ganc endi saghe minemu scalche Dauide: Sus quhad druhtin *vade et dic servo meo David: Haec dicit dominus* I 37,7. saget dem kaladotom: see ... elliu karo *dicite invitatis: ecce prandium meum paravi* F 15,9. daz uuib ... sagata then mannun: quemet inti gisehet then man *mulier ... dicit illis hominibus: venite et videte hominem* T 87,7. sage uns nu giwaro, wio sihist thu so zioro? joh wer thir dati thia maht, thaz thu so scono sehan maht? O 3,20,43 (*zum zweiten Teil des Konjunkts vgl.* β *u. Wunder S. 299. 318 ff.*). sage mir, sprichis sulih thu fon thir ... ? 4,21,7. nu sage mir. pehugest tu dih . uuaz allero dingo ende si? *sed dic mihi . meministine quis sit rerum finis?* Nb 46,28 [37,29]. toh uuolti ih taz tu mir sagetist . uueist tu dih mennisken uuesen? *sed hoc quoque velim respondeas . hominemne te esse meministi?* 47,18 [38,17]. nv ze erest sage du mir ... geskah tir ieht angestliches . fone iomannes sculden . daz tin muot irti? *primum igitur te ipsum interrogo ... numquamne confudit animum tuum anxietas concepta ex qualibet iniuria?* 141,7 [120,2]. sage uns, uuara ist din uuine intuuichan? [*vgl. precamur edic, Expos.*] W 98,2 [177,25]; *ferner:* O 2,7,59. 8,45. 4,11,26 (*PV* gisagên). Nb 144,19. 148,7 [122,26. 125,21]; – *mit* sagên *in der 1. Sing. Praes. innerhalb einer direkten Rede, um dem Gesagten Nachdruck zu verleihen:* wib ... ih sagen thir ...: quement noh thio ziti mennisgon bi noti, thaz ir noh hiar, noh ouh thar ni betot then fater O 2,14,61. ih ... avur sagen iu, ther wib biscowot ... zi thiu nan es giluste: er huorot sia giwaro in herzen [*vgl. ego autem dico vobis, quia omnis, qui viderit mulierem ad concupiscendum eam, iam moechatus est eam in corde suo, Matth. 5,28*] 19,3. ih irkanta, ih sagen thir, thia kraft hiar faran fona mir 3,14,36. thar ward tho, ih sagen thir, murmulunga mihil 15,39. ih sagen thir, thaz ni hiluh thih: giwalt ni habetistu ubar mih 4,23,41; *ferner:* O 1,10,19. 3,20,59. 4,31,1. Nb 85,9. 96,14 [73,25. 83,15]. Np 49,7; *in bruchstückhafter Überlieferung:* o *suassima nunna* sag ic thir .. MGh Carm. Cant. S. 76,4 (*vgl. Kögel, Lit.-Gesch. I,2,137*); *erw. mit Adv. zur Angabe der Art u. Weise:* ther (*reuige Sünder*) ist (ih sagen thir ubarlut) selben druhtines drut O 1,24,20; *ferner:* 3,20,159; *auch in Verbindung mit Beteuerungsformeln* ((uuâr) uuâr, in uuâr(a) (mîn), zi uuâre, in alauuâr, giuuaro, giuuisso, zisperi)*, bei* F *u.* T *nach lat. Vorbild (amen dico tibi/vobis):* uuar iu (*den törichten Jungfrauen*) sagem ni uuez ih iu *amen dico vobis, nescio vos* F 20,20. uuar sagen ih iu, ir gisehet himil offanan *amen amen dico vobis, videbitis caelum apertum* T 17,7. zi hiu giengut ir uz gisehan? uuizagon? zisperi sagen ih iu meron thanne uuizagon *quid existis videre? prophetam? utique dico vobis et plus quam prophetam*

64,6. uuar uuar sagen ih thir, nibi uuer abur giboran uuerde, ni mag her gisehan gotes rihhi *amen amen dico tibi, nisi quis natus fuerit denuo, non potest videre regnum dei* 119,2. ih sagen thir in war min, si (*Maria*) ni mohta inberan sin (*Josef*) in fluhti joh in zuhti O 1,8,3. wolaga elilenti, ... thu bist harto filu suar, thaz sagen ih thir in alawar 18,26. interent iz ouh filu fram alle these koufman ..., thaz sagen ih iu in wara 2,11,26. giwisso, ih sagen iu in alawar ... : ni eigut ir merun guati, thanne thiz heroti [*vgl. amen quippe dico vobis, Matth. 5,18*] 18,5. giwisso ih sagen iu, thie steina werdent noh zi thiu, thaz sie sint so unthrate, hiar liggent al zisate [*vgl. amen dico vobis, non relinquetur hic lapis super lapidem, qui non destruatur, Matth. 24,2*] 4,7,3. ih sagen iu giwaro, ih scal iu iz zellen ubar al ...: ... mih thio dati ruartun, thar ir iz datut lieben then bruaderon minen [*vgl. amen dico vobis, quamdiu fecistis uni ex his fratribus meis minimis, mihi fecistis, Matth. 25,40*] 5,20,91; *ferner:* 2,11,7. 12,29. 20,14. 23,23. 24,2. 3,18,61. 4,12,25. 16,27. 18,17. 23. 20,39. 5,11,6. 15,38; *für amen dicere:* F 18,24. 21,9. T 27,3. 33,2. 44,27. 47,6. 121,3; *für amen amen dicere:* 119,3; *für verumtamen dicere:* 65,3. 5;

β) *mit Nebensatz (bei* F *u.* T *direkte (indirekte?) Rede mit einleitender Konj. nach lat. Vorbild; zu spätlat. quia als Einleitung direkter Rede in der Bibel vgl. Stotz, Hb. z. lat. Sprache 4,403f. § 110):*

mit (korrelat. Pron. im Akk. u.) thaz-*Satz:* dat sagetun mi usere liuti ... dat Hiltibrant hætti min fater S 2,15. der man ... sagata den Iudeon daz der heilant uuas der dar teta inan heilan *ille homo ... nuntiavit Iudaeis quia Ihesus esset qui fecit eum sanum* T 88,5. saget minen bruoderon thaz gangen in Galileam *nuntiate fratribus meis ut eant in Galilaeam* 223,3. theru muater sageta er ouh tho thaz, theiz allaz sines fater was O 2,3,32. (*Maria*) sageta in (*den Jüngern*) tho, thaz sinan (*l.* si inan, *sc. Jesus*) sah, joh wort, thiu er zi iru sprah [*vgl. venit Maria ... nuncians discipulis: quia vidi dominum, et haec dixit mihi, Joh. 20,18*] 5,7,66 (*zum zweiten Teil des Konjunkts vgl.* lα). to sageta in (*Virtus u. Merkur*) Fama . daz er (*Apollo*) ze Parnaso uuare *tandem Fama . s. dea nuntiante cognoscunt . quod Phoebo gaudet Parnasia rupes* Nc 703,16 [18,18]. do Ziphei chamen . unde Sauli sageton . daz Dauid dar bi in geborgen uuas *cum venerunt Ziphei et dixerunt ad Saul . nonne ecce David absconditus est apud nos* Np 53,2; *ferner:* S 6,42. O 2,7,61. 5,13,11. Np 63,9; – *mit* sagên *in der 1. Sing. Praes. innerhalb einer direkten Rede, um dem Gesagten Nachdruck zu verleihen:* ih saghem dhir dhazs druhtin dhir ist huus zimbrendi *adnuntio tibi quod aedificaturus sit domum tibi dominus* I 37,8. ih sagem iu auh daz mero ist hear danne tempel *dico autem vobis quia templo maior est hic* F 4,13, *z. gl. St.* T 68,5. ih sagem auh iu daz allero uuorto unbidarbero diu man sprehhant redea sculun dhes argeban *dico autem vobis, quoniam omne verbum otiosum quod locuti fuerint homines, reddent rationem de eo* F 6,21. ih sago dir daz ouh tannanuz ein affirmatio alde ein negatio neuuirdet *dico etiam non fieri unam affirmationem vel negationem* Ni 549,4 [61,11]. dar zuo sagon ih iu, daz ih ze siner fruintschefte niene quam ullis praecedentibus meritis [*vgl. hoc super adicio, ... praecedens meritum non hunc mihi fecit amicum, Expos.*] W 97,6 [177,18]; *ferner:* F 11,18 (*dicere*). O 4,16,47; *auch in Verbindung mit Beteuerungsformeln* (uuâr, giuuisso), *bei* F *u.* T *nach lat. Vorbild* (*amen dico tibi/vobis*)*:* uuar iu sagem daz diz manchunni ni zaferit *amen dico vobis, quia non praeteribit haec generatio* F 19,16. iuo buah ... weizent, thaz man ouh gota heizent; giwisso sagen ih iz iu, thaz man sie nennit thar zi thiu O 3,22,50; *ferner:* T 35,1 (*amen dicere*); – *bei abstr. Subj.:* uns saget diu heilige schrift, daz daz unmugelich sie, daz iemen dem almahtigen got wol *m*uge geuallen âne den rehten gelouben S 345,1;

mit (bithiu) [h]uuanta-*Satz:* quam Maria Magdalenę, sageta then iungoron: bidiu uuanta ih gisah trohtinan *venit Maria Magdalenae annuntians discipulis: quia vidi dominum* T 223,1; – *mit* sagên *in der 1. Sing. Praes. innerhalb einer direkten Rede, um dem Gesagten Nachdruck zu verleihen, in Verbindung mit Beteuerungsformeln* ((uuâr) uuâr)*:* uuar uuar sagen ih thir, uuanta thaz uuir uuizzumes thaz sprehhemes *amen amen dico tibi, quia quod scimus loquimur* T 119,6; *ferner:* 123,6 (*amen dicere*);

mit indirektem Fragesatz: ibu Christ got nist, sagheen nu dhea unchilaubun uns, zi huuemu got uuari sprehhendi in Genesi *si Christus deus non est, dicant nobis, quem sit affatus deus in Genesi* I 7,11 = F 34,23. ih sagen thir, wer thaz lioht ist O 2,2,15 (*im Übergang zum Rel.-Satz, vgl. Wunder S. 300*). nu saget uns in thrati, wer avur thiz dati ...? 3,20,85. sage uns, meistar, thanne, wio thiu zit gigange; zeichan wio thu queman scalt, joh wio thiu worolt ouh zigat [*vgl. dic nobis, quando haec erunt? et quod signum adventus tui et consummationis saeculi? Matth. 24,3*] 4,7,7 (*zum zweiten Teil des Konjunkts* zeichan, wio ... zigat *vgl.* lβ). so medicus infirmo saget . mit uuiu er genesen sol Nb 238,4 [190,15]. ziu daz si . des ih frageta ... pito ih taz tu mir sageest . unde mih is errihtest *quaeso itaque hinc decernas . et edisseras* 272,5 [211,15]. so si (*Prudentia*) sia (*ihre Tochter Philologia*) gesah ... sageta si iro . uuaz si uuarnungo gemachot habeta *quam cum virgo conspiceret ... praeparatorum boematum . i. auxiliorum . consciam fecit* Nc 785,10 [102,16]. frage dinen uater unde dine forderen . sie sagent tir . uuanne got gentes skied *interroga patrem tuum . et adnuntiabit tibi . maiores tuos . et dicent tibi . quando dividebat altissimus gentes* NpNpw Cant. Deut. 8 (*lat.* 7). sie (*die Apostel*) sagent in (*den Völkern*) . unz uuara sie recchen suln . unde uuar sie iruuinden suln Np 73,17. sage mir, uuine min, uua du dine scaf ueeidenes *indica mihi, quem diligit anima mea, ubi pascas* [*Cant. 1,6*] W 13,1 [53,6]. nu sage uns ouh, uuelich er (*Christus*) si in natura humanitatis [*vgl. nunc etiam qualis sub nostrae tegmine carnis a te credatur nobis quoque pande precamur, Expos.*] 86,6 [161,10]; *ferner:* O 4,21,35. W 98,5. 100,4 [177,33. 181,7]; O 3,20,43 *vgl.* α;

mit relativem [h]uuio-*Satz:* danne lero ih unrehte dine uuega . unde sago in uuieo du . mir iniquo gnadetost Np 50,15 (Npw *vgl.* aβ). er (*Christus*) saget in uuieo diues purpuratus uuard sepultus in inferno 72,10; *mit* sagên *in der 1. Sing. Praes. innerhalb einer direkten Rede, um dem Gesagten Nachdruck zu verleihen:* sagen ih iu, guate man, wio ir nan (*den neugeborenen Gottessohn*) sculut findan O 1,12,17; *ferner:* 9,37; – *erw. mit Präp.verb. zur Angabe der Art u. Weise:* (*Christus*) selbo in (*den Jüngern*) sageta ubar al (*'in jeder Hinsicht'*), wio egislih iz (*das Jüngste Gericht*) wesan scal O 5,20,4;

mit (korrelat. Pron. u.) Rel.-Satz: get inti saget Iohanne thaz ir gisahut inti gihortut *euntes nuntiate Iohanni quae vidistis et audistis* T 64,3. giwisso saget mir iz al, thes iuih eiscon hiar nu scal O 3,12,6. habest tu mir gesaget . taz mir erbore (*l.* êr bore) unchunt neuuas *dixisti mihi ea ... non tamen antehac prorsus ignorata* Nb 227,10 [183,11]; *in unvollständiger Übers.*: daz selba .. *daz* einer eocouuelicher .. prinkit cote .. sakee .. *hoc ipsut tamen, quod unusquisque quod offeret deo, abbati suo suggerat* S 257,20;

hierher auch, Glossen: sagen [(*für verurteilte Kleriker*) *oportet ad maius episcoporum converti concilium, et quae putaverint habere iusta, plurimis episcopis*] *suggerant* [*Conc. Ant. XC p. 126*] Gl 2,111,59 (*nach Gl.-Wortsch. 8,63 1 Hs. noch Gl. adnuntiare*). sagata [*dominus ... in paradiso condito homini atque in libero arbitrio stanti, quid facere, quidve non facere deberet,*] *indixit* [*Greg., Cura 3,28 p. 82*] 174,49; *hierher, in interpretierender, verdeutlichender Übers.* (?): ni (*fehlt in 1 Hs.*) segitun [(*prophetae*) *quibus revelatum est quia*] *non* [*sibimetipsis, vobis autem*] *ministrabant* [*ea, quae nunc nunciata sunt vobis, 1. Pet. 1,12*] 1,788,14 (*1 Hs.* thionôn, *das als Vok.-Übers. einzustufen ist, vgl. Ahd. Wb. 2,531*);

γ) *mit Akk. m. Inf.*: dannan sagetost tv mir ze gebo (*'zum inneren Trost', vgl. Ahd. Wb. 4,133 s. v.* geba 1g) neheinen uuesen beatvm . âne der samint imo got ist *ex quo neminem beatum fore . nisi qui pariter deus esset . quasi munusculum dabas* Nb 218,12/13 [177,1]. aber Uirtus ... sageta imo (*Merkur*) ... sia (*Psyche*) ... in des skiezenten . unde fliegenten gotes keuualt Cupidinis . fasto uuesen fone imo gebundena *sed eam* (*Psychen*) *Virtus ... nuntiavit . in potentia faretrati volitantisque superi . de sua societate correptam captivamque adamantinis nexibus a Cupidine detineri* Nc 700,16 [15,7]. truhten ... uuis mit mir ... vnz ih in (*den künftigen Generationen*) sage . nullas meas uires . nullam iustitiam meam . sed potentiam tuam et iustitiam tuam [*vgl. dicam hoc omni generationi superventurae, Aug., En.*] Np 70,19 (*wohl mit erspartem esse, vgl.* mine chrefte neheine sin min reht noh einiz nube dinin geuualt unde din reht Npgl). ih sago in (*den künftigen Generationen*) . potentiam tuam et iustitiam gereichen hinauf . ze dien hohesten dingen ebda.; *ferner:* Nc 703,17 (*perhibere*). 705,29 [18,19. 21,10]; – *hierher wohl auch, Glosse, im Passiv:* kisegit [(*der Bauer*), *cui ipsum* (*der heilige Konstantin*) *esse dum a pluribus fuisset*] *assertum* (*Hs. adstructum*) [, *despexit et coepit irridere, Greg., Dial. 1,5 p. 176*] Gl 2,260,5;

k) *mit Dat. d. Pers. u. pronom. Akk./Gen.* (*auch mit relativem Adv. u. Ersparung des Pron.*) *zur Bezugnahme auf einen* (*bereits bekannten oder noch nicht bekannten*) *Redeinhalt:*

α) *mit pronom. Akk.* (*im Passiv mit pronom. Nom.*)*:* uuanda uuiste *ih daz* iz dir fruma neuuare daz ih dir sage *so ne*maneta ih d*ih* S 158,5b,15. ih bim Gabriel ... inti bim gisentit zi thir thisu thir (*Zacharias*) sagen *ego sum Gabriel ... et missus sum ad te haec tibi evangelizare* T 2,9 (*vgl.* 4), *z. gl. St.* sant er mih fon himile, thiz selba thir zi saganne O 1,4,63. uuar ist thaz ih iu sagen: sie intphiengun iro mieta *amen dico vobis: receperunt mercedem suam* T 34,1. in mines fater huse manago selida sint: oba sihvvuo min, thanne sageti ih iz iu *in domo patris mei mansiones multae sunt: si quo minus, dixissem vobis* 162,1. mittiu sio tho thana giengun, sagetun thisiu alliu then einliuin vvuofenten inti riozenten *quae cum abissent, nuntiaverunt haec omnia illis undecim lugentibus et flentibus* 223,4. hugi, weih (*l.* waz ih, *d. h. der Autor*) thir sageti, ni wis zi dumpmuati O 1,3,29. thinu wort nu zelitun, thaz man thir êr ni sagetun 2,14,56. (*die Samariterin*) ilta in thia burg in zen liutin, sageta thiz al in [*vgl. mulier ... abiit in civitatem et dicit illis hominibus, Joh. 4,28*] 86. sprichis sulih thu fon thir, odo andere iz thir sagetun joh thir fon mir iz zelitun? [*vgl. respondit Iesus: a temetipso hoc dicis, an alii dixerunt tibi de me? Joh. 18,34*] 4,21,8. ni weistu, waz ih sagen thir, thaz steit thaz thinaz enti in mines selbes henti? 23,35 (*zum* thaz-*Satz als Objekt zu* uuizzan *vgl.* thaz C I 1a, *Ahd. Wb. 2,325*). tar neuualtesot nehein manegi nieht . so iz iu fuor ze Athenis ... Lis Orosium . er saget tir iz. Nube ein herro ist tar . unde ein chuning *sed eis kirios estin . eis basileius* Nb 41,16 [33,20] (*vgl. auch* jα). also (*sc. wie die Lehrer der Geometrie*) gibo ih (*Philologia*) tir (*Boethius*) ze gesuoche . daz ih tir nu ungefraget sago 189,28 [159,3]. kitege menniscen unde freche die ... in ubel cherent daz man in guotes saget NpNpw 136,2. qvęcvmqve locvtvs est nobis devs noster . faciemvs et avdiemvs (so uuaz unser got uns kesaget habet daz . tuoen uuir . unde loseen is) Npgl 77,9. fraga dinen uater, er chundit iz dir: unde dine alteren si sagent iz dir Npw Cant. Ez. 19 (Np *dicere*); *ferner:* O 1,15,28. 3,22,15. 52. 4,6,20. 15,9. 16,46. 18,38. Nb 258,6 [202,29] (*dicere*). NpNpw Cant. Deut. 1; *erw. mit Adv. zur Angabe der Art u. Weise:* bistu Krist guato? sage uns iz gimuato O 1,27,15. harto sageta er (*Gott*) imo (*Adam*) thaz (*daß er den Apfel nicht essen dürfe*) 2,6,5; – *mit* sagên *in der 1. Sing. Praes. innerhalb einer direkten Rede, um dem Gesagten Nachdruck zu verleihen:* er (*Christus*) habet thar, ih sagen thir thaz, thing filu hebigaz O 1,15,40. wig was ofto manegaz joh filu managfaltaz: ni sah man io, ih sagen thir thaz, thesemo gilichaz 20,22. so Petrus thaz tho gisah, ... gruazta baldo (ih sagen thir thaz) then meistar, so er giwon was 3,8,32. wiht ..., sagen ih iu thaz, ni nemet scazzes umbi thaz 14,99; *ferner:* 2,16,3. 18,24. 22,30. 3,4,17. 24,93. 4,13,7. 19,29. 5,1,37. 20,16; *auch in Verbindung mit Beteuerungsformeln* (in uuâr(a) (mîn), zi uuâre, zi uuâru, in alauuâr, giuuaro, giuuisso), *vgl. auch* lβ*:* ce uuare shagehn (sagen, *Steinm.*) ihkzes (ik ez, *Steinm.*) ihuu shie praken inen (*Georg*) encenuui (en ceniu, *Steinm.*) S 96,33. want er (*Jesus*) sin selbes (*Gottes*) kind ist: thaz imo alliebesten ist (giwisso sagen ih iu thaz), thaz gibit er imo allaz alangaz O 2,13,34. thaz spentot druhtin hiare, thaz sagen ih thir zi ware 3,7,41. sie brahtun ummahti joh ellu krumbu wihti, ouh horngibruader suare, thaz sagen ih thir zi ware 9,6. hiar stantent sume untar iu (giwisso sagen ih iz iu), thie tothes ni koront [*vgl. amen dico vobis, sunt quidam de hic stantibus, qui non gustabunt mortem, Matth. 16,28*] 13,39. thar (*in den Evangelien*) mahtu ana findan, wio er ouh einan gomman irquicta in theru baru, thaz sagen ih thir zi waru 14,6. so heilte se alle druhtin sar, thaz sagen ih thir in alawar 77. suntar ward iz (*die Krankheit*) bi thiu (giwisso sagen ih iz iu), thaz wurti in imo thuruh thaz gotes werk io scinaz 20,11. sunta filu suaro, thaz sagen ih thir giwaro, ni liazun se unsih frowon 21,9. erist ahtun sie sin, thaz sagen ih thir in war min, fiangun tho mit nide zi selb druhtine Oh 99. ze uuare sage ih iu iz: si inphiengen ire lon hie Npw 118 E,37 (Np *amen dicere*); *ferner:* O 1,17,67. 2,19,9. 22,16. 42. 24,4. 3,4,38. 7,48. 11,2. 15,50. 23,54. 24,66. 4,6,26. 35,14. 5,25,22. Oh 26. Ol 44. 62; *bei Otfrid auch in der Verbindung* (giuuisso) ein/einaz sagên*:* sagen ih thir einaz: thaz selba kind thinaz heizzit iz scono gotes sun frono O 1,5,45. gang thesan weg, ih sagen thir ein, er gileitit thih heim 18,44. ther gomo, then ir ... namahafto nantut, ni bin ih ther; ih sagen iu ein: bi jaron quimit er iu heim 27,28. wir wizun, sagen wir iu ein, thes nist lougna nihein, sulih so wir warun, thaz wir nan blintan barun 3,20,89. wir duemes thaz (*sc. das Kreuzzeichen schlagen*), ih sagen thir ein, mit unsen fingoron zuein 5,2,7. giwisso sagen ih thir ein: sie zaltun sar tho thesen zuein, thaz inan (*den auferstandenen Christus*) Petrus gisah 10,33; *ferner:* 1,3,9. 2,2,11. 20,7. 3,12,32. 4,4,7. 33,32. 5,19,62. 23,261. Oh 72. 130. 133; – *erw. mit Adv.* bifora*:* senu ih sagetaz iu bifora *ecce praedixi vobis* T 145,17. thar (*in Galiläa*) gisehet ir inan: senu bifora sagata her iz iu *ibi eum videbitis: ecce praedixit vobis* 218,5; – *bei abstr. Subj.:* thaz Kristes wort uns sagetun joh druta sine uns zelitun, bifora lazu ih iz al O 1,1,51. strepitus mundi netuo mir unstilli . nube ih muozze fernemen . uuaz spiritus sanctus mir sage Np 84,9 (*vgl. auch* 10); – *im Passiv mit* fona + *Dat. d. Pers. zur Angabe des Sprechers, erw. mit* zi + *abstr. Dat. zur Angabe der Art u. Weise:* uuaz uuanest tu nu dero sarfi des chuninges ... mugen ze geloubo gesaget uuerden? *quid videtur posse astrui . huic severitati?* Nb 28,28/29 [23,23];

β) *mit pronom. Gen.:* Simon, hug es ubar al, thes ih thir nu sagen scal O 4,13,13 (*zu dem an den zu erwartenden Kasus des übergeordneten Satzes angelehnten Gen. des Rel.-Pron. statt Akk. vgl. Wunder S. 351 f.*);

γ) *mit relativem Adv.* alsŏ/sô/sôsô/[h]uuio *u. Ersparung eines pronom. Akk.:* zi theru burgi faret hinana, ir findet, so ih iu sageta, kind niwiboranaz O 1,12,19. in then alteri er (*Abraham*) nan (*Isaak*) legita, so druhtin imo sageta 2,9,47. er quad, er muas habeti, sos er in thar tho sageti, mit suazlichen gilustin 14,97. laz thir in muat thin, thie thar bezirun sin: so bistu (so ih thir sagen scal) gotes drut ubar al Oh 124. daranah tahta si . daz si gehien solta ze Cyllenio . also iro Fama sageta Nc 771,29 [88,10]; – *erw. mit Adv.* êr*:* thaz zeichan (*den Judaskuß*) tho firnamun, thie thara mit imo (*Judas*) quamun, joh iagilih tho hogeta, wio er in êr sageta O 4,16,54;

l) *mit Dat. d. Pers. u. abstr. Akk.* (*vgl. auch* 12):

α) *mit abstr. Akk. zur Angabe einer Äußerungsform:* sprah ther gotes boto tho, ... was er mo avur sagenti thaz selba arunti: ih bin ... [*vgl. et respondens angelus dixit ei, Luc. 1,19*] O 1,4,58. so sago ih tir daz spel ... daz mih lerta diu Satyra *explicabo tibi fabellam ... quam edocuit Satyra* Nc 692,19 [6,16/17] (*zu* spel *'Mythos (als Textgattung), Mythenüberlieferung', vgl. Glauch, Mart. Capella S. 315*). vnrehte sageton mir adoleschias . id est exercitationes delectabiles uerbi *narraverunt mihi iniqui fabulationes* NpNpw 118 L,85. die (*Fesseln*) uuerdent ana gileget den fursten in dera christenheite fone den die dei zuiuuassen suert habent, so si in sagent die harten urteile Npw 149,8 (Np so sie sagent *s.* bγ); O 5,7,66 *vgl.* jβ; *Glossen:* sageta [*cumque*] *retulisset* (*Hs. retulimus*) [*Moyses verba populi ad dominum, Ex. 19,8*] Gl 1,338,8. sagen [*possum multa tibi veterum praecepta*] *referre* [*Verg., G. I,176*] 2,627,39. saget [*quomodo largitori gratias*] *refert* (*Hs. refer&*) [*de venia quam accepit? Greg., Mor. in Job. 4,36, PL 75,678B*] Glaser, Griffelgl. S. 281,257; – *mit* sagên *in der 1. Sing. Praes. innerhalb einer direkten Rede, um dem Gesagten Nachdruck zu verleihen:* ih scal thir sagen, thiarna, racha filu dougna, salida ist in ewu mit thineru selu O 1,5,43. ih scal iu sagen imbot 12,9; *auch in Verbindung mit der Beteuerungsformel* in uuâra*:* ih sagen thir ... in wara racha seltsana [*vgl. respondit Iesus et dixit ei: amen, amen dico tibi, Joh. 3,3*] 2,12,15;

β) *mit abstr. (auch pronom.) Akk. zur Angabe eines Sachverhalts:* thes wibes erista kind (ih scal iu sagen wuntar): iz was gotes suntar O 1,14,22. (*Maria zu Jesus:*) ih scal thir sagen, min kind, then hion filu hebig thing ...: thes wines ist in bresta 2,8,13. thisu dat ubar al, thia ih iu hiar nu sagen scal 3,22,4. do frageta er (*der Lieblingsjünger*) dio tati ioh daz anarati bat er (*Jesus*) in iz (*den Verrat*) sageti 12,36 (*PV* gisagên). wio harto er (*der auferstandene Christus*) thie (*Jünger*) gifrewita joh guatilih in sageta! 5,4,4. miniu uuerch sago ih demo chuninge *dico ego opera mea regi* NpNpw 44,2, *ähnl.* Npgl ebda. (Np *opera sua regi dicere*). mine uuega . daz chit mine sunda sageta ih dir . dero iah ih dir *vias meas . s. malas . enuntiavi* 118 D,26. lętatus sum in his quę *dicta* sunt mihi in domum domini ibimus (an den dingen div mir gesaget sint in daz gotes varin wir) NpXgl 118 Cant. grad. (= *S.* X,9*;* Np *dicta; oder zu* α (*?*), *vgl. das der Fügung folgende Zitat*). ir fragetot mih, uuelich ter uuare dilectus meo ex dilecto ..., do sageta ih iu sine qualitatem bediu in diuinitate ioh in humanitate W 97,5 [177,15] (*vgl.* 3. 5); *ferner:* O 4,4,12; O 4,7,7 *vgl.* jβ; *Glossen:* sagen [(*die Seelsorger*) *tales autem sese ... exhibeant, quibus subiecti occulta quoque sua*] *prodere* [*non erubescant, Greg., Cura 2,5 p. 19*] Gl 2,221,67. gisegitiu [*opinata res est valde, et seniorum nostrorum nobis relatione*] *tradita* [*ders., Hom. II,23 p. 1539*] 298,21; – *bes.* uuâr *'die Wahrheit'; bei* T *nach lat. Vorbild* (*amen dico vobis*)*; vgl. auch die Beteuerungsformeln mit* uuâr, uuâra *unter* lα)*; das, worin die Wahrheit besteht, kann im Folgenden genannt werden:* ih sagen iu uuar: ni gientot ir Israhelo burgi, êr thanne quimit thie mannes sun *amen enim dico vobis: non consummabitis civitates Israhel, donec veniat filius hominis* T 44,15. thia gilouba, ih sagen thir war, thia laz ih themo, iz lisit thar O 1,19,25. oba ih iu sagen hiar thaz war, bi hiu ni giloubet ir mir sar? [*vgl. si veritatem dico vobis, quare non creditis mihi? Joh. 8,46*] 3,18,5. riatun tho ginuagi, wio man nan irsluagi, giwisso sagen ih thir war: thaz irfultun se sar Oh 102. lono in nah iro uuerchen . daz sie mit luginen chamen . do man in uuarheit sageta NpNpw 27,4; *ferner:* T 25,5 (*amen dicere*); – *hierher auch, mit Ersparung eines pronom. Akk. zur Bezugnahme auf einen Sachverhalt:* gibot her in tho thaz sie niheinagamo ni sagatin (*sc. die Heilung des Taubstummen*) *praecepit illis ne cui dicerent* T 86,2. allo wihi in worolti, thir gotes boto sageti, sie quement so gimeinit ubar thin houbit! O 1,6,13 (*zum Rel.-Satz ohne Pron. vgl. Erdm. S. 358*);

γ) *mit pronom. Akk. zur Angabe der Menge:* mit thiu thie postoli quamun zi themo heilante, sagetun imo ellu so uuelihhu sie tatun inti lertun *et cum venissent apostoli ad Ihesum, nuntiaverunt illi omnia quaecumque fecerant et docuerant* T 66,1; *ferner:* F 12,16 (*narrare*). T 99,4 (*narrare*). 222,1 (*nuntiare*);

m) (*statt Dat. d. Pers.*) *mit* fora + *Dat. d. Pers. u. abstr. Akk. zur Angabe eines Sachverhalts:* mina arbeit sago ih fore imo *tribulationem meam ante ipsum pronuntio* NpNpw 141,3;

n) *mit Dat. d. Pers., pronom. Akk.* (*auch mit relativem Adv. u. Ersparung des Pron.*) *u. Adv. zur Bezugnahme auf einen Text oder eine Stelle in einem Text:*

α) *mit pronom. Akk.:* so thes thrittan tages sar suuard (*l.* so uuard) thiz thaz ih thir sagen thar O 2,8,2 (*PV* thaz ih sagen thar *s.* eα);

β) *mit relativem Adv.* sô *u. Ersparung eines pronom. Akk.:* habeta si nu in war min ... minna mihilo ubar al, so ih thir hiar nu sagen scal O 5,7,5;

o) *mit Dat. d. Pers., abstr. Akk. zur Angabe eines Sachverhalts u. Adv. zur Bezugnahme auf eine Stelle in einem Text:* er selbo saget uns darana (*sc. in diesem Psalm*) sina passionem . mit dero uuir uuurden redempti [*vgl.* (*dominus salvator*) *qui in hoc psalmo suam narraturus est passionem, Cass.*] Np 68,1 (*oder zu* 4?);

p) *mit Dat. d. Pers., abstr. Akk. u.* fona + *Dat. d. Pers. zur Angabe desjenigen, über den etw. gesagt wird:*

α) *mit abstr.* (*auch pronom.*) *Akk. zur Angabe einer Äußerungsform:* sageta er tho then liobon fon then zehen thiornon bilidi biquami O 4,7,63 (*hierher bei Auffassung von* bilidi *als 'Gleichnis'; oder als 'Beispiel', dann zu* β). nu uernemet diu mare, die ih iu uone imo (*meinem Bräutigam*) sagon W 87,4 [161,31];

β) *mit abstr. Akk. zur Angabe eines Sachverhalts:* ze demo (*einem Menschen, der uns widerwärtig ist*) mag man unsih lucchen . ube man uns so manige tugede beginnet fone imo sagen Nb 123,17 [106,18];

q) *etw. gegen jmdn. sagen, Glosse:* zi saganne sint [*districte itaque contra illos* (*die notorischen Sünder*) *divinae sententiae*] *proferendae sunt* [*, ut ad cognitationem sui considerata aeterna animadversione revocentur, Greg., Cura 3,13 p. 52*] Gl 2,169,53;

r) *mit* (*Modal-*)*Adv./Präp.verb. zur Angabe der Art u. Weise, in der etw. gesagt wird, u. satzförmiger Ergänzung/pronom. Akk.:*

α) *mit Modaladv.* sô/sus *u. Nebensatz/pronom. Akk.:*

mit thaz-*Satz:* so sagant, daz so si Vuirziburgo marcha vnte Heitingesueldono S 116,62; *hierher auch* (?), *in bruchstückhafter Überlieferung:* sus sagit .. *daz unser* herro Ihe*sus Christus tiuval*suhtigin *unte der uuaz* pediv *stum unte plint* [*vgl. erat, inquit evangelista, Ihesus eiciens daemonium et illud erat mutum, BH, Hellgardt, Pred. S. 101*] 174,3d,18 (*vgl.* Hellgardt, Pred. S. 61);

mit pronom. Akk.: daz uuissa ih fore . gagen des iz uuas . taz tu so sagen soltist *id te dicturam paulo ante prospexi* Nb 214,9 [174,14]. so gnoto choretost du min . unde so luter uuard ih funden . daz ih iz so nesage . du uueist iz *ut non loquatur os meum* NpNpw 16,4;

β) *mit anderen* (*auch lat. oder gr.-lat.*) *Adverben oder Präp.verb. u. satzförmiger Ergänzung/pronom. Akk.:*

einezzên sagên *im einzelnen, im besonderen sagen* (*Gegensatz* gimeinlîhho sagên), *mit Ersparung des korrelat. Pron. im Akk., zur Ankündigung einer Aussage:* einzen zesagenne . ist iruuerden uuideruuartig perenne *his autem quae per singula sunt . generationi quidem corruptio . augmento autem diminutio* Nk 493,6 [140,9/10];

emphaticos sagên *mit großem Nachdruck sagen, im Passiv mit pronom. Nom.:* tiz ist secundum rhetoricam emphaticos kesaget . taz chit michellicho . latine chit iz exaggeratiue Nc 748,11 [63,15];

mit exemplo sagên *mit einem Beispiel sagen, mit Ersparung des pronom. Akk., in eine Aussage eingeschoben:* tirro iogelih uuirdet ingagen stellet . mit exemplo zesagenne . so relatiua tuont . so zuiualt ist temo halblih *opponitur autem unumquodque istorum . ut sit figuratim dicere . ut relativa . ut duplum dimidio* Nk 469,2 [114,3];

gimeinlîhho sagên *allgemein sagen* (*Gegensatz* einezzên sagên), *mit Ersparung des korrelat. Pron. im Akk., zur Ankündigung einer Aussage:* kemeinlicho zesagenne . ist stilli uuago uuideruuartig *est autem simpliciter quidem motui quies contrarium* Nk 493,3 [140,6];

offano/offanlîhho/zi offanî/zi offan sagên *offen, klar, in Deutlichkeit sagen: im Passiv mit relativem* [h]uuio-*Satz als Subj., erw. mit Adv.* thâr *zur Bezugnahme auf eine Stelle in einem Text:* dhar (*in der Schrift des Propheten Daniel*) ist auh offanliihhost chisaghet, huueo dhero Iudeo quhalm after Christes chiburdi ... quheman scoldi *post adventum eius ... futura Iudaeorum excidia ibi certissime manifestantur* I 25,16; – *mit Ersparung des korrelat. Pron. im Akk., in eine Aussage eingeschoben:* aber offeno zesagenne . ube iro neuueder . ringis notmez nehabit . so neheizet ouh neuueder mer ring . danne daz ander *simpliciter autem . si utraque non recipiunt huius propositi . i. circuli rationem . non dicetur alterum altero magis* Nk 464,21 [109,14]; – *Glosse:* zi ophani (*1 Hs.* zi offan, *2 Hss.* offanlîhho) sageta [(*Isaias*) *ita enim universa Christi ecclesiaeque mysteria*] *ad liquidum prosecutus est* (*3 Hss. per-*) [*, ut non eum putes de futuro vaticinari, sed de praeteritis historiam texere, Is., Prol. p. XXI*] Gl 1,592,29 (*2 Hss.* zi offanî gisagên);

in praeterito sagên *in der Vergangenheitsform sagen, mit korrelat. Pron. im Akk. u. Rel.-Satz, bei abstr. Subj.:* daz noh do futurum uuas . daz saget propheticus spiritus in preterito [*vgl. beatus Zacharias quod proxime faciendum cognoverat spiritu, prophetico more quasi iam factum narrat, Sg*] Np Cant. Zach. 68 (Npw daz sagete der uuissage *s.* aβ);

rehtor sagên *besser sagen, mit korrelat. Pron. im Akk. u. direkter Rede:* ih uuile iz rehtor sagen . der liut ist salig . der got ze herren habet NpNpw 143,15; – *mit Ersparung des korrelat. Pron. im Akk., in eine Aussage eingeschoben:* alde ioh rehtor zesagenne . so diu oppositio anaist tero predicationi . so ist io daz sunderigo lugi . taz sament uuar uuas Ni 557,21 [71,17];

slehto sagên *auf einfache Weise sagen, mit Ersparung des korrelat. Pron. im Akk., zur Ankündigung einer Aussage:* sament sint slehto zesagenne . diu sament uuorteniu sint *simpliciter simul sunt . quorum generatio in eodem est tempore* Nk 491,4 [137,26];

specialiter sagên *auf besondere Weise sagen, mit Ersparung des korrelat. Pron. im Akk., in eine Aussage eingeschoben:* substantia ist specialiter zesagenne . mennisco unde ros *est autem substantia quidem ut figuraliter dicatur homo equus* Nk 377,30/378,1 [17,8];

ungilîhho sagên *auf unterschiedliche Weise sagen, mit indirektem Fragesatz:* man saget aber ungelicho uuaz sie (*der lebende u. der gemalte Mensch*) sin . demo namen uolgendo . der sie genammen machot *ratio vero substantiae diversa secundum nomen* Nk 367,13 [3,14];

zi uuâre/uuârlîhhĕn sagên *der Wahrheit gemäß sagen, mit Ersparung des korrelat. Pron. im Akk., zur Ankündigung einer Aussage:* zi vuare (*1 Hs.* werlichen) sage (*1 Hs. noch* ich) [*ut*] *verum* (*Hss. vere*) *fatear* (*3 Hss. -eor*) [, *usque ad praesentem diem magis possum sermonem Chaldaicum legere et intelligere, quam sonare, Dan., Prol.*] Gl 1,657,31 (*2 Hss.* gisagên);

hierher auch, Glosse: gisaget uuerdent [*bene autem alia quinque (Talente), vel alia duo in lucrum venisse*] *referuntur* [*Greg., Hom. I,9 p. 1464*] Gl 2,280,70;

s) *mit Dat. d. Pers., Adv.* sus (+ *Vergleichssatz*) *u. lat. acc. c. inf.* (*vgl. auch* q)*:* vbe ih tahta . sus sago ih anderen . so ih iz irchunnet habo . deum non curare humana . iniquos maximę felices esse *si dicebam narrabo sic* Np 72,15;

t) *in abs. Gebrauch, in Verbindung mit einem weiteren Verb des Sagens + indirekter Rede:* scalca liofun ingegin imo inti sagetun sus quedanti, thaz sin sun lebeti *servi occurrerunt ei et nuntiaverunt dicentes, quia filius eius viveret* T 55,6;

u) *nur mit Dat. d. Pers.:* (*die Frauen, die gekommen waren um Jesu Leichnam zu salben*) fuorun uz ... loufente sagen sinen iungoron *exierunt ... currentes nunciare discipulis eius* T 219,1 = T Fragm. S. 291,4 (*'um seinen Jüngern zu berichten'*); *ferner:* NpNpw 49,7 (*testificari*); – *Glossen:* sagen hiu. rah*hon referebam vobis* [*zu: deo gratias*] *referebam* [, *quia eruit me de inquinamento mundi huius, Vitae patr. 578b,34*] Gl 2,734,55 (*vgl.* l). sage mir *indica mih* (*l. mihi?*) 3,12,24; *hierher auch* (*?*), *Glosse ohne erkennbare Rektion:* sagen [*aliqua infirmari credo, aliqua firmari, quod non debeat, cum iam in dubium ipsi canones venerint. Ergo ut placet et nobis, et beatitudini vestrae, ad sanctum et venerabilem ecclesiae Romanae episcopum vestra sanctitas*] *referre* [*dignetur, Conc. Carth. Praef. p. 143*] 2,142,46 (*'vor/bei jmdm. (dem Papst) berichten'*);

v) *substantiviert:*

α) *im substant. Part. Praet.: Berichtetes, Überliefertes:* segitiu [*neque incertis auctoribus*] *vulgata* [*narrabo, Sulp. Sev, Dial. 1,15 p. 167,14*] Gl 2,752,40. Nievergelt, Glossierung S. 379,398 (*zu* Gl 2,752,40). kasagetiu [*multa ... quae in ecclesiis Christi geruntur, ex quibus ... quaedam vero non sunt quidem scripta, sed tamen*] *tradita* [*custodiuntur, Is., De off. 1,44 p. 775B*] ZfdPhil. 128,330,15;

β) *im substant. Inf.: Bericht:* sagane [*Daniel enim nuper missa*] *relatione* [*ex Orientalibus ad nos partibus, ab omni, quod tenuerat, virginum monasterio nefariis est obiectionibus accusatus, multa de multis obiecta flagitia, Decr. Cael. XVI p. 221*] Gl 2,144,1;

γ) *im substant. Part. Praes.: Zeuge* (*vgl. dazu* 12e)*:* cafocander canuhtsamer sagender gachorot *adstipulator idoneus testis adprobatur* Gl 1,10,21 (*zur Glossengruppe vgl. Splett, Stud. S. 62*).

2) *spez. in der Logik: etw.* (*über etw.*) *aussagen, behaupten,* (*über etw.*) *eine bestimmte Aussage treffen* (*vgl. auch* 8b. 9)*:*

a) *mit satzförmiger Ergänzung/Akk. m. Inf.* (*im Passiv mit Nom. m. Inf.*)*:*

α) *mit indirektem Fragesatz, bei abstr. Subj.:* diffinitio ist . tiudir saget . uuaz sie sin Nk 368,1 [4,5];

β) *mit Rel.-Satz:* saget ioman . daz iouuederez ist . ter gibet iouuedermo sunderiga zala *si enim quis assignet . quod est utrumque eorum . propriam rationem assignabit utrisque* Nk 367,16 [3,17]; – *bei abstr. Subj.:* uueder diu uersagenta propositio . daztir ist . alde diu sagenta . daztir neist . uuideruuallot tero sagentun daztir ist? [*vgl. id est utrum ea quae negat id quod est . an ea quae ponit id quod non est. Quae magis harum ei quae dicit* (*esse*) *id quod est . videatur esse contraria requirendum est, Boeth., Comm. I*] Ni 580,20. 21 [98,10. 11] (*zur Auffassung von* sagên *in beiden Stellen als neutrales 'aussagen' im Sinn von praedicare u. nicht als 'bejahen, ein positives Urteil setzen' im Sinn von affirmare, trotz des Gegenwortes* firsagên, *vgl. Staeves 136 f.*);

γ) *mit Akk. m. Inf.* (*im Passiv mit Nom. m. Inf.*)*:* so man aber chit Cicero ist homo . so ist er gesaget ouh uuesin homo Nk 380,24 [20,14]. also seruus ... doh nieht neuuirdet umbebeuuendet . ube er gesaget neuuirdet uuesen domini . unde er aber gesaget uuirdet uuesen hominis . aut bipedis *ut servus non convertitur . si non assignetur servus domini . sed hominis aut bipedis . aut alicuius talium* 431,6. 7 [74,16. 17]; *ferner:* Ni 588,6 [106,5];

b) *mit pronom. Akk.* (*auch mit Ersparung des Pron.*) *zur Bezugnahme auf einen* (*bereits bekannten oder noch nicht bekannten*) *Redeinhalt:* ube al daz man saget . uuar . alde lugi ist *nam si omnis affirmatio . vel negatio . vera . vel falsa est* Ni 526,6 [35,2]; – *bei abstr. Subj.:* ube ein anderez saget tiu negatio . danne diu affirmatio sageti . alde ouh taz selba uone andermo . so nesihet si nieht gagen iro . nube uone iro *si autem aliud aliquid . s. praedicaverit negatio . vel de alio ... idem . s. praedicaverit . non erit opposita . sed erit ab ea diversa* Ni 522,7. 8 [30,2. 3] (*mit Ersparung des pronom. Akk. bei* danne diu affirmatio sageti*; zu* taz selba uone andermo *s.* c);

c) *mit pronom. Akk.* (*im Passiv mit pronom. Nom.*) *u.* fona + *abstr. Dat.:* an disen (*den Aussagen, logischen Sätzen: omnis homo albus est . non est omnis homo albus. Nullus homo albus est . est quidam homo albus*) . ist ein uone einemo gesaget Ni 523,10 [31,15]. uuile du ein sagen . fone manigen . alde manigiu fone enimo *at vero affirmare vel negare unum de pluribus vel plura de uno* 548,21 [61,4] (*zu* sagên *als Oberbegriff von affirmare u. negare vgl. Staeves S. 137*); – *bei abstr. Subj.:* taz ist io ein affirmatio . unde ein negatio . tiu ein saget fone einemo *una autem est affirmatio et negatio . quae unum de uno significat* Ni 523,5 [31,8]. affirmatio eteuuaz saget fone eteuuemo *est affirmatio significans aliquid de aliquo* 535,18 [46,11]; *ferner:* 23 [17]; 522,7 [30,2] *vgl.* b;

d) *mit abstr. Akk.:*

α) *in der Verbindung* uuâr sagên *eine zutreffende Aussage* (*über etw.*) *machen* (*vgl. auch* eβ samant uuâr sagên, eε zi uuâre sagên*; Gegensatz* liogan, lugî(n) sagên (*letzteres vgl.* β))*:*

ohne weitere Ergänzungen (*bei* Ni *ist bei pronom. Subj.* er/einer *nicht immer sicher zu entscheiden, ob es sich auf einen Menschen oder ein Abstraktum, s. dazu unten, bezieht*)*:* ube einer daz saget chumftig . daz anderer uuidersaget . so saget echert ter eino uuar peide nemugen sie Ni 526,9 [35,5] (*erstes* saget *s.* 9b). iz ist tanne fone note . sid einuuederer quisso saget uuar . der iehento . alde der lougenento *aut enim qui dicit verus est . aut qui negat* 527,7 [36,6]. also saget ter uierstunt uuar . terdir chidit . taz nemag sin . noh taz . noh ouh taz . noh ouh taz Ns 612,17 [292,8]. est autem enuntiatio . oratio uerum aut falsum significans. Haec teutonice saga dicitur . quia solemus enuntianti respondere . tu sagest uuar . du nesagest uuar 615,6. 7 [296,19 (2)]; *ferner:* Ni 588,6 [106,5] (*verum*); 509,19 [16,11] *vgl.* β; – *bei eindeutig abstr. Subj.:* ube alle geiihte . unde alle lougena ... solih sint . taz einer guisso liuge . anderer uuar sage *si omnes affirmationes . vel negationes ... necesse est oppositionem eorum hanc esse veram . illam vero esse falsam* Ni 529,20 [39,1]. ube aber daz nemag sin . daz sie (*die gegenübergestellten Behauptungen*) beide uuar sageen 562,12 [76,17];

mit fona + *abstr. Dat. zur Angabe dessen, worüber etw. ausgesagt wird, bei abstr. Subj.*: nu nemag tes nieht sin an dien oppositis . taz tie predicationes beide uuar sageen . fone einemo dinge *at vero inpossibile est de eodem oppositas veras . esse dictiones* Ni 562,2 [76,8]; *ferner:* 9 [14] (*dicere et negare simul*);

β) *in der Verbindung* lugî(n) sagên *eine falsche, nicht zutreffende Aussage machen, bei abstr. Subj.*: nehein oratio neist mer enuntiatiua . âne diu uuar . alde lugi saget *non omnis oratio enuntiativa est . sed in qua verum vel falsum est* Ni 509,19 [16,11] (*zum ersten Teil des Konjunkts vgl.* α);

e) *mit Adv./Präp.verb. zur Angabe der Art u. Weise, wie etw. in der Logik ausgesagt wird, satzförmiger Ergänzung/Akk. m. Inf./pronom. Akk.* (*u.* fona + *abstr. Dat.*):

α) suntarîgo sagên (*Teile eines Syllogismus*) *getrennt* (*aus*)*sagen, mit Akk. m. Inf.*: mag ouh uuar sin . ube man etelih animal sunderigo saget hominem uuesen . unde album uuesen . unde diu beidiu ein uuesen Ni 552,15 [65,16];

β) samant uuâr sagên *zusammen eine zutreffende Aussage machen* (*vgl.* dα), *bei abstr. Subj.*: dar nemag ouh keskehen daz angulares (*sc. sich diametral gegenüberstehende logische Urteile*) samint uuar sagen Ni 539,21 [51,12]. aber doh nesagent iro angulares nieht io in zitegelih samint uuar . eteuuenne geskihet iz 25 [17];

γ) allelîhho sagên *auf allgemein gültige Weise* (*über etw.*) *aussagen:*

in abs. Gebrauch, mit fona + *abstr. Dat.*: fermid fone allelichen allelicho zesagenne ... so nesint iz nieht uuideruuartige saga *quae autem in universalibus non universaliter . non sunt contrariae* Ni 516,22 [24,4/5] (‘*allgemein, in einer für alle Teile gültigen Weise*’);

mit Ersparung des korrelat. Pron. im Akk., der Inhalt der Aussage folgt: allelicho zesagenne . souuarana diu haba uuirt . tarana uuirt ouh tiu darba . after iro beidero ordeno *universaliter autem dicere est . in quo nascitur habitus fieri . circa hoc dicitur privatio . utrorumque eorum ordine* Nk 473,8 [118,7];

δ) unallelîhho sagên *auf nicht allgemein gültige Weise* (*über etw.*) *aussagen, in abs. Gebrauch, mit* fona + *abstr. Dat.*: taz heizo ih . unallelicho sagen fone allelichemo *dico autem non universaliter enuntiare in his quae sunt universalia* Ni 517,4 [24,16];

ε) zi uuâre sagên *zutreffend, wahrheitsgemäß aussagen, mit korrelat. Pron. im Akk. u. Rel.-Satz* (*vgl.* dα), *erw. mit Adv.* fora*:* taz nu ist . taz mahta man uore ze uuare sagen *si est album nunc . verum erat dicere primo . quoniam erit album* Ni 527,20 [36,17];

f) *in abs. Gebrauch, nur mit* fona + *abstr. Dat., bei abstr. Subj.*: daz . fone demo si (*affirmatio*) saget . nomen ist alde innominabile . taz mugen uuir diutin unnamig *hoc autem nomen est vel innominabile* Ni 535,20 [46,14] (‘*das, worüber sie* (*d. h. die Affirmatio*) *eine Aussage trifft, ist entweder ein Nomen oder etwas, für das es keine Benennung gibt*’).

3) *etw.* (*einen abstrakten Sachverhalt*) (*in einem Text*) *darlegen, erörtern, erklären, auch: auslegen:*

a) *mit* (*korrelat. Pron. im Akk. u.*) *satzförmiger Ergänzung/Akk. m. Inf.:*

α) *mit* (*korrelat. Pron. im Akk./im Passiv mit korrelat. Pron. im Nom. u.*) thaz-*Satz:* uuir eigen aber gesaget . taz saligheit si daz pezesta *sed summum bonum beatitudinem esse definivimus* Nb 132,28 [114,2]. nu habo ih kesaget . taz sumeliche propositiones . sint uuideruuartig . sumeliche uuiderchetig . unde uuelehe daz sin *quoniam aliae sunt contrariae . aliae contradictoriae . et quae sint hae . edictum est* Ni 522,27 [30,25] (*zum zweiten Teil des Konjunkts vgl.* β); *ferner:* Nb 191,25 [160,16]; *erw. mit Adv.* fora*:* taz habet si gnoto fore gesaget 23/24 [15]. taz ist aber uoregesaget (*l.* uore gesaget) taz echert ein negatio einero affirmationis ist *sed ostensum est quia una unius est* Ni 547,13 [59,18]; *ferner:* Nb 242,12 [193,8] (*definire*);

β) *mit* (*korrelat. Pron. im Akk. u.*) *indirektem Fragesatz:* tie (*ethici*) sageton . uuiolih tir uuesen sule . societas humanę uitę Nb 101,25 [88,11]. nu uuile ih aber (*Ausg. Piper irrtümlich* aher) ... sagen . uues tie liute flizig sint *sed ad hominum studia revertor* 134,30 [115,18]. pe diu ist nu zesagenne . uuar diu folleglicha salda gestatot habe uuar iro stuol si *nunc reor demonstrandum . quonam haec perfectio felicitatis constituta sit* 179,29 [151,27]. sid aber din einun ist zesagenne . uuaz allero dingolih meine *sed cum tui muneris sit evolvere causas latentium rerum* 272,2 [211,13]. ze erist sol man sagen . uuaz nomen . unde uerbum *si primum oportet constituere . quid sit nomen . et quid verbum* Ni 500,6 [4,12]; 522,27 [30,25] *vgl.* α; *erw. mit Adv. zur Angabe der Art u. Weise:* mit uuelero redo ih tarazuo (*sc. zur Gewißheit, daß Gott die Welt regiere*) chome . daz sago ih tir spuotigo *quibusque in hoc rationibus accedam . breviter exponam* Nb 211,1 [172,19];

γ) *mit* (*korrelat. Pron. im Akk. u.*) *relativem* [h]uuio-*Satz:* er (*Paulus*) uuas dispvtans . so er is alles kab rationem des er lerta . unde aber danne suadens . so er sageta . uuio guot . uuio reht . uuio saliglih taz uuare zetuonne . daz er lerta Nb 121,12 [104,25]; *erw. mit Adv.* fora *u. Adv. zur Angabe der Art u. Weise:* uuio manigiu ubel an in sin . diu beatitudinem nement . daz sageta ih fore langseimo 162,20 [137,6/7]; – *in der Verbindung* lang zi sagênne *langwierig darzustellen:* taz ist lang ze sagenne ... uuio man sia (*die Quadratur des Kreises, sc. die Berechnung eines Quadrats mit dem gleichen Flächeninhalt eines gegebenen Kreises*) machon sule [*vgl. cuius quoniam longa demonstratio est praetermittenda est, Boeth., Comm. Cath.*] Nk 435,2 [78,22]; – *bei abstr. Subj.*: taz ist ein buoh apud Grecos kescribenez fone dero apothesia ... iz saget uuio mennisken ze goten uuerden Nc 692,9 [6,8];

δ) *mit Akk. m. Inf.* (*im Passiv mit Nom. m. Inf.*), *vgl. auch* 1aδ*:* nu ist ouh kot kesaget ... guot uuesen *atqui . deus ipsum bonum esse monstratus est* Nb 213,19 [174,2]. sagetost tu got selben uuesen summum bonum; ioh beatitudinem *ipsum quoque deum . summum esse bonum . plenamque beatitudinem disserebas* 218,9 [176,29]. daz eina bonum sagetost tu uuesen daz alliu ding suochent *ipsumque unum id ipsum esse bonum docebas . quod ab omni rerum natura peteretur* 219,3 [177,7]. harazuo gat ouh . taz ih sageta . alla maht uuesen in dero zalo . dero zegeronne ist *huc accedit . quod ostendimus omnem potentiam inter expetenda numerandam* 243,7 [193,26]; *ferner:* Ni 508,16 [14,26]; *erw. mit Adv.* midduntes*:* uuanda mittundes sageta ih . alliu folleglichiu . ereren uuesen dien uuanen *omnia namque perfecta . minus integris priora esse claruerunt* Nb 182,9 [153,24];

b) *mit (relativem Adv.* alsŏ/sô *u.) Ersparung eines pronom. Akk.:*

α) *mit relativem Adv.* alsŏ/sô *u. Ersparung eines pronom. Akk., häufig in eine Aussage eingeschoben:* uuiolih aber selbiv fortuna si . also si nu sagen uuile ... taz ... triffet ad rhetoricam suadelam . in demo genere causę . daz demonstratiuum heizet Nb 120,8 [103,26]; *erw. mit Adv.* fora/*Adv.verb.* thâr fora*:* tanne aber not si . so ih fore sageta . manige liute uuesen . ze dien eines mannes liument follechomen nemag *sed cum necesse sit uti paulo ante disserui . plures gentes esse . ad quas nequeat fama unius hominis pervenire* 158,19 [134,1]. alliu ding keuuizeniu . fone iro selbero natura neuuerdent keuuizen . nube fone dero uuizenton . so uuir ouh fore sageton *omne quod scitur . non ex sua natura cognoscitur . sed ex natura comprehendentium . uti paulo ante monstratum est* 348,3 [262,7]. macha dia eristun (*Pfeife*) so langa . so darfore gesaget ist . ube du uuellest . unde so uuita du uuellest Nm 857,20 [341,9]. so daz in alle uuis . so ouh foregesaget (*l.* fore gesaget) ist . ze erenne si drisgheit in enigheite . unde enigheit in drisgheite *ita ut per omnia sicut iam supra dictum est . et trinitas in unitate . et unitas in trinitate veneranda sit* NpNpw Fides 23 (*vgl.* 1bγ); *ferner:* Nb 120,6. 8 (*2. Stelle*). 222,17. 280,17/18. 302,17 [103,24. 26. 179,19. 216,27. 231,5]. Nc 776,25 [93,18]. Ni 535,10 [46,4] (*dicere*); – *erw. mit Adv. zur Angabe der Art u. Weise:* umbe ubel netuot nioman nieht ... so ih knuoge gesaget habo *nihil est enim . quod mali causa fiat ... ut uberrime demonstratum est* Nb 282,8 [218,1];

β) *hierher auch (?), ohne relatives Adv. u. pronom. Akk.:* uuanda aber daz ouh triffet ze dinero gniste ... taz tero friste ze luzzel si . fore disses puoches uzlaze . ih pedio is toh zesagenne *sed quoniam ... quaedam medicinae tuae portio est . quamquam angusto limite ... temporis saepti . tamen aliquid deliberare . i. diffinire conabimur* Nb 274,7 [212,26/27] (*mit Ersparung des pronom. Akk. wegen des zu* bithihan *gehörigen pronom. Gen.?*); – *erw. mit Adv. zur Angabe der Art u. Weise:* uuio ... sageta er? *quonam ... modo?* Nb 307,28 [235,4] (*zur Einordnung vgl. die vorhergehende Stelle* Nb 307,26 [235,3] *unter* f);

c) *mit abstr. (auch pronom.) Akk. zur Angabe eines Sachverhalts:* unodi ist iz harto sus frenkisgero worto thia kleini al zi sagenne joh zi irrekenne O 5,14,4 (*FV* gisagên). aber diu tougena mahtigi . diu an dero gotes prouidentia ist . tia si (*die Philosophia*) noh sagen sol . diu uuirt ... diuinitus fernomen Nb 302,7 [230,28]; – *Glossen:* irracta ł sageta [*inter sacra missarum solemnia, ex his, quae diebus certis in hac ecclesia legi ex more solent, sancti evangelii quadraginta lectiones*] *exposui* [*Greg., Hom. Prol. p. 1434*] Gl 2,265,3 (*2 Hss. nur* irrecken, *2* irrecken ł gisagên). gisageta [*si praedictum locum evangelii invenerit sub dubietate*] *prolatum* [*ebda. p. 1435*] 39 (*mit mitgedachtem* stat *st.f. für locum '(Text-)Stelle' (?); zur Formenbest. s. oben; 1 Hs.* frambringan). sagantiu [ψευδεπίγραφον *epistolam Ieremiae nequaquam censui*] *disserendam* [*Hier. in Jer. Prol. p. 680A*] Mayer, Glossen S. 89,11;

d) *im substant. Part. Praet.: Dargelegtes, erw. mit Adv.* fora*:* nu skinet uuola uone dien uore (*'früher'*) gesageten . ten namin . unde dia diffinitionem secundarum substantiarum ... pe note gesprochen uuerdin uone primis substantiis *manifestum est autem ex his quae praedicta sunt ... necesse est et nomen et rationem de subiecto praedicari* Nk 380,7 [19,23];

e) *mit korrelat. Pron. im Akk. (im Passiv mit pronom. Nom.), satzförmiger Ergänzung u. Präp. verb. zur Angabe einer schriftlichen Quelle/Adv. zur Angabe einer Stelle in einem Text:*

α) *mit indirektem Fragesatz:* uuaz tiu sunderigen (*Wörter*) bezeichenen . daz uuile er an disemo buoche sagen Nk 372,5 [9,14]. uuaz tiu zesamene gelegetin (*Wörter*) bezeichenen . daz saget er haranah in periermeniis 6 [15];

β) *mit relativem* [h]uuio-*Satz:* hear saghet huueo Christus fona Dauid framchumfti chiboran uuardh *quia Christus de stirpe David natus est* I 36,7/8 (*zum Bezug der Verbform* saghet *auf ein belebtes Subj. s.* 1dβ). an demo ereren libello ist taz kesaget . uuio an dien planetis menniskon urlag si Nc 780,10 [97,10];

f) *mit pronom. Akk. u. lat. Präp.verb. zur Angabe einer schriftlichen Quelle, erw. mit Adv./Präp. verb. zur Angabe der Art u. Weise:* min friunt ... Aristotiles sageta . daz in Physicis sinemo buoche churzlicho . unde gloublicho *Aristotiles ... meus diffinivit id in Physicis . et brevi ratione . et propinqua veri* Nb 307,26 [235,3]. aber Boetius . saget iz fure in (*sc. stellvertretend für Aristoteles*) . in secunda editione [*vgl. nobis autem hoc in secunda editione monstrandum est, Boeth., Comm. I*] Ni 511,25 [18,26].

4) (*jmdm., auch: in einer Versammlung, s.* e) *etw./jmdn. (als etw.) verkünden, etw. (in einem Text, vor allem in den Psalmen u. anderen Texten der Bibel) ankündigen:*

a) *nur mit Akk.:*

α) *mit abstr. Akk. zur Angabe eines Sachverhalts:* (*Jesus zu einem neuen Jünger:*) thu far inti sage gotes rihhi *tu autem vade, adnuntia regnum dei* T 51,3. tie (*numina, per haruspicium*) ... sprechent uzer allen . fogelrarta (*'Vorzeichen aus Vogelstimmen'*) sagenten *haec . s . numina ... auguratisque loquuntur omnibus* Nc 817,23 [136,14]. in sinero ęcclesia . sagent sie alle sina guollichi *in templo eius omnes dicent gloriam* NpNpw 28,9. dina mahtigi sagent sie *potentiam tuam pronuntiabunt* 144,4. dia chraft dinero antsazigon dingo sagent sie *virtutem metuendorum tuorum dicent* 6. die (*süße Fülle der Erinnerung*) ezent sie . so sie iro ferstant die rophezent sie . so sie sia sagent unde lerent [*vgl. manducas, cum discis; ercutas, cum doces; ... eructas, cum praedicas, Aug., En.*] 7. ist kuot zesagenne dina genada in prosperis . unde dina uuarheit in aduersis *ad adnuntiandum mane misericordiam tuam . et veritatem tuam per noctem* Np 91,3; *ferner:* NpNpw 144,11 (*dicere*). Np 88,2 (*adnuntiare*); NpNpw 39,11 *vgl.* β; – *bei sachl. Subj.:* danne saget min zunga mit freuui din reht *exsultabit lingua mea iustitiam tuam* NpNpw 50,16. sie (*die Wolken, bildl. für diejenigen, die die Lehren Gottes verkünden*) archana dei sageton Np 17,14. min munt sageta din reht . allen dag dina heili *os meum enuntiavit iustitiam tuam . tota die salutem tuam* 70,15. diniu uuunder truhten sagent die himela *confitebuntur caeli mirabilia tua domine* 88,6 (*zu* himil, *übertr. für die im Himmel wohnenden Gerechten,*

Apostel, Heiligen vgl. s. v. himil 2eb, *Ahd. Wb. 4,1075*); *ferner:* ebda.; – *hierher auch* (?), *Glossen:* segita [*Agabus*] *significabat* (*3 Hss. -bant*) [*per spiritum famem magnam futuram in universo orbe terrarum, quae facta est sub Claudio, Acta 11,28*] Gl 1,745,49 (*oder ist von lat. acc. c. inf. mit Ellipse von esse u. einer Übers. mit satzförmiger Ergänzung auszugehen?*). saget [*sicut et David*] *dicit* [*beatitudinem hominis, cui deus accepto fert iustitiam sine operibus, Rom. 4,6*] 759,4;

β) *mit Akk. d. Pers.:* dina uuarheit unde dinen haltare sageta ih *veritatem tuam et salutare tuum dixi* NpNpw 39,11; *zum ersten Teil des Konjunkts vgl.* α; – *Glosse:* segit [*Aggaeus ... deumque patrem*] *inducit* [*loquentem: Adhuc unum modicum, et ego commovebo coelum et terram, Ag., Hier. Paulino*] Gl 1,684,1;

b) *mit korrelat. Pron. im Akk., indirektem Fragesatz u. prädik. Akk.:* die einon (*Propheten*) sagoton iz cumftig (*'es als künftiges'*), uuelich sin gebare scolte sin in humanitate [*vgl. hi ventura canunt, Expos.*] W 90,13/14 [169,2/3];

c) *mit abstr. Akk. zur Angabe eines Sachverhalts u.* in + *abstr. Dat. zur Angabe einer schriftlichen Quelle, erw. mit Adv. zur Angabe der Art u. Weise:* in then alten ewon (*'im Alten Testament'*) so saget (*Jeremias*) thesan wewon (*den Kindermord zu Bethlehem*) O 1,20,25;

d) *mit Dat. d. Pers./abstr. Dat.* (*zur Angabe einer Gruppe von Menschen*) *u. abstr. Akk./Akk. d. Pers.:*

α) *mit Dat. d. Pers./abstr. Dat. u. abstr. Akk. zur Angabe eines Sachverhalts:* thie engil: ni curet iu forhten, ih sagen iu mihhilan gifehon *angelus: nolite timere, ecce enim evangelizo vobis gaudium magnum* T 6,2, *z. gl. St.* ih scal iu sagen wuntar O 1,12,7. ih sezzu minan geist ubar inan (*Jesus*), inti tuom thiotun saget *ponam spiritum meum super eum, et iudicium gentibus nuntiabit* T 69,9. thiu dar zuouuertu sint thiu saget her iu *quae ventura sunt adnuntiabit vobis* 173,2. sament dien uuoltost du mih uuesen . unde dien sagen ueritatem . die mer minnont uanitatem [*vgl. inter eos me vivere voluisti, inter eos praedicare veritatem, qui amant vanitatem, Aug., En.*] NpNpw 38,9. (*unsere Väter*) vns sagente sin (*Gottes*) lob . unde sina chraft . unde siniu uuunder *narrantes laudes domini . et virtutes eius . et mirabilia eius* [*vgl. ... ordo verborum est: patres nostri narraverunt nobis, annuntiantes laudes domini, Aug., En.*] Np 77,4 (*vgl.* 1l). saget ieman in grabe unde in ferlornissido ligenden dina genada . unde dina uuarheit? *nunquid narrabit aliquis in sepulchro . s. iacentibus misericordiam tuam et veritatem tuam in perditione?* 87,12; *hierher auch, mit Ellipse des Akk.:* her mih giberehtot, uuanta fon minemo intfieng inti saget iu *ille me clarificabit, quia de meo accipiet et adnuntiabit vobis* T 173,3; *ferner:* 4 (*adnuntiare*); *Glosse:* saget [*Sophonias ...*] *indicit* [*quoque ululatum habitatoribus Pilae, Soph., Hier. Paulino*] Gl 1,683,1; – *bei sachl. Subj.:* vuanda die uuarheit sagent sie (*die Wolken, bildl. für diejenigen, die die Lehren Gottes verkünden*) ęcclesię sanctorum [*vgl. nubes sunt praedicatores veritatis, Aug., En.*] Np 88,7; – *bei abstr. Subj.:* iz (*der Psalm*) saget congregationi populi dei . secundum aduentum domini [*vgl. Asaph ... nunc ... de adventu eius secundo dicturus est, Aug., En.*] 82,1;

β) *mit Dat. d. Pers. u. Akk. d. Pers.:* ze gentibus santost du unsih . quasi agnos inter lupos. Dien sageton uuir Christvm [*vgl. de Asaph electi sunt qui irent ad gentes, et praedicarent Christum, Aug., En.*] Np 79,7;

e) *mit* in + *abstr. Dat.* (*zur Angabe einer Gruppe von Menschen*) *u. abstr. Akk. zur Angabe eines Sachverhalts:* dina uuarheit sagent sie . in dero heiligon gesemine *confitebuntur ... veritatem tuam in ecclesia sanctorum* Np 88,6;

f) *in abs. Gebrauch* (?), *vgl. dazu in den lat. Vorlagen die Verbindung mit einem redeeinleitenden Verb, Glossen:* saget [*audite, et*] *contestamini* [*in domo Iacob, dicit dominus deus exercituum: quia in die cum visitare coepero praevaricationes Israel, super eum visitabo, Am. 3,13*] Gl 1,672,40. segita *contestabatur* [*angelus domini Iesum dicens: haec dicit dominus, Zach. 3,6*] 686,1; *zu contestari (aliquem) '(jmdm.) dartun, anzeigen; (vor jmdm.) erklären, bezeugen' vgl. Sleumer S. 239.*

5) *jmdm. etw./jmdn. nennen, jmdm. gegenüber etw./jmdn. erwähnen, anführen* (*vgl. auch* 6):

a) *mit abstr. Akk.* (*im Passiv mit abstr. Nom.*)/ *Akk. d. Sache/Pers.:*

α) *mit abstr. Akk./Akk. d. Sache:* tiz sint tiu (*die vorhin aufgezählten Argumente*) du sagetost . unde diu du in einanderiu geflohtin habist Nb 219,9 [177,11] (*vgl. auch* 3). ter underskeit ist zesagenne . unde mit exemplis zelerenne *ea differentia dicenda est* Ni 552,6 [65,7]; *erw. mit Adv.* fora/nû: si (*Maria*) quam (*nach der Geburt ins Gotteshaus*) ..., so thia fart iru ni weritun thia daga, thie wir nu sagetun O 1,14,18. tho quam ther saligo man ... in hus, thaz ih nu sageta, thar er emmizigon betota 15,10. nu stozen sia (*Argumente*) doh ... zu dien ungloublichen . die du fore sagetost . also diu ist . daz puniti mali saligoren sin . danne impuniti *numeremus eam (sententiam) inter eas . quas inopinabiles paulo ante docuisti* Nb 294,1 [225,15] (*vgl. auch* 3). nu sint taz (*die Aussagen 'est homo lapis' u. 'est homo non lapis'*) zuo oppositiones . s. die ih nu gesaget habo *hae igitur duae oppositae sunt* Ni 541,4 [52,26]. der ander teil (*sc. in finem ne disperdas David in tituli inscriptione*) disses tituli ist fore (*sc. als Überschrift zu Ps. 56 u. 57*) gesaget Np 58,1; – *Glossen:* sageta [*Paulus fornicationis vitium tot criminibus execrandis*] *inseruit* [*Greg., Cura 3,27 p. 81*] Gl 2,230,16. sagetun [(*die ungläubigen Juden*) *ab Herode requisiti, locum nativitatis eius (Jesu)*] *exprimunt* [*, quem scripturae auctoritate didicerunt, ders., Hom. I,10 p. 1468*] 282,13. kasaget [*lectio sancti evangelii ... in superficie*] *historica* [*est aperta, sed eius nobis sunt mysteria ... requirenda ... Iuxta historiam notatur hora (in der Maria zum Grab kam): iuxta intellectum vero mysticum requirentis signatur intelligentia, ebda. II,22 p. 1530*] 296,29 (*Gl. von anderer Hand am Rand; zur Gll.-Verschiebung vgl. Steinm. z. St. u. die folgende* Gl 2,296,30; *nach Gl.-Wortsch. 8,63 noch Gl. res gesta*), *z. gl. St.* gisaget (vuirdit) *notatur* 30. segiti [*neque enim quantitatis summam (der gefangenen Fische) solerter evangelista*] *exprimeret* [*, nisi hanc sacramento plenam esse iudicasset, ebda. 24 p. 1542*] 299,1. gisaget [*necesse fuit ut prius irriguum (sc. Land) superius, et post irriguum inferius*] *commemorari* [*debuisset, ders., Dial. 3,34, PL 77,301A*] Schulte, Gregor S. 278,7; – *mit Ersparung des Akk. in einem Rel.-Satz:* fone dien generibus ih pedeh zesagenne . habo ih cnuoge gesaget *de propositis itaque generibus quae dicta sunt . sufficiunt* Nk 468,14 [113,19] (*vgl.* 3; fone dien generibus habo ih cnuoge gesaget *s.* 1hβ);

β) *mit Akk. d. Pers.* (*vgl. auch* d): ther man (*Josef*), theih (*l.* then ih) noh ni sageta, ther thaz wib mahalta O

1,8,1; *hierher auch* (?), *Glosse:* sageta [*Paulus apostolus eosdem presbyteros, ut vere sacerdotes, sub nomine episcoporum ita*] *asseverat* [, *loquens ad Titum, Is., De off. 2,7 p. 787*] Gl 2,344,31;

b) *mit relativem Adv.* sô *u. Ersparung eines pronom. Akk., erw. mit Adv.verb.* hier fora: tho giang uns uf wunna, thiu ewinigu sunna; joh ouh salida ubar al, so man hiar fora sagen scal! O 4,35,44 (*vgl. Erdm. S. 461 'wie man schon hier vorher erwähnen soll (ehe es genau erzählt wird)'*);

c) *mit Dat. d. Pers. u. Akk. d. Pers.:* ibu du mi ęnan (*der Helden*) sages, ik mi de odre uuet S 2,12. zi imo er (*Herodes*) ouh tho ladota thie wisun man, theih (*l.* thie ih) sageta O 1,17,41. then Moyses ... io sageta, joh altgiscrib uns zelita ... then gotes sun [*vgl. quem scripsit Moyses, Marg. nach Joh. 1,45*] 2,7,43;

d) *im Part. Praet.:*

α) *von Menschen* (*vgl.* aβ): gesageter gezalter [*Luca narrante,*] *relatu* (*Hs. relatus, dictus*) [. *E populo quidam Christo comes ire rogabat, Ar. II,328*] Gl 2,30,46 (*vgl.* von Gadow, Aratorgl. S. 53,189). Tiefenbach, Aratorgl. S. 24,14, *z. gl. St.* kesageter Gl 2,773,33 (*alle in Umdeutung des Subst. relatu 'in einem Bericht' zum Part. Praet. von referre u. bez. auf: e populo quidam 'ein bestimmter, im Bericht des Lukas (Luca narrante) Genannter, aus dem Volk'*). gisagatemo [*redemptoris nostri praecursor quo tempore praedicationis verbum acceperit,*] *memorato* [*Romanae reipublicae principe et Iudaeae regibus, designatur, Greg., Hom. I,20 p. 1516*] 294,4;

β) *von Abstrakta, erw. mit Adv.* fora: nu sint iz tie (*qualitates*) uoregesageten (*l.* uore gesageten) *itaque sunt quae praedicta sunt* Nk 459,22 [104,14].

6) *zu jmdm.* (*auch: bei einer Gruppe von Menschen, s.* e) (*von jmdm./etw.*) (*in einem Text*) *sprechen, reden* (*in erzählenden Texten ist häufig auch eine Paraphrase mit 'erzählen, berichten' möglich: 'jmdm. von jmdm./einem Gegenstand/einem abstrakten Sachverhalt erzählen, berichten', so daß sich Überschneidungen mit Belegen mit Akk.-Objekten zur Bezeichnung von abstrakten Sachverhalten bei 1 u. 3 ergeben*):

a) *in abs. Gebrauch:* ube du ... arzates helfa uellest . so ouge dia uuundun. To antuuurta ih iro ... sol is noh turft sin zesagenne? *si exspectas operam medicantis . detegas vulnus. Tum ego. ... anne adhuc eget ammonitione?* [*vgl. mea assertione, X; ut ostendeam tibi quare defleam, Rem.*] Nb 23,20 [19,12]. sage echert furder chad ih *contexe inquam cetera* [*vgl. dic, X; narra, Rem.*] 237,11 [189,29]. uuanda *dicere* (sagen) . daz ist uerbum proferre (uuort furebringin) Npgl 44,2; – *Glosse:* sagen [(*Petrus*) *vernaculum*] *loquendi* [*sonum vitare non possit, Hier. in Matth. 26,73, CCSL 77,262,1455*] Ernst, Griffelgl. S 315,37 (*zur verkürzten Schreibung vgl. auch Ernst a. a. O. S. 370*);

b) *mit Präp.verb./Adv./Akk. zur Angabe desjenigen, über den/das gesprochen wird:*

α) *mit Präp.verb.:*

mit fona + *Dat. d. Pers.:* ther lantliut al githageta thar er (*Johannes*) fon imo (*Christus*) sageta [*vgl. de eo, quod referebat Iohannes de Christo, Marg.*] O 2,3,34. sie giangun ... io fon imo sagenti, quam in harto in iro muat thaz sin managfalta guat [*vgl. ipsi narrabant* (*Vulg. loquebantur ad invicem*) *de his omnibus, quae acciderant, Luc. 24,14*] 5,9,7. ube er (*der Teilnehmer an den Olympischen Spielen*) ... sina snelli skeinen uuolta . daz teta er ... also die taten ad tumulum Anchisę . fone dien Uirgilius saget Nb 248,26 [197,11]; *ferner:* Nc 735,2 [51,8a]. Nk 450,1 [94,26]; F 1,1 *vgl.* 1cγ; – *bei abstr. Subj.:* gotes kenada skein in electis suis . fone dien der erero psalmus sageta NpNpw 105,Prooem.;

mit fona + *abstr. Dat./Dat. d. Sache* (*auch abstr. lat. Abl.*)/*lat. de + Abl.:* ze dinen chreftigen sundersaldon . uuile ih chomen . fone dien uuile ih sagen Nb 74,11 [63,19]. aber diu mera sigeera . fone dero er nu saget . hiez in chriechiskun triumphus 75,20 [64,29]. tiz ist tiu minna fone dero ih sago . diu in allen gemeine ist *hic est amor cunctis communis* 292,24 [224,21]. nu saget er uone demo eristen (*praedicamento*) . daz ist substantia . unde uone iro skidungo [*vgl. ad tractatum substantiae transeamus, Boeth., Comm. Cat.*] Nk 378,26 [18,12]; *ferner:* Nc 692,12 [6,11]. Ni 501,11 [5,25]. Nk 370,27 [8,2]; *erw. mit Adv.* fora/middunt: anxietas . ioh instabilitas . fone dien ih fore sageta Nb 84,21 [73,10]. ube ih peidiu anasiho prouidentiam ioh fatum . fone dien du nu mittunt sagetost . so habet si michele chrefte *si considerem providentiam . quam paulo ante docuisti . vel fatum . firmis viribus nixa sententia* 293,24 [225,10/11]; *erw. mit adverb. Best.* (*lat. abl.*) *zur Angabe des Mittels:* fone diu saget Suetonius . fone dero milti Cęsaris Augusti . his uerbis 191,2 [160,1] (*his verbis 'mit diesen Worten'; es folgt ein wörtliches Zitat*); – *bei abstr. Subj.:* tero buocho scrifte . ougton dero libhafton bilde . uuanda phisiologia saget de naturis animantium Nc 806,17 [125,9]. saget diser salmo fone demo (*Tempel des Salomo*)? Np 95,Prooem. daz (*'daß'*) man fictis uocibus ketate representationem Priami . alde Hectoris ... alde eteliches fone des missebuṙi diu fabula (*der Tragödie*) sageta Fides 2;

hierher auch, Glossen: segita arrahta [*Salomon ...*] *disputavit* [*super lignis a cedro, quae est in Libano, usque ad hyssopum, quae egreditur de pariete, 3. Reg. 4,33*] Gl 1,277,67. sak [*non des aliis de te*] *obtrectandi* [*locum, Is., Syn. 2,43 p. 855C*] Nievergelt, Runenschr.[2] S. 189,24 (*nach* Glaser, Griffelgl. S. 621,*7; *zu* sak *als Teilglossierung, d. h. als Wiedergabe des Stammorphems, vgl. Nievergelt a. a. O. S. 199*);

β) *mit Adv.* thannân/than(an)a *'darüber, davon':* leo bezehinet unserin trohtin turih sine sterihchi ... Tannan sagit (*Ausg.* sagita; *s. Formenteil*) Iacob, to er namæta sinen sun Iudam S 124,3. nist thaz sulih redina, thoh sagent se alle thanana (*von der Herrlichkeit des Himmels*), thie hiar thaz irwellent, thaz se thara wollent O 5,23,31; – *bei sachl. Subj.:* wizut ir thia redina (thio buah thio sagent thanana), wio ther wizzod thuruh not alten liutin gibot? O 2,18,9;

γ) *mit abstr. Akk./Akk. d. Sache:* tie gifte . die ih sago . die getuont ten mennisken sin ungeuualtigoren *haec venena . i. vitia . detrahunt potentius hominem sibi* [*vgl. supradicta vitia, X*] Nb 253,23 [200,12]. Selmon heizet etelih perg in Palestina. Ih nesago den nieht. Ih meino den anasihtigen Christum . den hohesten gotes perg Np 67,15; *erw. mit Adv.* thâr *zur Angabe eines Ortes:* dar (*bei der Gerichtsstätte*) uuirdit diu suona (*sc. das Jüngste Gericht*), dia man dar (*'da'*) io sageta S 71,78 (*zu* thar *'da' zur Angabe eines nicht näher bestimmten Ortes vgl.* thâr 1. Teil A V 1, *Ahd. Wb. 2,193*);

c) *mit Präp.verb./Adv. zur Angabe dessen, worüber gesprochen wird, u. Präp.verb./Adv. zur Angabe einer Quelle oder einer Stelle in einem Text:*

α) *mit* fona + *abstr. Dat. zur Angabe dessen, worüber gesprochen wird, u.* in + *abstr. Akk. zur An-*

gabe einer schriftlichen Quelle: fone dien (*logischen Aussagen*) saget er (*Aristoteles*) in topicis . unde leret uzer in uuurchen . conditionales syllogismos Ni 510,19 [17,17];

β) *mit Adv.* thannân *'davon' u. Adv.* ander(e)s-[h]uuâr *'an anderer Stelle':* ih habo ouh andersuuar dannan gesaget *dictum autem de his est in thopicis* Ni 551,10 [64,6];

d) *mit Dat. d. Pers. zur Angabe desjenigen, zu dem gesprochen wird:* nam sermonem facere populo . hoc est . sagen demo liute . lerin . unde bredigon Ns 621,27 [308,18];

e) *mit* zi + *abstr. Dat. zur Angabe einer Gruppe von Menschen:* sie dreuten mir zi slahenno, ze dinge ze sagenne, mit chrouuuilen zi chracinno, ci prennenni, den tieren zi uuerfenne Npw 118 V,161 (Np *proscribo,* Npgl iro guot frono ih)*; 'bei Gericht, bei der Gerichtsversammlung sprechen' (?); in* Np *u.* Npgl *liegt stattdessen die Bed. 'jmds. Güter beschlagnahmen' zugrunde; zu* throuuuen zi *'mit etw. drohen' vgl. Ahd. Wb. 2,678;*

f) *mit Dat. d. Pers. zur Angabe desjenigen, zu dem gesprochen wird, u.* in + *Dat. d. Sache zur Angabe einer schriftlichen Quelle, erw. mit Adv. zur Angabe der Art u. Weise u. mit adverb. Best. des Mittels (Präp.verb.):* widar thiu ouh thanne thie man (*die Propheten*) firnement alle; so mugun sie mit ruachon uns sagen in then buachon O 2,9,18 (*z. St. vgl. Vollmann-Profe, Komm. Otfr. S. 81. 235*);

g) *mit Dat. d. Pers. zur Angabe desjenigen, zu dem gesprochen wird, u. Präp.verb. zur Angabe dessen, worüber gesprochen wird:*

α) *mit* fona + *Dat. d. Pers.:* uuarun thar sume ..., sagetun imo (*Jesus*) fon Galileis thero bluot Pilatus misgita mit iro bluostrun *aderant autem quidam ... nuntiantes illi de Galilaeis quorum sanguinem Pilatus miscuit cum sacrificiis eorum* T 102,1;

β) *mit* fona + *Dat. d. Sache/abstr. Dat.:* thir sagen ih fon ther akus, ni wane theih thir gelbo O 1,23,63. (*Jesus*) saget in (*den Jüngern*) ouh zi ware fon themo endidagen thare 4,7,27. inne uuas unsir herze prinnentez in uns, do er (*der auferstandene Christus*) uns sageta uone dera heiligen giscrifte in demo uuega Npw 118 S,140 (Np *cum aperiret nobis scripturas in via*);

h) *mit Adv. zur Angabe der Art u. Weise, in Verbindungen:*

α) ferrenân sagên *mit weit ausholender Gebärde, mit Nachdruck reden, deklamieren:* item pronuntiare dicimus ferrenan sagen . i. preueniere uerba gestu corporis et qualitate uocis Nr 682,13 [178,17];

β) rehto sagên: *in (inhaltlich) zutreffender Weise sprechen, erw. mit Adv. zur Bezugnahme auf eine Stelle in einem Text:* ist ouh an anderen uuanen hartor uuideruuartig contradictio danne contrarii affirmatio . so habo ih hier rehto gesaget *si etiam in aliis similiter oportet se habere . et hic videtur esse bene dictum* Ni 585,6 [102,27] (*vgl.* 3);

i) *mit Adv. zur Angabe der Art u. Weise u.* fona + *abstr. Dat. zur Angabe desjenigen, über den/das gesprochen wird:* samolih mag ih sagen . fone eron . guollichi . uuunnon *similiter licet ratiocinari . de honoribus . gloria . voluptatibus* Nb 173,17 [146,9] (*bei Auffassung von* samolîh *als adverb. gebrauchtes Adj. für lat. similiter adv.*). unz hara sageta er gemeinlicho uone allen predicamentis [*vgl. igitur universaliter praedicamenta pronunciat, Boeth., Comm. Cat.*] Nk 378,25 [18,10/11];

j) *mit Adv. zur Angabe der Art u. Weise,* fona + *Dat. d. Pers. zur Angabe desjenigen, über den gesprochen wird, u. Dat. d. Pers. zur Angabe desjenigen, zu dem gesprochen wird:* cumit zit mit diu ih ... ofano fon themo fater sagen iu *venit hora cum ... palam de patre adnuntiabo vobis* T 175,3; *zu* offan *vgl. auch* 1rβ;

k) *hierher vielleicht auch, Glosse:* sageta [*nuntius Anchisae ad tumulum cuneosque theatri incensas*] *perfert* [*navis Eumelus, Verg., A. V,665*] Gl 2,655,57; *vgl. auch* e.

7) *jmdn./etw. als etw. bezeichnen:*

a) *mit abstr. Akk./Akk. d. Sache u. prädik. Best. im Akk.:* thoh ir sagant kicorana thia bita in Hierosolima S 90,31. septenarium numerum saget Arithmetica Palladi gelichen . uuanda er uzer anderro numero geuuorht neist . noh selbo anderen neuuurchet Nc 732,21 [49,7]; – *Glosse:* sagid [*si bene conmemini, colit hunc* (*den Märtyrer Hippolytus*) *pulcerrima Roma idibus Augusti mensis, ut ipsa*] *vocat* [*prisco more diem, Prud., P. Hipp.* (*XI*) *232*] Gl 2,588,59 = Wa 102,28;

b) *mit Akk. d. Pers. u. prädik. Best. im Akk.* (*im Passiv mit Nom. d. Pers. u. prädik. Best. im Nom.*)*:* ir (*Christus*) dhurah ueraldi aloosnin uuardh chiboran chisaghet *propter redemptionem mundi illum dicit nasci* I 30,8. Himenee ... du bist ter . den diu chint tero goto sagent singenten . daz chit quonen zesingene in dien brutechemanaton *tu quem psallentem thalamiis ... perhibent . copula sacra . i. nati per copula sacra . deum* Nc 689,6 [3,9]. si gaben iro scaz den huotarin dines lichinamen, daz si dih sageten uerstolnan fone dinen iungerun Npw 11,3. uuir urdanchon under uns daz man in ferstolanan saget 5. disir ist min got, io der eino in dera alten e unde in dera niuuuen. nieht so dia irrari uuolten, dia anderen got sageton dera alten e, anderen dera niuuuen e Cant. Moysi 2 (*'die den einen als Gott des Alten Testaments bezeichneten, den anderen als* (*den Gott*) *des Neuen Testaments', mit Ersparung der zweiten prädik. Best. in der Reihung;* Np nals so heretici uuolton . die anderen sageton uuesen auctorem ueteris . anderen noui *s. oben* 1aδ); – *Glossen:* segita [*quid ergo mirum si* (*Jesus*) *ex humanitate sua minorem se patre*] *asserit* [*in caelo? Greg., Hom. II,25 p. 1549*] Gl 2,300,41 (*oder im Lat. als acc. c. inf. mit erspartem esse aufzufassen* (?), *dann vgl.* 1aδ). kesaket uuirdit [*qui ergo fluxum seminis sustinet, immundus*] *asseritur* [*ders., Cura 2,4, PL 77,32,12A*] Nievergelt, Runenschr.[2] S. 120,7 (*nach* Gl 2,243,7). kasaket [*non ideo te bonum existimes, si bonus*] *praediceris* [*Is., Syn. 2,42 p. 855A*] 188,19 (*nach* Glaser, Griffelgl. S. 621,*7); – *hierher vielleicht auch:* ende (*'und'*) sagdun [*obtulistis mihi hunc hominem*] *quasi* [*avertentem populum, Luc. 23,14*] Gl 4,300,14 = Wa 58,29.

8) *jmdm./einer Sache jmdn./etw. zusprechen, -schreiben:*

a) *allgem.:*

α) *mit Dat. d. Pers. u. Inf.-Konstr.:* stamfon unde malen misseliche uuiste saget Italia Pilumno . unde arzetuom saget Grecia Asclepio *comminuendae frugis farrisque fragmenta Pilumno signat Italia ascribit Asclepio Graecia medicinam* Nc 821,8. 9 [140,9. 10];

β) *Glossen:* kisag*et* ist [*qui ... haec (die tiefen Quellen der Wissenschaft) apud bruta audientium corda non contegit, poenae reus*] *addicitur* [*, si per verba eius in scandalum, sive munda sive immunda mens capiatur, Greg., Cura 3,39 p. 99*] Gl 2,232,8. kasag*et* piprungan [*Iacobum ... cui episcopalis in Hierosolymis*] *delata* [*ab apostolis fuerat sedes, Pass. Jac., Lip. I,22a*] 745,5;

b) *spez. in der Logik: einem Bestandteil einer Aussage etw. (einen anderen Bestandteil, eine Eigenschaft) zusprechen, von etw. etw. als zutreffend behaupten (Gegensatz* firsagên *'absprechen, als nicht zutreffend behaupten' (vgl. Staeves S. 136f.),* uuidarsagên *'entgegengesetzt aussagen, bestreiten'; vgl. auch* 2. 9)*:*

α) *mit abstr. Dat. u. abstr. Akk.:* tiu (*enuntiatio*) ist sleht . tar ... terminorum (*'Socrates' u. 'vivit'*) einer gesaget uuirt temo andermo . ut Socrates uiuit . alde uersaget . ut Socrates non uiuit Ni 513,18 [20,24]. ter possibili uersaget ten lougen non possibile . ter liuget ter imo ouh ten saget possibile non esse . ter liuget aber 574,16 [91,2];

β) *mit* fona + *abstr. Dat. u. pronom. Akk. (im Passiv pronom. Nom.):* souuaz fone demo einemo gesaget uuirt . taz uuirt note uuidersaget fone demo andermo Nb 232,5 [186,18/19]. tero enuntiationum ... ist sumelichiu sleht . unde selbuuahsen . also dir ist . fone etelichemo eteuuaz sagen . ut Socrates uiuit . alde uersagen . ut Socrates non uiuit *harum autem haec quidem simplex est enuntiatio. ut aliquid de aliquo . s. praedicare . vel aliquid . ab aliquo . s. segregare* Ni 513,12 [20,17].

9) *spez. in der Logik: etw. bejahen, bestätigen, als zutreffend behaupten (Gegensatz* uuidarsagên *'entgegengesetzt aussagen, bestreiten',* firsagên *'verneinen, negieren, als nicht zutreffend behaupten'; vgl. auch* 2. 8b)*:*

a) *mit pronom. Akk.:*

α) *bei persönl. Subj.:* ube daz futurum samolih ist . so ist io guislicho uuar daz man saget . alde uuidersaget *quare necesse est . aut affirmationem aut negationem . veram esse . s. definite* Ni 526,22 [35,20];

β) *bei abstr. Subj.:* siu (*die Vordersätze eines logischen Schlusses*) tuont io einuuedir . sagent alde uersagent . al . alde sum *praedicantur autem proloquia . universaliter et particulariter . dedicative et abdicative* Ns 599,8 [271,5];

b) *mit pronom. Akk. u. prädik. Best. im Akk.:* ube einer daz saget chumftig . daz anderer uuidersaget . so saget echert ter eino uuar peide nemugen sie *si hic quidem dicat . futurum aliquid . ille vero non dicat ... si omnis affirmatio . vel negatio . vera . vel falsa est . utraque enim non erunt simul in talibus* Ni 526,8 [35,4] (*zweites* saget *s.* 2dα).

10) (*jmdm.*) *etw.* (*ohne Worte*) *zeigen, offenbar machen, bei abstr. Subj.:*

a) *mit abstr. Akk. u. Dat. d. Pers.:* uuaz saget uns anderes tiu fart iro urlaglichun metemungo . unde die ringa . ioh tie ruccha dero planetarum . âne dia perfectionem septenarii? *an aliud testantur cursus fatalis temperamenti . syderumque circuli et motus?* Nc 780,7 [97,7];

b) *Glossen:* segitun [*omnia quippe elementa auctorem suum venisse*] *testata sunt* [*Greg., Hom. I,10 p. 1468*] Gl 2,282,8. kasag*et* ist [*transitus ergo de hac vita mortali in aliam vitam immortalem ... in passione et resurrectione domini*] *commendatur* [*Is., De off. 1,32 p. 767*] 343,1. saget [*exemplar sceleris paries habet inlitus, in quo multicolor fucus*] *digerit* (*Glossen: ordinat, componit, vgl. PL 60*) [*omne nefas, Prud., P. Hipp. (XI) 123*] 438,18 (*nach Gl.-Wortsch. 8,62 1 Hs. noch Gl. explanare*). ni sagan [*ministrant farra* ...,] *ne* [*blando nequeat superesse labori invalidique patrum (sc. der Zuchthengste)*] *referant* [*ieiunia nati, Verg., G. III,128*] 637,22 (*nach Gl.-Wortsch. 8,62 noch Gll. reportare, restituere*).

11) *etw. besagen, bedeuten, mit pronom. Akk., bei abstr. Subj.:* diu zuei (*Aussagen 'in Aegypto' u. 'in tabernaculis Cham'*) sagent ein . uuanda Chamis afterchomen besazzen Ęgyptum Np 77,51.

12) *weitere Verbindungen:*

a) thaz burgreht sagên *Stadtrecht sprechen, weisen, urteilen* (*vgl. DRWb. 11,1418 s. v.* sagen)*:* also die ze Romo iuridici hiezen . die daz purgreht in dinge sageton Nb 69,11 [58,20] (*'die ... verkündeten (oder darüber Auskunft gaben)', vgl. Schulz, Ahd. quedan S. 57*);

b) fridu sagên *Frieden wünschen:* vmbe mine bruodera unde umbe mine chunnelinga . sageta ih frido fone dir *propter fratres meos et propinquos meos loquebar pacem de te* NpNpw 121,8 (*'Frieden von dir (kommend)'; zum Bezug der Richtungsangabe auf das Obj. s. unten; entgegen der herkömmlichen nhd. Übers. 'um meiner Brüder und Freunde willen will ich dir Frieden wünschen'; anders auch s. v.* fona B VII aα, *Ahd. Wb. 3,1115: 'von, über, betreffs, hinsichtlich, in bezug auf'*). ih sageta in dannan id est . fone dinen (*Jerusalems*) atriis frido . daz ih sie darageuuisti 9 (*'von dorther (kommenden) Frieden'; zum Bezug der Richtungsangaben auf das Obj. s.* thannân 1. Teil A I 1aβ, *Ahd. Wb. 2,69f. u.* fona B I 5b *a. a. O. 3,1089f.*);

c) lob sagên (*jmdm.*) *lobsingen,* (*jmdn.*) *lobpreisen:* lop sagata [(*die Prophetin Anna*)] *confitebatur* [*domino: et loquebatur de illo omnibus, Luc. 2,38*] Gl 1,805,52 (*4 Hss.* lobôn). (*Ludwig*) gode lob sageda S 86,45;

d) *in der Logik:* nein unde jah sagên *ein positives und ein negatives Urteil (über etw.) bilden* (*vgl. Jaehrling S. 117f., Staeves S. 125f.; vgl. auch* 2. 8b. 9)*:* ube man fone allelichen . allelicho saget nein unde iah . tie saga uuerdent uuideruuartig *si ergo universaliter enuntiet in universali . quoniam est . aut non . contrariae erunt enuntiationes* Ni 516,11 [23,21];

e) quiti/urkundi/giuuiznessi/giuuizscaf sagên *Zeugnis (über/für jmdn./etw.) ablegen* (*bei* Np *ist* sagên *auch mit lat. testimonium verbunden, vgl.* β. γ)*:*

α) *ohne weitere Ergänzungen (der Wortlaut des Zeugnisses kann folgen):* luckez urchunde nesculit ir sagen [*vgl. non falsum testimonium dicere, Reg. S. Ben., Hellgardt, Pred. S. 81*] S 162,19; *ferner:* T 14,6 (*testimonium perhibere*); *– mit dem Wortlaut des Zeugnisses in einem* thaz-*Satz:* ih gisah inti giuuiznessi sageta, thaz ther ist gotes sun *ego vidi et testimonium perhibui, quia hic est filius dei* T 14,7. ir saget ouh giuuiznessi, uuanta ir fon anaginne mit mir uuarut *vos testimonium perhibetis, quia ab initio mecum estis* 171,2; *Glosse:* sag*e*tun [(*die ungläubigen Juden*) *testimonium*] *proferunt* [*, quod Bethlehem honorari nativitate novi ducis ostenditur, Greg., Hom. I,10 p. 1468*] Gl 2,282,15;

β) *mit abstr. Dat.* (*bei* Npw, *auch* Np? *abstr. Gen.*)/ *Dat. d. Pers. zur Angabe desjenigen, für das/den* (*sc. zu dessen Gunsten*) *Zeugnis abgelegt wird; der Wortlaut des Zeugnisses kann folgen* (*vgl. auch* γ. ε): meistar, ... themo thu giuuizscaf sagetos, senu ther toufit hier *rabbi, ... cui tu testimonium perhibuisti, ecce hic baptizat* T 21,4. thuruh uuort thes uuibes giuuizscaf imo sagantes: uuanta quad mir alliu thiu ih teta *propter verbum mulieris testimonium perhibentis: quia dixit mihi omnia quaecumque feci* 87,9. her (*Johannes*) giuuizscaf sagata uuare *testimonium perhibuit veritati* 88,11; *ferner:* 195,6 (*testimonium perhibere*); – *bei abstr. Subj.:* din lex ist uuarheit . also darana skinet . daz si testimonium (Npw urchunde) saget iustitię dei (Npw des gotis rehtis) [*vgl. quomodo enim non veritas lex, ... quae testimonium perhibet iustitiae dei? Aug., En.*] NpNpw 118 S,142 (*zur Auffassung von iustitiae bei* Np *als Dat. Sing. Fem. vgl. veritati in* T 88,11, *oder ist wie bei* Npw *von einem Gen. auszugehen?*);

γ) *mit Präp.verb. zur Angabe desjenigen, über das/den Zeugnis abgelegt wird; der Wortlaut des Zeugnisses kann folgen* (*vgl. auch* β):

mit fona + *abstr. Dat./Dat. d. Pers.:* thie (*Johannes*) quam zi urcunde, thaz her giuuizscaf sageti fon liohte *hic venit in testimonium, ut testimonium perhiberet de lumine* T 13,4. Iohannes giuuizscaf saget fon imo *Iohannes testimonium perhibet de ipso* 8. ther mittiligarto ... mih hazzot, bithiu uuande ih giuuiznessi sagen uona imo, bithiu uuanta (*'daß'*) sinu uuerc ubilu sint *mundus ... me autem odit, quia ego testimonium perhibeo de illo, quia opera eius mala sunt* 104,2 (*zum mit* bithiu [h]uuanta *eingeleitetem Attributsatz vgl.* bî 2. Teil D II 4cε, *Ahd. Wb. 1,988*). thu fon thir selbemo giuuiznessi sages *tu de te ipso testimonium perhibes* 131,2. ob ih ubilo sprah, sage thanne quiti fon ubile *si male locutus sum, testimonium perhibe de malo* 187,5; *ferner:* 13,4. 88,10 (3). 12. 131,3. 5 (2). 239,5 (*alle testimonium perhibere*); – *bei abstr. Subj.:* thiu selbon uuerc thiu ih tuon giuuizscaf sagent uon mir *ipsa opera quae ego facio testimonium perhibent de me* T 88,12. thiu (*heiligen Schriften*) sint thiu dar giuuizscaf sagent uon mir *illae sunt quae testimonium perhibent de me* 13; *ferner:* 134,3. 171,1 (*beide testimonium perhibere*);

mit ubar + *Akk. d. Pers.:* sie dahton falsa testimonia (Npgl lukkiu urchunde, Npw lugiu urchundi) uber mih zesagenne [*vgl. nostis quanta falsa testimonia dicta sunt in dominum, Aug., En.*] NpNpw 37,13;

δ) *mit Dat. d. Pers. zur Angabe desjenigen, dem gegenüber Zeugnis abgelegt wird, u.* thaz-*Satz*/ fona + *Dat. d. Pers. zur Angabe desjenigen, über das/den Zeugnis abgelegt wird:* ir selbon saget mir giuuizscaf thaz ih quad: ih ni bin Crist, uzouh bim gisentit furi inan *ipsi vos mihi testimonium perhibetis quod dixerim ego: non sum Christus, sed quia missus sum ante illum* T 21,5. ir santet zi Iohanne, daz er iu urchunde sageta fone mir Npw 118 N,99 (Np *testimonium perhibuit de me*);

ε) *mit Präp.verb. zur Angabe desjenigen, gegen den Zeugnis abgelegt wird: in bruchstückhafter Überlieferung:* ni gahoris huueo manac sam .. dir sagent? *non audis quanta adversum te dicant testimonia?* F 24,22; – *Glosse:* segitun [*tu scis quoniam falsum testimonium*] *tulerunt* [*contra me, Dan. 13,43*] Gl 1,664,37. 5,98,41 (*nach* Gl 1,814,15).

13) *Glossenwort:* sagada *edidi* Gl 1,120,7. saken spanan cachunden *intimare suggere indicare* 176,31. sagem spanu chundiu *intimabo insinuabo nuntiabo* 34. saken *nuntiare* 177,36. regent sagent quedant *inquiunt aiunt dicunt* 180,15. ist casaket *perhibetur* 228,27. kisekit *digesta* [*ohne Kontext*] 2,742,32 (*zu möglichen lat. Kontexten vgl. Krotz, in: Glossogr. 1,799*). saget chundit *perhibetur* [*pronuntiatur, CGL IV,553,13*] 4,13,38. gesaget *relata* 91,51. 157,57 (*vgl.* Beitr. (Halle) 77,220). *inculcat* 146,28. ih sage *assero* 232,13. *dissero* 20.

Komp. filu-, uuîssagên; *Abl.* saga[1], sagâri[1], sago[1], sagunga, seggo[1], seginî; sagênto; *vgl.* ungisagêt, unsagalîh, unsagênti.

[Nässl]

avur-**sagên** *sw. v.* – *Graff VI,102.*

auar-...-saganne: *inf. dat. sg.* Gl 2,333,57 (*clm 14747, 9. Jh.*).

etw. wiederholen: auarzasaganne [*de hoc signo* (*sc. die Speisung der Viertausend*) *iam supra diximus, et eadem*] *repetere* [*otiosi est, Hier. in Matth. 15,33–39*].

ana-**sagên** *sw. v., mhd.* anesagen, *nhd.* ansagen; *mnd.* anseggen, *mnl.* aenseggen; *afries.* onsedza; *ae.* onsecgan. – *Graff VI,100 f.*

Zum Nebeneinander von Formen der 3. u. 1. Konjugation vgl. Braune, Ahd. Gr.[16] *§ 368 Anm. 2.*

ana-sag-: *3. sg.* **-et** Gl 2,729,19; **-at** ebda.; **-it** 135,55 (*M*); *3. sg. conj.* **-e** 295,3 (*M; oder verschr. für* -et, *3. sg. indic.* (?), *so Raven II,250; lat. indic.; vgl. aber auch* 1c); *inf.* **-an** 288,33 (*M*); *3. pl. prt.* **-atun** 606,42 (*M*); **-itun** 1,750,70 (*M*); **-gi-:** *part. prt.* **-et** 815,60 (*M, 3 Hss., 2* -&); 2,119,36 (*M;* -&); **-it** 1,815,61. 2,118,34. 119,36/37 (*alle M*); *nom. sg. m.* **-ater** 135,68 (*M, 3 Hss., 1 Hs.* -t̄); **-iter** 69/70 (*M;* -t̄); *dat. sg. f.* **-itero** 606,23 (*M*); *nom. pl. n.* **-ativ** 128,52 (*M*); **-etiu** 53 (*M;* -&-); *nom. pl. f.* **-ita** 124,45 (*M; zu* -a *für* o *vgl. Braune a. a. O. § 248 Anm. 9b*); *acc. pl. n.* **-atiu** 600,56 (*M, 3 Hss., 1 Hs.* -tiv); **-ge-:** *Grdf.* **-et** 118,36 (*M*); *nom. sg. f.* **-etiu** 117,73 (*M; lat. nom. sg. n.*); *nom. pl. f.* **-ete** 124,46 (*M*); **an-:** *3. pl. prt.* **-atan** 1,750,72 (*M*); **-iten** 71 (*M, clm 17403, 13. Jh.*); **-itin** ebda. (*M*).

ana-seg-: *3. pl. prt.* **-itun** Gl 1,750,69 (*M, 3 Hss.*); **-atun** 70 (*M*); **-gi-:** *part. prt.* **-it** 2,118,34/35 (*M, 2 Hss.*). 119,37 (*M, 2 Hss.*). 135,55 (*M*); *nom. sg. n.* **-iten** 128,53 (*M; s. u.* 1a); *nom. sg. f.* **-itiv** 117,72 (*M, 2 Hss., 1 Hs.* -iu; *lat. nom. sg. n.*); *nom. pl. n.* **-itiv** 128,52 (*M*); *nom. pl. f.* **-ito** 124,45 (*M, 4 Hss., darunter clm 6242, Hs. 9. Jh.*); *dat. pl.* **-iten** 122,49 (*M, 3 Hss.*); **-ge-:** *Grdf.* **-it** 119,38 (*M*); *ohne gi-:* **ana-seg-:** *dass.* **-it** 118,36 (*M, Wien 2732, 10. Jh.*); *nom. sg. f.* **-itiu** 1 (*M, Wien 2732, 10. Jh.; lat. nom. sg. n.*). – **an-gi-:** *nom. sg. f.* **-itiu** Gl 2,118,1 (*M; lat. nom. sg. n.*).

Mit Kontraktion: **ana-gi-sater:** *part. prt. nom. sg. m.* Gl 2,135,69 (*M; oder verschr.?*); **ane-ge-saiter:** *dass.* 70 (*M, Würzb. Mp. th. q. 60, 13. Jh., Wien 804, 12. Jh.*).

Verschrieben: **ana-gi-sage:** *part. prt.* Gl 1,815,62 (*M*); **ani-gi-sagiti:** *dat. pl.* 2,122,50 (*M*).

ansagan Gl 2,404,18 *s.* intsagên.

Nur in Glossen belegt.

1) *etw. vorbringen, etw.* (*über jmdn.*) *darlegen, zur Sprache bringen, meist in rechtlichen Zusammenhängen:*

a) *etw.* (*eine Anklage, einen Vorwurf*) *vorbringen, auch:* (*gegen jmdn.*) *Klage einreichen:* anasegitun [*de quo (Paulo), cum stetissent accusatores, nullam causam*] *deferebant* [, *de quibus ego suspicabar malum, Acta 25,18*] Gl 1,750,69. anagisagita [*si autem maiores causae in medio fuerint*] *devolutae* [, *ad sedem apostolicam ... post iudicium episcopale referantur, Decr. Inn. X p. 197*] 2,124,45. anagisagativ [*cum haec*] *edocta* (*1 Hs.* edoctū) [*fuerint, quae potest huius nominis esse iactura, Decr. Bonif. III p. 214*] 128,52. anagisegit (vūdan) [*cum ... (König Theoderich) praecepisset ... ut de his, quae de venerabili papa Symmacho ... ab adversariis ipsius dicebantur*] *impingi* (*1 Hs. impingit*) [*sanctum concilium iudicaret, Decr. Symm., Syn. Rom. p. 264*] 135,55 (*4 Hss.* anastôzan*; zu impingere 'vorwerfen, vorhalten, unterstellen' vgl. Mlat. Wb. III,1426,60*);

b) *etw. bestätigend vorbringen, bezeugen:* anasagan [*monachus noster ... cum magno fletu*] *attestari* [*solet, quia quousque corpus eius sepulturae traderetur, ab eorum odoris illius fragrantia non recessit, Greg., Hom. I,15 p. 1491*] Gl 2,288,33 (*zur Übers. vgl. Schulz, Ahd. quedan S. 66*);

c) *Vok.-Übers.:* anagituot anasage [*quis enim coelo violentiam*] *irrogat* [*? Greg., Hom. I,20 p. 1524*] Gl 2,295,3 (anasage *von anderer Hand übergeschr.; 1 Hs. nur* anagituon); *gegen die Kontextbed. '(Gewalt) ausüben'; zu irrogare '(beim Volk) in Vorschlag bringen, beantragen' vgl. Georges, Handwb.[11] 2,455.*

2) *jmdm. etw. (ein Vergehen) vorwerfen, zur Last legen; meist in rechtlichen Zusammenhängen:* anagisag*et* vuerd*ent* [*summus sacerdos ... interrogavit Iesum, dicens: Non respondes quidquam ad ea, quae tibi*] *obiiciuntur* [*ab his? Marc. 14,60*] Gl 1,815,60. anagisegitiv [*cum in ecclesia ei (einem kirchlichen Würdenträger) fuerit crimen*] *institutum* [, *vel civilis causa fuerit commota, Conc. Carth. XV p. 146*] 2,117,72 (*anders DRWb. 1,708 s. v.* ansagen *'melden'*). anagisagit uvirdit (*1 Hs. noch* ł anagetar (*l.* -tan*?*) werdan) [*nec a communione suspendatur, cui (dem Bischof) crimen*] *intenditur* [*ebda. XIX p. 147*] 118,34 (*nach Gl.-Wortsch. 8,59 1 Hs. noch Gl. protendere*). anagisag*et* vuerd*ent* [*postremo etiam illa, quae*] *obiiciuntur* [, *pertractentur, et cum (der Kandidat für das Bischofsamt) purgatus fuerit in conspectu publico, ita demum ordinetur, Conc. Afr. L p. 151*] 119,36. anagisegiten [*ita nunc (Apiarius) posset de tantis criminibus a Thabracenis*] *obiectis* [*... purgari, ebda. CXXXVIII p. 173*] 122,49. anasaget [*ipse enim passionem, quam illis*] *obiecit* (*Hs. -icit*) [, *in se habet, Vitae patr. 577[b],29*] 729,19; – *hierher auch (?):* anagisagitero [(*Eusebius*) *singulas quasque ecclesias*] *abiurata* [*infidelitate ad sanitatem rectae fidei revocabat, Ruf., Hist. eccl. X,31 p. 994*] Gl 2,606,23 (*nach Gl.-Wortsch. 8,59 noch Gl. negatus; zur möglichen Deutung 'nach vorgeworfener Ungläubigkeit' gegen die kontextgerechte Übers. 'nach abgeschworener Ungläubigkeit' der Stelle durch den Glossator vgl. Schulz, Ahd. quedan S. 66; anders DRWb. 1,709 s. v.* ansagen *'abschwören' u. Splett, Ahd. Wb. I,2,782. 783 Anm. 2, der den Beleg zu einem bisher nicht belegten Ansatz* abasagên *stellt, was eine verschriebene Form voraussetzen würde; oder als Verschr. zu* intsagên *(?), vgl. das dort belegte lat. Lemma abiurare u. Formen mit* an(t)sag-); – *Vok.-Übers.:* anasagatun [*adsertor innocentiae deus adfuit et in caput eorum, qui*] *intenderant* [*dolum, poena conversa est, Ruf., Hist. eccl. XI,10 p. 1018*] Gl 2,606,42 (*gegen die Kontextbed. dolum intendere 'eine böswillige Handlung beabsichtigen, betreiben'; zu intendere 'vorwerfen' vgl. auch oben* Gl 2,118,34); – *im Part. Praet., substant.: Vorwürfe:* anagisagatiu [*Alexandri alabarchae frater, filosofiae non ignarus potentissime purgavit*] *obiecta* [. *Sed abicit eum Gaius, Ruf., Hist. eccl. II,5 p. 119*] Gl 2,600,56.

3) *im Part. Praet.: beschuldigt, angeklagt:* anagisagat*er* [*memorati pontifices,... suggesserunt ipsum, qui dicebatur*] *impetitus* [, *debuisse synodum convocare, Decr. Symm., Syn. Rom. p. 264*] Gl 2,135,68.

Abl. anasaga, anasagâri.

Vgl. Schulz, Ahd. quedan S. 65 f.

bi-**sagên** *sw. v., mhd.* besagen, *nhd.* besagen (*meist in anderer Bed.*); *as.* biseggian, *mnd. mnl.* beseggen; *afries.* bisedza; *ae.* besecgan. – *Graff VI,102 f.*

pi-sag-: *3. sg.* **-et** Gl 2,226,53 (*S. Flor. III 222 B, Gll. 9. Jh. (?); -&*); *part. prt.* **-et** 83,42 (*2 Hss., darunter Stuttg. H. B. VI 109, 9. Jh.; 1 Hs. -&*). 85,63 (*Würzb. Mp. th. f. 146, 9. Jh.; -&*). 4,319,26 (*Berl. Phillipp. 1741, Gll. 9. Jh. (?); -&*); *mit* ss- *für* s (*vgl. Braune, Ahd. Gr.[16] § 168 Anm. 2*) *oder verschr. (?):* **-ssaget:** *dass.* 2,83,43 (*vgl.* Beitr. (Tüb.) 102,318,15a; *Madr. Aemil. 44, 10. Jh.;* ulpis saget, *mit* pis *an ul, Abkürzung für lat. vel, angelehnt; nach Steinm. -&, unsicheres -a- rad.*). Beitr. (Tüb.) 102,318,15b (*Paris Nouv. acqu. lat. 1296, Hs. 10. Jh.;* ulpis saget, *s. oben*); **bi-saget:** *dass.* Gl 4,320,43.

pesagida Gl 2,46,9 *s.* ?bisegida; perann Gl 1,754 Anm. 7 (*clm 6230, Hs. 10. Jh.; die letzten drei Buchstaben unsicher, Steinm.*), *neu gelesen als* pesa . n, *vgl.* Sprachwiss. 42,144,b* (*wo eine Zuordnung hierher erwogen wird*), *s. unter* pesa . n, *Nachtrag.*

beschuldigen: pisaget odo pizihit [*correpti namque mens repente ad odium proruit, si hanc immoderata increpatio plus quam debuit*] *addicit* [*Greg., Cura 2,10 p. 32*] Gl 2,226,53; *hierher auch, in interpretierender Übers. von inretitus 'verstrickt (in)':* piuagan uel pisaget [*placet igitur charitati vestrae, ut is, qui aliquibus sceleribus*] *inretitus* [*est, vocem adversus maiorem natu non habeat accusandi, Conc. Carth. VIII p. 145*] 83,42. 4,319,26. Beitr. (Tüb.) 102,138,15b, *z. gl. St.* piuangan odo pisag*et* Gl 2,85,63. 4,320,43; *zu den Hss. u. zur Glossierung vgl. Karg-Gasterstädt, in: Festschr. Bohnenberger S. 235–236. 238. 240; Blech, Gl.-Stud. S. 353 f.*

Abl. ?bisegida.

fir-**sagên** *sw. v., mhd. nhd.* versagen; *as.* farsagon (*s. u.*), *mnd.* vorseggen, *mnl.* verseggen; *ae.* forsecgan. – *Graff VI,103 f.*

Zum Nebeneinander von Formen der 3. u. 1. Konjugation vgl. Braune, Ahd. Gr.[16] § 368 Anm. 2.

for-sag-: *part. prt. nom. sg. m.* **-eter** Gl 2,229,39 (*S. Flor. III 222 B, Gll. 9. Jh. (?); -&er*); **fur-:** *inf.* **-en** T 51,4; **far-:** *1. sg.* **-on** Gl 4,196,31 (*sem. Trev.; -o- aus* a *korr.*); *1. sg. prt.* **-uda** 1,297,23 (*Paris Lat. 2685, 9. Jh.;* uar-; *zur Endg. vgl. Franck, Afrk. Gr.[2] § 58,2, Braune a. a. O. § 305 Anm. 4*); *part. prt.* **-et** 2,745,9 (*clm 14747, 9. Jh.; -&*); *nom. sg. m.* **-ater** 229,39/40 (*Wien 949, 9. Jh.*); **fir-:** *1. sg.* **-en** O 1,9,17 (*PV*). 4,11,29; **-o** S 135,2 (*BB*); *3. pl.* **-ent** Npw 140,4 (uir-); *part. prs.* **-enti** O 1,4,68 (*P*); *3. sg. prt.* **-eta** 2,14,20; **-et** 3,15,27 (*mit Elision vor vokalischem Anlaut*); *part. prt.* **-et** Npw 111,7 (uir-); **fer-:** *1. sg.* **-en** O 1,9,17 (*F*); **-o** Nb 240,25 (uer-). 26. 241,18 [192,6. 7. 21]. Nk 392,22 [33,18] (uer-); *2. sg.* **-est** Nb 76,24 [65,30] (uer-); *3. sg.* **-et** Gl 2,774,42. Nb 72,14 [61,25] (uer-). Ni 506,9 (uer-). 518,7 (uer-). 528,26. 568,9. 574,14 (uer-) [11,25. 25,22. 38,3. 83,24. 91,1]. Np 52,1. Ns 612,10/11 [291,20] (uer-, -&); *3. pl.* **-ent** Nb 117,16 [101,19]. Nk 463,13 [108,2] (uer-). NpNpw 3,3 (Npw uer-). Np 65,1. 108,20.

140,4. Ns 599,8/9 [271,5] (uer-, *erstes* -e- *aus* i *korr.*); *1. sg. conj.* **-e** Nb 136,21 [116,20]; *3. sg. conj.* **-ee** Nk 432,19 [76,5]; *2. sg. imp.* **-e** 26 [12]. Np 56,1; *2. pl. imp.* **-ent** 74,5; *inf.* **-en** Gl 2,457,23 (*2 Hss.*). Nb 259,29/30 [204,3]. Ni 513,13 (uer-). 516,5. 544,19 (uer-) [20,18. 23,15. 56,15]. Np 58,1; *dat. sg.* **-enne** Nk 439,6 [83,1] (uer-); *part. prs.* **-enti** O 1,4,68 (*F*); *nom. sg. f.* **-enta** Ni 580,19. 584,13/14 [98,9. 102,8] (*beide* uer-); *gen. pl. f.* **-entero** 580,22 [98,13] (uer-); *3. sg. prt.* **-eta** Np 96,11; *3. pl. prt.* **-eton** 65,1; *3. sg. conj. prt.* **-eti** Ni 530,9 [39,24] (uer-); *part. prt.* **-et** Nb 72,18 (uer-). 225,27 [61,29. 182,2]. Ni 513,19 [20,25] (uer-). Np 94,11. 111,7. Ns 609,27. 610,1 [287,12. 19] (*beide* uer-, -&). *WC* 52,33. 41 [101,28. 103,12] (*beide* uer-); **-at** *WA* 52,33. 41 (*beide* uer-); **fyr-:** *part. prs.* **-enti** O 1,4,68 (*V; fyr- korr. aus* fer, *so Ausg. Kelle, oder aus* uer, *so Ausg. Piper; zum Lautwert vgl. Kelle 2,445 f.*); **ū-:** *3. sg. prt.* **-ata** Gl 2,673,67 (*lat. prs.*).

fir-sekiter: *part. prt. nom. sg. m.* Gl 2,209,47. – **far-seggoni:** *inf. dat. sg.* Gl L 783. – **fir-seg-:** *part. prt. nom. sg. m.* **-iter** Gl 2,206,73; **fer-:** *3. sg.* **-it** Tiefenbach, Aratorgl. S. 26,19 (*zweites* -e- *unsicher*); *3. sg. prt.* **-ita** Thoma, Glossen S. 21,38.

far . . ta Mayer, Glossen S. 58,30 *s.* fir-lougnen.

I. *transitiv:*

1) *jmdm. etw.* (*Gefordertes, Erbetenes*) *verweigern, nicht gewähren, verbieten:*

a) *mit Dat. d. Pers. u. abstr. Akk.:* thes fater namon (*sc. den Namen Zacharias*) in min war, then firsagen ih iu sar O 1,9,17. dia (*Freude*) fersageta Esaias dien ubelen . do er chad . non est gavdere impiis dicit dominvs Np 96,11. ouh nist uns gnada uersaget, uuanta da nah sa gescriban ist, daz daz mittelode des diskes mit minnon geslihtet si [*vgl. dilectio ... ipsaque donabit, fragilis quod vita negavit, Expos.*] W 52,33 [101,28]. den (*Frauen, sinnbildlich für die guten Seelen*) neuuirt daz gesidele ze demo uuunne diske niet uersaget 41 [103,12]; *ferner:* O 3,15,27. Np 94,11; – *erw. mit Präp. verb. zur Angabe des Mittels:* in euuigero gehuhte uuiset der rehto . diu uuirt impiis fersaget an dien uuorten . non novi vos NpNpw 111,7; – *mit Ersparung des Akk. in der Koordination:* die (*Juden*) sia (*die Auferstehung*) in selben gehiezzen . unde gentibus fersageton Np 65,1;

b) *nur mit abstr. Akk.:* bi wiu si (*die Frau aus Samaria*) . . . thaz drinkan so firsageta O 2,14,20; – *Glossen:* ni uarsaguda [*videte quoniam insidietur nobis misit enim ad me pro uxoribus meis et filiis et pro argento et auro et*] *non abnui* [*3. Reg. 20,7*] Gl 1,297,23. firsegiter [*quatenus pax a cordibus vestris nec*] *abnegata* [*discedat, Greg., Cura 3,22 p. 70*] 2,206,73. 209,47. 229,39. ne uersagata [*haut mora consiliis,*] *nec* [*iussa*] *recusat* [*Acestes, Verg., A. V,749*] 673,67.

2) *jmdm./einer Sache etw. absprechen, aberkennen:*

a) *allgem.:*

α) *mit Dat. d. Pers. u. abstr. Akk.:* diz uuerch ist hȩreticorum samoso Iudeorum . die . . . mir ȩqualitatem patris fersagent *hoc opus eorum qui detrahunt mihi apud dominum* Np 108,20 (Npw si in (*den Sohn*) imo (*dem Vater*) sageten smaheren wesen); *erw. mit Präp. verb. zur Angabe des Mittels:* mit tien uuorten habet si (*die Philosophia*) imo (*Boethius*) uersaget . infirmationem rationis Nb 72,18 [61,29];

β) *mit Dat. d. Pers. u. Nebens.:* tiu ratio ist so starh . taz Philosophia imo (*Boethio*) uersaget . taz er daragagene . nieht sar erliuten muge Nb 72,14 [61,25];

γ) *Glosse:* fersagen *abiurare* (*Glossen: denegare, tollere, vgl. PL 59*) [*deo titulum nomenque paternum credimus esse nefas, Prud., Apoth. 223*] Gl 2,457,23 (*nach Gl.-Wortsch. 8,65 1 Hs. noch Gl. abnegare*);

b) *spez. in der Logik: einem Bestandteil einer Aussage etw.* (*einen anderen Bestandteil, eine Eigenschaft*) *absprechen, von etw. etw. als nicht zutreffend behaupten* (*vgl. Staeves S. 136; Gegensatz* sagên *'zusprechen', vgl.* sagên 8b, zîhan; *vgl. auch* 7b)*:*

α) *mit abstr. Dat. u. abstr. Akk.:* ter possibili uersaget ten lougen non possibile . ter liuget ter imo ouh ten saget possibile non esse . ter liuget aber Ni 574,14 [91,1]; *mit Ersparung der Objekte in der Koordination:* tiu (*enuntiatio*) ist sleht . tar . . . terminorum einer gesaget uuirt temo andermo . ut Socrates uiuit . alde uersaget . ut Socrates non uiuit 513,19 [20,25];

β) *im Infinitiv, mit Ersparung der Präp. verb. zur Angabe dessen, von dem etw. als nicht zutreffend behauptet wird, u. des abstr. Akk. in der Reihung:* tero enuntiationum . . . ist sumelichiu sleht . unde selbuuahsen . also dir ist . fone etelichemo (*'über, in bezug auf etw.'*) eteuuaz sagen . ut Socrates uiuit . alde uersagen . ut Socrates non uiuit *harum autem haec quidem simplex est enuntiatio . ut aliquid de aliquo . s. praedicare . vel aliquid . ab aliquo .s. segregare* [*vgl. pertinet . . . ad negationem . . . ut unum aliquid . ab uno aliquo praedicando disiungas, Boeth., Comm. I*] Ni 513,13 [20,18];

γ) *mit abstr. Akk. u. abstr. Gen.:* fone diu ist not io daranah tiu proloquia eteuues zihen . alde eteuues fersagen . uuilon diu gemeinen . uuilon div sundrigen *necesse est enuntiare . quoniam inest aliquid . aut non* [*vgl. quoniam ergo sunt quaedam rerum universalia . alia vero singularia . manifestum est . quoniam omnis affirmatio aut negatio per haec constituitur, Boeth., Comm. I*] Ni 516,5 [23,15]. sie uersagent selbun dia iustitiam merheite unde minnerheite *iustitiam namque a iustitia . non multum aiunt magis et minus dici* Nk 463,13 [108,2].

3) *jmdn.* (*auch sich*)*/etw. von etw. freisprechen, für etw. rechtfertigen, wegen etw. verteidigen:*

a) *mit refl. Akk. u. abstr. Gen.:* sament unrehten . unde sament iro iruueleten nehabo ih kemeinsami. Taz sint die sih selben sundon fersagent [*vgl. defendentes (peccata) et asserentes, ne aliquid culpae eorum tribuatur, Aug., En.*] NpNpw 140,4;

b) *mit Akk. d. Pers., korrelat. Pron. im Gen. u. Nebens.:* taz sie ubel sin . des neuersago ih sie *nam qui mali sunt . eos malos esse non abnuo* [*vgl. recuso . nego, Rem.*] Nb 240,25 [192,6]; *erw. mit Präp. verb. zur Angabe des Mittels:* vbe ir sundig sint per cupiditatem . des nefersagent iuh per elationem [*vgl. si fecistis iniquitatem per cupiditatem, nolite eam defendere per elationem, Aug., En.*] Np 74,5;

c) *mit abstr. Akk. u. abstr. Gen.:* uuaz turft ist sar . daz ih summum bonum . unde beatitudinem . . . alles ungemaches fersage . . .? *nam quid attinet dicere beatitudinem non esse anxiam . tristemque . nec subiectam doloribus . molestiisque . . .?* Nb 136,21 [116,20];

d) *hierher auch, Glosse, Vok.-Übers.:* farseggoni [*non declines cor meum in verba malitiae, ad*] *excusandas* [*excusationes in peccatis, Ps. 140,4*] Gl L 783 (*zu excusare excusationes 'Entschuldigungen vorbringen' vgl. Sleumer S. 317 s. v. excuso*).

4) *sich von etw. lossagen, einer Sache entsagen, mit refl. Akk. u. abstr. Gen.* (*vgl.* II 1): ube du zalost . unde chostost . uuaz tu noh eigist peidero . leides ioh liebes . so neuersagest tu dih noh nieht saldon *si consideres numerum modumque laetorum vel tristium . adhuc non possis te negare felicem* Nb 76,24 [65,30].

5) *etw.* (*Angebotenes*) *zurückweisen, nicht annehmen:*

a) *mit abstr. Akk.*: (*Petrus zu Jesus:*) firsagen ih iz (*sc. daß du mit die Füße wäschst*) ... fram (*'strikt'*) O 4,11,29 (*vgl.* 1b);

b) *mit korrelat. Pron. im Akk. u. Nebens.*: wanta thu (*Zacharias*) abahonti bist gotes arunti, int ouh thaz bist fyrsagenti, thaz selbo got ist gebenti O 1,4,68.

6) *etw. für nichtig, ungültig erklären, in der Rechtssprache:* farsaget uuard [*ex totius senatus consulto hoc definitum est: ut quidquid Domitianus fieri voluit*] *cassaretur* [*Vita Joh., Mombr. II,55,52*] Gl 2,745,9.

7) *etw. verneinen, leugnen, bestreiten:*

a) *allgem.*:

α) *mit abstr.* (*auch pronom.*) *Akk.*: sehen (*wir*) ube diu (*die Aussagen 'non necesse esse' u. 'necesse non esse'*) tuen quartam contradictionem. Taz fersaget er haranah Ni 568,9 [83,24]. manige fersagent minero selo heili an (in Npw) iro gote. Sie netruuuent . daz ih irstan sule *multi dicunt animae meae non est salus illi in deo eius* NpNpw 3,3 (*oder mit Ersparung des Verbs als Akk. mit Inf. aufzufassen* (?), *vgl.* ana II 1bα, *Ahd. Wb. 1,350*). ne *disperdas* David svbavditvr regnvm in titvli inscriptione. Daz chit . nefersage Christis riche an dero zeichenscrifte Np 56,1. vuanda ube sie (*die Juden, die Christi Grab bewachten*) resurrectionem fersagen mahtin . so uuurde sin namo fertiligot 58,1; *ferner:* 65,1; – *hierher, bei Auffassung von* thes *als partitivem Gen. zu* nieht: tes nefersago ih nieht *ne ego quidem negaverim* Nb 241,18 [192,21]; *ferner:* 259,29/30 [204,3] (*negare*); – *bei abstr. Subj.*: irstirbet ter mennisko mitallo . in selo . unde in lichamen . taz mine rationes fersagent . uuar ist tanne sin guollichi . so er selbo neist? *nam si moriuntur toti homines . quod vetant credi nostrae rationes . nulla est omnino gloria . cum is non exstet omnino . cuius ea dicitur esse?* Nb 117,16 [101,19]; *Glosse:* fersaget vuidarsaget [*fert atque*] *refert* (*negat*) [*geminam res una figuram, Ar. II,991*] Gl 2,774,42 (*zum Verständnis der Stelle vgl. Schlechter, Aratorgl. S. 168*). Tiefenbach, Aratorgl. S. 26,19;

β) *mit* (*korrelat. Pron. im Akk. u.*) (*eingeleitetem u. uneingeleitetem*) *Nebens.*: in tertio (*Buch*) . tar si (*die Philosophia*) fersaget habet . taz an in geskeidenen (*irdischen Gütern wie Reichtum, Ehre usw.*) . beatitudo funden neuuerde Nb 225,27 [182,2]. daz sie (*die Bösen*) in luttera . unde in einfalta uuis sin . daz fersago ih *eosdem esse pure atque simpliciter . nego* 240,26 [192,7]. ih neuersago nieht . ein substantia nesi hartor substantia danne anderiu *dico autem hoc . non quia substantia non est a substantia magis et minus. Hoc autem dictum est quia est* Nk 392,22 [33,18]. vuer ... ubelo tuot . unde chit . got uuile iz so . der fersaget . daz er (*Gott*) got si [*vgl. tu autem cum putas ei placere iniquitatem, negas deum, Aug., En.*] Np 52,1;

b) *spez. in der Logik: etw.* (*ein positives Urteil*) *verneinen, negieren, etw. als nicht zutreffend behaupten* (*Gegensatz* sagên, *vgl.* sagên 9, festinôn; *vgl. auch* 2b):

α) *mit abstr. Akk.*: ter uierdo (*„modus" des Schlußverfahrens*) ist . so dero geskidotlichun pietungo . der erero teil geuestenot uuirdit . daz aber der ander uersaget uuerde *quartus modus est . cum in disiunctiva propositione primum ponitur ut auferatur secundum* Ns 609,27 [287,12]. so man die uiere (*Vordersätze eines logischen Schlusses*) uersaget . so sint taruz uuortin uier propositiones *quatuor eius sunt propositiones ... ortae de quatuor repugnantibus et manifeste falsis praedicationibus* 612,10/11 (*lat.* 611,17) [291,20 (*lat.* 290,13)]; *ferner:* 610,1 [287,19] (*auferre*); – *bei abstr. Subj.*: (*„verbum infinitum" soll so heißen*) fone diu . uuanda eina actum uersaget iz . uuelicha iz aber uuelle . daz neoffenot iz nieht [*vgl. cum vero dicit non currit . ipsum quidem cursum videtur auferre . sed utrum sedeat ... an quid aliud faciat non relinquit, Boeth., Comm. I*] Ni 506,9 [11,25]. al uuiderchit si (*die Aussage*) . teil neuersaget si [*vgl. de universali homine non universaliter negavit . dicens non omnis homo iustus est, Boeth., Comm. II*] 518,7 [25,22]. siu (*prädikative Syllogismen*) tuont io einuuedir . sagent alde uersagent . al . alde sum *praedicantur autem proloquia . universaliter et particulariter . dedicative et abdicative* Ns 599,8/9 [271,5]; – *hierher auch, mit substant. Inf.* (?): fersaget er in guis uuerden . unde neuuerden gelicho . so ist utrumlibet aba *si autem neque erit . neque non erit cras . non erit utrumlibet* [*vgl. sin vero utraque falsa sunt . nec erit ex necessitate quod dicitur, Boeth., Comm. I*] Ni 528,26 [38,3] (*oder unvollständiger Akk. m. Inf.* (?), *dann zu* γ);

β) *mit Nebens.*: uueder diu uersagenta propositio . daztir ist . alde diu sagenta . daztir neist . uuideruuallot tero sagentun daztir ist? [*vgl. id est utrum ea quae negat id quod est . an ea quae ponit id quod non est, Boeth., Comm. I*] Ni 580,19 [98,9]. ube relatiuorum diffinitio . daruore rehto getan ist . so ist unsemfte . alde ioh unmahtlih zeuersagenne . taz nehein substantia ad aliquid kesprochen nesi *si igitur sufficienter eorum quae sunt ad aliquid diffinitio assignata est ... aut minus difficile . aut inpossibile est solvere . quoniam nulla substantia eorum quae sunt ad aliquid dicitur* Nk 439,6 [83,1];

γ) *mit Akk. m. Inf.*: fersage auem uuesen alatam . i. chit taz alatum nesi . noh niomer ala neuuirdet relatiua *circumscribatur alatam esse . et amplius non erit ala ad aliud* Nk 432,26 [76,12]; *ferner:* 19 [5]; *erw. mit Dat. d. Pers.*: fone diu skinet . ube man uragentemo uersagen mag . Socratem esse sapientem . taz sar uuar ist zechedenne . Socratem non sapientem esse *manifestum est autem . quoniam etiam in singularibus si verum est interrogatum negare . quoniam et affirmare verum est. Ut putasne Socrates sapiens est? Non. Socrates igitur non sapiens est* Ni 544,19 [56,15] (*'jmdm. gegenüber etw. verneinen', vgl. Staeves S. 137f.*);

δ) *abs.*: *eine negative* (*Vor-*)*Aussage machen:* noh tarana nestat is nieht . ube man uoresageti . alde uersageti *at vero nec hoc differt . si aliqui dixerunt negationem vel non dixerunt* [*vgl. parum valet aliquid ante praedici, Boeth., Comm. II*] Ni 530,9 [39,24]. ube zueio uersagentero propositionum ein significatio ist . uuederiu dero ist contraria? 580,22 [98,13]. ube diu uersagenta (*bez. auf opinatio*) hartor uuideruuartig ist . ih meino quoniam bonum non est bonum . so skinet taz si heizen sol contraria [*vgl. negatio igitur contraria est affirmationi . potius quam ea affirmatio quae contrarium ponit, Boeth., Comm. II*] 584,13/14 [102,8].

8) *etw. zur Kenntnis bringen, mit Worten dartun:* ferbot fersegita *denuntiavit* [*nobis vir ille sub tes-*

tificatione iurandi dicens non videbitis faciem meam, Comm. in Gen. = Gen. 43,3] Thoma, Glossen S. 21,38.

II. *intransitiv:*

1) *sich von jmdm./etw. lossagen, mit Dat. d. Pers./ Dat. d. Sache* (*vgl.* I 4; *vgl. auch* firsahhan)*:* ihc firsago demo tivuale, allen sinen werchan, und allen sinen gicieridon S 135,2 (sih intsagên *WB*).

2) *jmdm.* (*in bezug auf etw. Vereinbartes*) *absagen, mit Dat. d. Pers.:* ih folgen thir, herro, ouh êr laz mih fursagen then thie in huse sint *sequar te, domine, sed primum permitte mihi renuntiare his qui domi sunt* T 51,4.

III. *Glossenwort:* farsagon *abrogo* Gl 4,196,31.

Abl. firsaga; firsagênto.

[Nässl]

fora-**sagên** *sw. v., mhd. nhd.* vorsagen; *mnd.* vorseggen, *mnl.* voreseggen; *ae.* foresecgan; *vgl. afries.* foreseid *part. prt.* – *Graff VI,104 f.*

fora-sag-: *part. prs.* **-enti** S 199,13 (*B*); *1. sg. prt.* **-ata** Gl 2,249,57 (*M*); **uora-:** *part. prs. nom. sg. m.* **-intar** 1,762,27 (*M*); **vora-:** *dass.* **-anter** 26/27 (*M*); **uuora-:** *dass.* **-atar** 4,306,24 (*M, Goslar 2, 14. Jh.; zu* uu- *für* f- *vgl. Schatz, Ahd. Gr. § 166;* -atar *mit vergessenem Nasalstrich?*); **fore-:** *3. sg.* **-et** Ni 527,25 [36,23]. Np 118 L,84; *inf.* **-en** Ni 527,22 [36,20]; *1. sg. prt.* **-eta** Np 68,21; *3. pl. prt.* **-eton** 88,20; **uore-:** *3. sg.* **-et** Ni 533,23 [44,3] (uore- *auf Rasur von* f..); *3. sg. conj. prt.* **-eti** 530,9 [39,24]; **-ge-:** *part. prt.* **-et** 24/25 [40,16/17]; **for-:** *part. prs. nom. sg. m.* **-anter** Gl 1,762,26 (*M*); **uor-:** *3. pl.* **-ent** 3,415,4 [HD 2,261]; **vor-:** *part. prs. nom. sg. m.* **-intar** 1,762,27/28 (*M*).

1) *etw.* (*ein Ereignis, einen Sachverhalt*) (*über jmdn.*) *voraussagen, vorhersagen:*

a) *im religiösen Bereich: prophezeien, weissagen:*

α) *mit abstr. Akk.: erw. mit* in + *abstr. Dat. zur Angabe einer Quelle:* vuaz half do . daz ih iz foresageta in prophetis? Np 68,21; – *bei abstr. Subj.:* uuanne chumet daz (*sc. iudicium*)? ... dia fragun foresaget disiu prophetia Np 118 L,84;

β) *mit abstr. Akk. u.* fona + *Dat. d. Pers.:* du tate dine prophetas anasehen in ueteri testamento . daz sie fone Christo foresageton Np 88,20;

γ) *abs., Glosse:* forsaganter [*omnis vir orans, aut*] *prophetans* [*velato capite deturpat caput suum, 1. Cor. 11,4*] Gl 1,762,26 (*1 Hs.* vorgesagen *mhd.; nach Gl.-Wortsch. 8,65 3 Hss. noch Gl. adventum fore domini voce symboli post orationem effari*). 4,306,24 (*nach Gl.-Wortsch. a. a. O. noch Gl. adventum fore domini voce symboli post orationem effari*);

b) *in der Logik* (*vgl.* forasaga 1b)*:*

α) *mit abstr. Akk.:* ist iz io uuar . daz man foresaget . so nemag iz ze leibo uuerden . noh unchumtig sin *quod si semper verum est dicere . quoniam est . vel erit . non potest hoc non esse . vel futurum non esse* [*vgl. quod vero diffinite vere praedictum erat . non evenire non poterat, Boeth., Comm. I*] Ni 527,25 [36,23]. note sol iz allez uuar sin . alde lugi . taz man uoresaget *esse quidem . vel non esse omne . necesse est . s. in oppositis praesagiis* 533,23 [44,3]; *erw. mit Präp.verb./Adv.* zi uuâre/giuuâro *wahrheitsgemäß, zutreffend:* so mahta man io ze uuare foresagen . daz nu ergangen ist *quare semper verum fuit dicere . quodlibet eorum quae facta sunt . quoniam erit* [*vgl. quod omnia quaecumque facta sunt . inquiunt . potuerunt praedici quoniam fient, Boeth., Comm. II*] 527,22 [36,20]. uuanda so iz io geuuaro uoregesaget uuirdet . so nemag iz ze leibo uuerden *quando enim vere dicit quis quoniam erit non potest non fieri* 530,24/25 [40,16/17];

β) *abs.: eine positive Voraussage machen* (*Gegensatz* firsagên)*:* noh tarana nestat is nieht . ube man uoresageti . alde uersageti *at vero nec hoc differt . si aliqui dixerunt negationem vel non dixerunt* [*vgl. parum valet aliquid ante praedici, Boeth., Comm. I*] Ni 530,9 [39,24].

2) *etw. vorher* (*d. h. an früherer Stelle oder zu einem früheren Zeitpunkt*) *sagen:* so ih forasagata [(*Honoratus*) *se ... iam ab otioso quoque sermone restringeret, multumque,*] *ut praefatus sum* [*, per abstinentiam carnem domaret, Greg., Dial. 1,1 p. 153*] Gl 2,249,57.

3) *jmdm. etw. sagen, verkünden:*

a) *mit Dat. d. Pers.:* (*der Abt muß mit seinen Taten ein gutes Beispiel geben*) ni andreem forasagenti er farchoraneer si fundan *ne aliis praedicans ipse reprobus inveniatur* S 199,13 (*'predigen'; zur Lehnübers. vgl. Betz, Deutsch u. Lat. S. 58*);

b) *Glosse:* uorsagent *praeconantur* [*vgl. hircus, ovis, passer, vervex et adeps vitulorum nil praeconantur, deus hostia finis eorum, HD 2,261*] Gl 3,415,4 [HD 2,261] (*zu praeconari 'verkünden' vgl. Niermeyer, Lex.*[2] *S. 1080; vgl.* 1).

Abl. forasaga, forasagin, forasago; *vgl.* forasagalîhho.

vor-ge-**sagen** *mhd. sw. v.; ae.* foregesecgan (*vgl. Bosw.-T., Suppl. S. 238 s. v.* fore-gesægd, *Clark Hall-Meritt S. 126*).

wor-ge-sagenter: *part. prs. nom. sg. m.* Gl 1,762,28 (*M, clm 6217, 13. Jh.;* -t[s]*; zu* uu- *für* f *vgl. Schatz, Ahd. Gr. § 166*).

etw. prophezeien, weissagen: worgesagent*er* [*omnis vir orans, aut*] *prophetans* [*velato capite deturpat caput suum, 1. Cor. 11,4*] (*4 Hss.* forasagên).

fram-**sagên** *sw. v.* – *Graff VI,105.*

Nur mit einer Form des jan-*Verbs belegt* (*zum Nebeneinander von Formen der 3. u. 1. Konjugation vgl. Braune, Ahd. Gr.*[16] *§ 368 Anm. 2*)*:* **frā-ki-seg-:** *part. prt.* **-it** Gl 1,288,35 (*Rd*); **-ga-:** *dass.* **-it** ebda. (*Jb*).

etw. öffentlich verkünden: fra*m*kichundit fra*m*kisegit [*haec lex super filiabus Salphaad a domino*] *promulgata* [*est, Num. 36,6*].

furi-**sagên** *sw. v., mhd.* vürsagen, *nhd.* (*älter*) fürsagen, *dial. schwäb.* fürsagen *Fischer 2,1669*; *mnd.* vōrseggen; *an.* fyrirsegja. – *Graff VI,105.*

Zum Nebeneinander von Formen der 3. u. 1. Konjugation vgl. Braune, Ahd. Gr.[16] *§ 368 Anm. 2.*

furi-sakata: *3. sg. prt.* Mayer, Glossen S. 75,11 (*clm 6300, Gll. 8. oder 9. Jh.*). – **furi-sag-:** *3. sg. prt.* **-eta** Gl 2,230,44 (*S. Flor. III 222 B, Gll. 9. Jh.* (*?*)*;* -&a); **-ata** ebda. (*Wien 949, 9. Jh.*). 270,20 (*M*); **saget uuri:** *3. sg.* 1,804,22 (*M, 3 Hss., 2* -& vu-).

uuri-segita: *3. sg. prt.* Gl 2,270,20/21 (*M*).

1) *etw.* (*zu tun*) *ablehnen:* furisakata [*perfecta enim mens solerter invigilat, ut non solum perversa agere*] *renuat* [*Greg., Mor. in Job, PL 75,628D*] Mayer, Glossen S. 75,11.

2) *etw. abstreiten, in Abrede stellen:* furisageta [*quod eo innotuit* (*Jesus*) *summum, quo*] *denegavit* [*omnium: et dum praedicit quia difficile capitur, audientibus innuit, captum cum qua cautela teneatur, Greg., Cura 3,28 p. 83*] Gl 2,230,44. intlihisota (ł) furisagata [*Iesus etenim conditor et redemtor noster matrem se nosse*] *dissimulat* [*ders., Hom. I,3 p. 1444*] 270,20 (*1 Hs.* intlîhhisôn ł firsuuîgên, *2 Hss. nur* intlîhhisôn).

3) *jmdn. ankündigen:* furileitit ł saget uuri [*cum iterum*] *introducit* [*(Gott) primogenitum in orbem terrae, dicit: et adorent eum omnes angeli dei, Hebr. 1,6*] Gl 1,804,22 (*2 Hss. nur* furileiten*; zur möglichen Deutung der Gl. als Ausdruck einer theologischen Auffassung von Gottes Sohn als dem Logos, der vom Vater 'ausgesagt wird', vgl. Betz, Deutsch u. Lat. S. 58, oder urspr. zu dicit gehörend u. später zu introducit gezogen (?), vgl. a. a. O.*).

gi-**sagên** *sw. v., mhd. nhd. (älter)* gesagen; *as.* giseggian, *mnd.* geseggen (*vgl. Schiller-Lübben 2,78*), *mnl.* geseggen; *ae.* gesecgan. – *Graff VI,98 ff.*

Zum Nebeneinander von Formen der 3. u. 1. Konjugation vgl. Braune, Ahd. Gr.[16] *§ 368 Anm. 2.*

ka-sak-: *3. sg.* **-et** Gl 1,5,8 (*Rx; -&*); *inf.* **-en** AJPh. 55,231. – **ka-sag-:** *3. sg.* **-et** Gl 1,5,8 (*R;* ca-, *-&*). 115,13 (*R; -&*). Add. III,263 (ca-*; lat. conj.*); **ki-:** *1. sg.* **-o** Gl 2,676,14; *3. sg.* **-et** S 70,71 (*Musp.*); **ke-:** *dass.* **-et** Np 48,4; *inf.* **-en** Ni 507,12 [13,11] (-ên). NpNpw 4,6. Np 72,25. 87,12; **gi-:** *1. sg.* **-o** Gl 4,237,8; *3. sg.* **-et** 1,634,8 (*M, 5 Hss., 3 -&; lat. fut. ex.*). T 87,6; *2. pl.* **-et** 123,2; *1. sg. conj.* **-e** Gl 1,657,30 (*M, 2 Hss.*); *3. sg. conj.* **-e** 634,9 (*M; lat. fut. ex.*). S 56,17 (*Lex Sal.*); *2. sg. imp.* **-a** Gl 1,517,51 (*M*); *inf.* **-en** 2,256,62 (*M*). O 2,7,25. 5,22,8. Npw Cant. Mariae 47; **-an** Gl 2,284,38 (*M*). 297,49 (*M, 2 Hss.*); *dat. sg.* **-anne** 254,58 (*M, 3 Hss., 1 Hs.* -ga- *klein oben zwischen* sa- *u.* -anne *eingefügt*). O 5,14,4 (*FV*); **-anna** Gl 2,254,59 (*M*); *part. prs. nom. sg. m.* **-anter** 170,1 (*clm 6277, Hs. 9. Jh.;* -ⁿter); *1. sg. prt.* **-eta** 265,2 (*M, 2 Hss.;* -&a). S 326,11; **-ata** Gl 2,265,26 (*M*); **-eda** S 324,19 (*Lorscher B.*); *3. sg. prt.* **-eta** T 13,10. O 2,7,10 (*PV*). 8,12. 4,11,26 (*PV*). 5,8,46; **-ete** Gl 1,634,9/10 (*M; oder conj. (?), lat. fut. ex.*); **-ata** 10 (*M; oder conj. (?), lat. fut. ex.*); **-ita** 592,28 (*M*); **-ite** 634,10 (*M; oder conj. (?), lat. fut. ex.*); *3. pl. prt.* **-etun** O 1,13,16. 4,14,11 (*PV*). 5,9,45 (*V*); *3. sg. conj. prt.* **-eti** 1,4,73. 2,2,12. 7,42. 4,12,36 (*PV*); *3. pl. conj. prt.* **-etin** 1,1,9; **ge-:** *1. sg.* **-on** Gl 4,196,58 (*sem. Trev.*); *3. sg.* **-et** Npw 48,4; *3. sg. conj.* **-e** NpNpw 105,2; *inf.* **-en** Nb 47,21. 64,29. 121,29 [38,20. 54,20. 105,8]. Nc 796,18 [114,16]. Np 87,12. 89,11. 118,Prooem.; **-an** W 48,9/10. 27 [87,30. 89,31].

ki-seg-: *1. sg. conj. prt.* **-iti** Gl 1,310,18; **gi-:** *1. sg. prt.* **-ita** 2,265,26 (*M*); *3. sg. prt.* **-ita** 1,378,46. 592,28/29 (*beide M*); **-eta** 2,126,28 (*M*); *1. sg. conj. prt.* **-iti** 1,461,70 (*M*).

Verschrieben: **ge-sahe:** *3. sg. conj.* Np 105,2 (*Hs. V*[1] *= S.* XXXII,27); **go-sageta:** *3. sg. prt.* O 2,7,10 (*F*).

Verstümmelt: **kesa..n:** *inf.* Beitr. 73,229 (*nach* Gl 4,336,6*; l.* kesagen).

1) *jmdm. etw. (über etw.) sagen, mitteilen, (jmdm.) etw. erzählen, berichten (zu: von etw. sprechen, erzählen s. 6):*

a) *mit satzförmiger Ergänzung:*

α) *mit direkter Rede: bei abstr. Subj., Glosse:* casaget [*nihil obstat, quin trabe vasta Aegeaeum rapias, nisi sollers luxuria ante seductum*] *moneat* [*: quo deinde, insane ruis? Pers. 5,143*] Add. III,263;

β) *mit Rel.-Satz, Glosse:* gisagan [*ut non superbe quis audeat vel contemnere, vel*] *denuntiare* [*quod non intelligit, Greg., Hom. II,22 p. 1535*] Gl 2,297,49;

b) *mit Adv.* sô *u. Ersparung eines pronom. Akk.:* ja lamf, so sie gisagetun, fon Kriste sulih zelitun, er all iz so irfulti joh selbo sulih thulti O 5,9,45 (*FP* sagên);

c) *mit abstr. (auch pronom.) Akk.:*

α) *zur Angabe einer Äußerungsform:* giskeid gisagên *Bescheid sagen, Auskunft (über etw.) geben:* ni mag ih gisagen thes gisceid O 5,22,8;

β) *zur Angabe eines Sachverhalts:* daz er (*der Teufel*) iz allaz (*was der Mensch an Bösem getan hat*) kisaget, denne er (*der Mensch*) ze deru suonu quimit S 70,71. ih gihu, ... thaz ih meer giuuar inti unsipberon gisageda thanne ih scoldi 324,19, *ähnl.* 326,11. alle thie iz gihortun ... forahtun mer ouh habetun, so thie hirta thiz (*ihren Besuch an der Krippe*) gisagetun [*vgl. omnes, qui audierunt, mirati sunt de his, quae dicta erant a pastoribus ad ipsos, Luc. 2,18*] O 1,13,16; – *Glossen:* ci gisaganne [*libet ... adhuc de hoc venerabili patre multa narrare; sed quaedam ... praetereo, quia ad aliorum gesta*] *evolvenda* (*3 Hss. volvenda, 1 Hs. volvendo*) [*festino, Greg., Dial. 2,36 p. 272*] Gl 2,254,58. gisagen [*si cuncta quae in eius ecclesia gesta cognovimus,*] *evolvere* [*conamur, ebda. 3,25 p. 336*] 256,62;

d) *mit pronom. Akk. u.* fona *+ Dat. d. Pers., bei sachl. Subj.:* thaz heilege io giredotun, ouh buah fon mir gisagetun, joh forasagon zellent, thio ziti iz nu irfullent O 4,14,11 (*F* sagên*; vgl.* 2);

e) *mit Dat. d. Pers. (, korrelat. Pron. im Akk.) u. satzförmiger Ergänzung/Akk. m. Inf.:*

α) *mit korrelat. Pron. im Akk. u. direkter Rede:* Maria thaz (*daß der Wein ausgeht*) bihugita, joh Kriste si iz gisageta. „Ih scal thir sagen, ... thes wines ist in bresta" [*vgl. deficiente vino dicit mater Iesu ad eum: vinum non habent, Joh. 2,3*] O 2,8,12 (*oder ist* iz *auf das bereits Bekannte u. das vorausgehende Pron.* thaz *bezogen u. die nachfolgende dir. Rede als unabhängig zu sehen (?), dann zu* fβ). (*Jesus*) iz suazo imo (*dem Petrus*) gisageta. „Thaz ih nu meinu mit thiu (*der Fußwaschung*), unkund harto ist iz iu" [*vgl. Iesus ... dixit ei: quod ego facio, tu nescis modo, Joh. 13,7*] 4,11,26 (*F* sagên);

β) *(korrelat. Pron.) u. Nebens.:* (*Johannes*) sar in (*den Jüngern*) tho gisageta thia salida, in thar gaganta O 2,7,10 (*zum uneingeleiteten Nebensatz als Objektsatz vgl. Wunder S. 250. 251; anders Kelle 3,215, Piper, Glossar S. 383 u. Erdm. S. 393 mit Auffassung des Nebensatzes als attribut. Relativsatz zu* salida*; vgl.* fβ). imo (*dem Simon Petrus*) ilt er (*Andreas*) sar gisagen thaz, ... thaz er ni wurti heilo (thero frumono) adeilo [*vgl. invenit hic primum fratrem suum Simonem et dicit ei: invenimus Messiam, Joh. 1,41*] 25; – *bei sachl. Subj.:* min munt kesaget iu (in Npw) uuer ih pin NpNpw 48,4;

γ) *mit Akk. m. Inf., bei abstr. Subj.:* iz (*das Verbum*) nemag uns einez . nehein ding kesagen uuesen . alde neuuesen *neque enim est verbum solum signum eius rei . de qua praedicatur . ad intellegendum esse vel non esse* Ni 507,12 [13,11];

f) *mit Dat. d. Pers. u. abstr. (auch pronom.) Akk. (auch mit Ersparung der Satzglieder):*

α) *mit abstr. (auch pronom.) Akk. zur Angabe einer Äußerungsform:* ih fragen iuuih ouh eines uuortes, thaz oba ir iz mir gisaget, thanne quidu ih iu in uuelihhero giuuelti ih thisu tuon *interrogo vos et ego unum* *sermonem, quem si dixeritis mihi, et ego vobis dicam in qua potestate haec facio* T 123,2; – *Glosse:* kisegiti [*Desiderii mei desideratas accepi epistolas ... obsecrantis, ut translatum in Latinam linguam de Hebraeo sermone pentateuchum, nostrorum auribus*] *traderem* [*Praef. in Pentat. p. XVI*] Gl 1,310,18;

β) *mit abstr. (auch pronom.) Akk. zur Angabe eines Sachverhalts:* tho frageta er (*der Lieblingsjünger*) thio dati joh thaz anarati, bat er (*Jesus*) in iz gisageti O 4,12,36 (*F* sagên);

γ) *mit Ersparung eines pronom. Akk.:* đer anđran menit ... sinero hiwono etteshwelichemo gisage, đaz iz emo gicunđe, weo her gimenit ist *qui alium mannit ... cuicumque de familia illius denuntiet, ut ei faciat notum, quomodo ab illo est mannitus* S 56,17 (*zur Ersparung eines Pron. vgl. Schulz, Ahd. quedan S. 64 Anm. 2, zum finalen* thaz-*Satz vgl.* thaz 3. Teil C I 1a, *Ahd. Wb. 2,340*);

δ) *hierher auch, mit Ersparung des Dat. d. Pers. u. des pronom. Akk. in der Koordination:* nub er iz imo zeliti joh sliumo sar gisageti O 2,7,42;

g) *mit Dat. d. Pers., pronom. Akk. u.* fona + *Dat. d. Pers./abstr. Dat.:* vuer uueiz daz . uuer chan uns ieht kesagen fone uita ęterna? NpNpw 4,6. do ih sie alle (*die Stadtwächter*) durchstreich, uuaz iro aller iegelich mir uone imo konde gesagan, do uand ih minen uuine W 48,9/10 [87,30]. nu uuil ih abo fragan prophetas et apostolos ... uuaz sie mir uone imo (*meinem Geliebten*) kunnen gesagan 27 [89,31];

h) *mit Adv./Präp.verb. zur Angabe der Art u. Weise, in der etw. gesagt wird, in Verbindungen:*

α) fasto gisagên *nachdrücklich sagen:* fasto kisago *allego .i. instruo* [*ohne Kontext, unter Gll. zu Verg.*] Gl 2,676,14. faste gesagon *allego* 4,196,58. *allego id est affirmo* 237,8;

β) zi offanî gisagên *etw. in Deutlichkeit sagen:* zi ofani gisagita [*ita enim universa Christi ecclesiaeque mysteria*] *ad liquidum prosecutus est* (*Hss. per-*) [*, ut non eum putes de futuro vaticinari, sed de praeteritis historiam texere, Is., Prol.*] Gl 1,592,28 (*3 Hss.* zi offanî sagên, *1 Hs.* zi offan sagên, *2 Hss.* offanlîhho sagên);

γ) zi uuâre gisagên *etw. der Wahrheit gemäß sagen, mit Ersparung des korrelat. Pron. im Akk., zur Ankündigung einer Aussage:* zivuare gisage [*ut*] *verum* (*Hss. vere*) *fatear* [*, usque ad praesentem diem magis possum sermonem Chaldaicum legere et intelligere, quam sonare, Dan., Praef.*] Gl 1,657,30 (*5 Hss.* zi uuâre sagên, *1 Hs.* uuârlîhhē̆n sagên);

i) *in abs. Gebrauch:* sie (*viele Völker*) ouh in thiu gisagetin, thaz then thio buah nirsmahetin, joh wol er sih firwesti, then lesan iz gilusti O 1,1,9 (*zu* in thiu *'in dieser Weise, (so) daß' vgl. Erdm. S. 334,* thaz 3. Teil D II 7, *Ahd. Wb. 2,346*).

2) (*jmdm.*) *etw. verkünden, ankündigen:*

a) *mit abstr. (auch pronom.) Akk.:* geba inti uuar thuruh Heilant Christ gitan ist ... thie einago sun, thie dar ist innan themo fater, her gisageta iz *gratia et veritas per Ihesum Christum facta est ... unigenitus filius, qui est in sinu patris, ipse narravit* T 13,10. was sie (*die Leute*) filu wuntar, ziu ther ewarto ... gibetes antfangi fon gote (*'die Annahme des Gebetes durch Gott'*) ni gisageti O 1,4,73;

b) *mit Dat. d. Pers./Sache u. abstr. (auch pronom.) Akk.:* thanna her (*Christus*) quimit, her gisaget uns alliu *cum ergo venerit ille, nobis adnuntiabit omnia* T 87,6. aller erist tho thaz wib in (*den Jüngern*) gisageta thaz lib [*vgl. a sepulcro mulier viris annuntiavit vitam, Alc. zu Joh. 20,18*] O 5,8,46. die in selpulchro ligent unde in perditione . uuaz mag man dien gesagen? Np 87,12 (*vgl.* 1). vuer mag iro (*der ungläubigen Seele*) ieht kuotes kesagen? ebda. (*vgl.* 1); – *Glosse:* kesagen [*visus caelo discendere aperto nuntius et soli (dem Zacharias) iussas*] *perferre* [*loquellas, Juv. 1,12*] Beitr. 73,229 (*nach* Gl 4,336,6).

3) (*jmdm.*) *etw.* (*einen Sachverhalt*) *darlegen, erklären, etw. erörtern:*

a) *mit (Korrelat u.) indir. Fragesatz:* ia uuaz ist . daz mir in himile ist kehalten uuer mag daz kesagen? Np 72,25; – *erw. mit Adv. zur Angabe der Art u. Weise:* so uilo man churzlicho gesagen mag . uuaz si (*die Rhetorik*) si Nb 64,29 [54,20];

b) *mit abstr. Akk.:* unodi ist iz harto sus frenkisgero worto thia kleini al zi gisaganne joh zi irrekenne O 5,14,4 (*P* sagên);

c) *mit Dat. d. Pers. u. indir. Fragesatz:* chanst tu mir danne gesagen . uuaz mennisko si? *quid igitur homo sit poterisne proferre?* Nb 47,21 [38,20];

d) *Glossen:* gisegita [*scripsit super lapides deuteronomium legis Moysi, quod ille*] *digesserat* [*coram filiis Israel, Jos. 8,32*] Gl 1,378,46. irracti gisegiti [(*die Übersetzung*) *idcirco feci, ut inextricabiles moras, et silvam nominum ... apertius et per versuum cola*] *digererem* [*Paral. Praef.*] 461,70 (*5 Hss. nur* irrecken, *1 Hs. nur* recken; *nach Gl.-Wortsch. 8,61 noch Gl. ordinare; als Vok.-Übers. von lat. digerere 'darlegen, behandeln' anstelle der kontextgerechten Bed. 'gliedern', vgl. auch Mlat. Wb. III,625 f.*). gisegeta [*quemadmodum ... coepiscopus noster Alexander digna legatione et*] *prosequutus est* [*, et probavit, Decr. Inn. XLIII p. 205*] 2,126,28 (*Hs. prosecutus est als spätere Glosse neben prosecutio, vgl. Steinm. z. St.; 4 Hss.* reda). gisaganter [(*Esaias*) *linguae vim*] *definiens* [*, adiungit: inquietum malum, plena veneno mortifero, Greg., Cura 3,14 p. 55*] 170,1; – *spez. in bezug auf Bibeltexte: auslegen:* irracta ł gisageta [*inter sacra missarum solemnia, ex his quae diebus certis in hac ecclesia legi ex more solent, sancti evangelii quadraginta lectiones*] *exposui* [*Greg., Hom. Prol. p. 1434*] Gl 2,265,2 (*2 Hss. nur* irrecken, *1 Hs.* irrecken ł sagên). gisagata (ł) arracta [*hoc (eine Bibelstelle) ... prius quidem quasi sub quadam ambiguitate*] *exposui* [*ebda.*] 26.

4) *etw.* (*bes. die Eigenschaft oder Wirkung einer Sache, ein Gefühl*) *ausdrücken, in Worte fassen, beschreiben:*

a) *mit abstr. Akk.:* aber uzfarendo . unde diu uuolchen brechendo . mit merun hirlichi danne iz ioman gesagen muge . irrecchet er (*der Wind*) daz fiur (*des Blitzes*) Nc 796,18 [114,16]. vuer ist ter gotes mahte gesage . die unsageliche sint? *quis loquetur potentias domini?* NpNpw 105,2. vuider dero dinero forhtlichi diu darana (*an Gottes Zorn*) ist . nemag sia (*die Wirkungsmacht deines Zorns*) nieman gesagen Np 89,11. ih nemag sar gesagen sina (*des Psalms*) tiefi . uuanda er so filo unsemftero ist . so filo er semftero manne dunchet 118,Prooem.; – *erw. mit Adv. zur Angabe der Art u. Weise:* iz ist uuunderlih tes mih langet zesagenne . pe diu nemag ih iz ouh nieht spuotigo gesagen *mirum est quod gestio dicere . eoque vix queo verbis . explicare sententiam* Nb 121,29 [105,8];

b) *mit Nebens., bei sachl. Subj.*: min zunge ne mac gisagen uuaz ih freuui han in mir Npw Cant. Mariae 47 (Np sagên; *vgl. auch* 1);

c) *Glosse:* gisagan ł irrechan [*pensate ergo ... extremi diem iudicii ... quem tot appellationibus non valet*] *explicare* [*Greg., Hom. I,12 p. 1479*] Gl 2,284,38 (*1 Hs. nur* irrecken).

5) *Recht sprechen* (?): gisaga [*deus ... in virtute tua*] *iudica* [*me, Ps. 53,3*] Gl 1,517,51 (*5 Hss.* gisceidan, *2* sceidan).

6) *jmdm. von etw. erzählen, mit Dat. d. Pers. u. Adv.* thanana *'davon'*: ni was er (*Johannes*) thaz lioht ... suntar quam, sie manoti joh thanana in gisageti [*vgl. non erat ille lux, sed ut testimonium perhiberet de lumine, Joh. 1,8*] O 2,2,12.

7) (*jmdn.*) (*als etw.*) *bezeichnen:* kasaken [*dum*] *asserere* [*eum misericordem volumus, fallacem ... praedicare compellimur, Greg., Dial. 4,44, PL 77,401D*] AJPh. 55,231.

8) *Glossenwort:* casaget *adseverat* Gl 1,5,8. *denuntiat* 115,13; – *hierher auch* (?): gisaget [*quomodo quiescet* (*das Schwert*) *cum dominus praeceperit ei adversus Ascalonem, et adversus maritimas eius regiones, ibique*] *condixerit* [*illi, Jer. 47,7*] Gl 1,634,8 (*wohl Nachbildung von con-dicere, vgl. Schulz, Ahd. quedan S. 64; zu condicere 'sich mit jmdm. verabreden, festsetzen' vgl. Sleumer S. 230*).

[Nässl]

hina-**sagên** *sw. v., mhd.* hinsagen (*vgl. Findebuch S. 173*), *nhd.* hinsagen (*in anderer Bed.*).

hina-saget: *3. sg.* Nk 428,4 [71,6].

in der Logik: etw. (*im Rahmen einer Aussage*) *auf etw. beziehen, etw. in bezug auf etw. aussagen, mit abstr. Akk. u.* zi + *abstr. Dat.*: ube der missegrifet . ter iz (*relativum*) hinasaget . ze demo unsculdigen (*'Nicht-Passenden'*) *si peccet is qui assignat* [*vgl. ut non convenientem praedicationem faciat conversio non procedit, Boeth., Comm. Cat.*] (*zur Bed. vgl. Schulz, Ahd. quedan S. 63*).

in(t)-**sagên** *sw. v., mhd. nhd.* entsagen; *mnd.* entseggen, *mnl.* ontseggen; *afries.* undsedza. – *Graff VI,101 f.*

Zum Nebeneinander von Formen der 3. u. 1. Konjugation vgl. Braune, Ahd. Gr.[16] *§ 368 Anm. 2.*

in-sak-: *1. sg.* **-em** Gl 1,110,11 (*PaK; lat. pass.*); *3. sg.* **-et** 200,30 (*R; -&*); *part. prt.* **-et** 99,3. 111,11 (*beide R; -&*). – **ant-sag-:** *3. sg.* **-et** Gl 2,165,65 (*clm 6277, Hs. 9. Jh.; -&*). 4,27,17 (*Sal. a1, 2 Hss.*). 128,4 (*Sal. c*); **-at** 27,17 (*Sal. a1*). Amsterd. Beitr. 25,21,2 (*Sal.*); *part. prt.* **-at** Gl 2,175,36 (*clm 6277, Hs. 9. Jh.; -aṇt mit Tilgungspunkt unter* n); **-sag̅:** *inf.* 4,309,31 (*Zürich Rhein. 99a, Gll. 9. Jh.?*); **an-sag-:** *dass.* **-an** 2,404,18; **int–:** *1. sg.* **-o** 4,237,9. S 135,2 (*WB*); *3. sg.* **-et** NpNpw 118 E,39 (*-sag- auf Rasur R*); **-at** Gl 4,27,18 (*Sal. a1*); *3. pl.* **-ent** 2,328,26 (*clm 14747, 9. Jh.*). Npw 139,10; **-ont** 103,18; *3. sg. conj.* **-e** Gl 2,281,65 (*M, 2 Hss.*); *inf.* **-en** 1,815,64 (*M, 2 Hss.*). 2,227,6 (*S. Flor. III 222 B, Gll. 9. Jh.?*); **-an** 1,815,18 (*M, 4 Hss., 1 Hs. Rasur zwischen* -s- *u.* -a-). 65 (*M, 2 Hss.*). 2,186,62 (*M, 2 Hss.*); *part. prs. nom. sg. m.* **-anter** 250,43 (*M, 2 Hss.; -t̄*); **-inter** 45 (*M*); *3. pl. prt.* **-etun** 113,69 (*M; -&-*); *1. sg. conj. prt.* **-eti** Np 31,3; **in-:** *1. sg.* **-em** Gl 1,110,11 (*Ra; lat. pass.*); **-en** 2,676,15; **-o** 680,33; *2. sg.* **-os** 365,1 (*oder conj.* (?); *lat. fut.*); *inf.* **-en** 1,815,65 (*M*); *dat. sg.* **-anna** 2,168,56 (*clm 6277, Hs. 9. Jh.*); *part. prs. nom. sg. m.* **-anter** 250,44 (*M, 2 Hss., 1 Hs.* -t̄); *3. pl. prt.* **-eten** 113,70 (*M*); *1. sg. conj. prt.* **-eta** Npw 31,3; **ænt-:** *1. sg.* **-on** Gl 4,196,59 (*sem. Trev.*); **unt-:** *inf.* **-in** 1,815,19 (*M, clm 14689, Hs. 12. Jh.; zu spätahd.* unt- *für* int *vgl. Braune a. a. O. § 73 Anm. 3*). – **intzaganne** (*zu* -tz- *für* t + s *in der Fuge vgl. Braune a. a. O. § 158 Anm. 2*)**:** *inf. dat. sg.* Gl 1,750,60 (*M*). – **inzagan** (*zu* -z- *für* t + s *in der Fuge vgl. Braune a. a. O.*)**:** *inf.* Gl 2,186,62/63 (*M; erstes* -a- *korr. aus* u). – **in-shaganne** (*zu* -sh- *für* s *vgl. Braune a. a. O. § 168 Anm. 1*)**:** *inf. dat. sg.* Gl 1,750,60 (*M; vgl. Korr. Gl.-Wortsch. 8,67 u. Hs.;* inth- *Steinm.*).

int-segitun: *3. pl. prt.* Gl 2,113,68 (*M*); **in-:** *dass.* 68/69 (*M*).

Mit Kontraktion: **in-sanne:** *inf. dat. sg.* Gl 1,750,62 (*M;* uzin- *mit* u *für* vel *u.* z *für* zi *oder verschr.* (?), *vgl.* 1aγ.

Verschrieben: **int-saget:** *3. pl. prt.* Gl 2,113,69 (*M; -&*); **in-saga:** *inf.* Mayer, Griffelgl. S. 59,218 (*Vat. Ottob. lat. 3295, Gll. 9. Jh.* (?); *lat. 3. sg.; Nasalstrich fehlt wohl*); **instagen:** *dass.* Gl 3,7,15 (*Voc.; l.* intsagen, *Steinm.*); *hierher wohl auch*: **in-sagange:** *inf. dat. sg.* 1,750,61 (*M, 2 Hss., 1 Hs.* ꜥ *über dem ersten* -g-; zin- *s.* 1aγ; *vom Gl.-Wortsch. 8,68 zu* intsagunga *gestellt*).

int Mayer, Glossen S. 62,10 *s. Ahd. Wb. 4,1629 s. v.* int; *vom Ahd. Gl.-Wb. S. 502 hierher, vom Gl.-Wortsch. 8,66 hierher u. 7,315 zu* intrahhôn *gestellt.*

1) *jmdn., auch sich/etw. von etw. freisprechen, für etw. rechtfertigen, wegen etw. verteidigen:*

a) *bei belebtem Subj.:*

α) *mit refl. Akk. u. abstr. Gen.*: danne ih aber brahti allen den tag . daz ih mih iro (*der Sünden*) intsageti [*vgl. laborant in defensione peccatorum suorum iactantes merita sua, Aug., En.*] NpNpw 31,3. sie skirmit ira luga, mit demo intsagent sie sih ira sundono Npw 139,10 (Np antsegidôn);

β) *nur mit refl. Akk., in Glossen:* sih zinsaganna [*nil autem est*] *ad defendendum* (*Hs. diff-*) [*puritate tutius, nil ad dicendum veritate facilius, Greg., Cura 3,11 p. 47*] Gl 2,168,56 (*gegen die Kontextbed. refl. aufgefaßt*). sih intsaganter [*coepit ex eius* (*der Nonne*) *ore quasi*] *satisfaciens* [*ipse ... diabolus clamare, dicens: Ego quid feci? ... Sedebam mihi super lactucam: venit ella, et momordit me, ders., Dial. 1,4 p. 165*] 250,43;

γ) *in Glossen ohne erkennbare Rektion:* intzaganne (*3 Hss. davor noch* z-, *l.* zi-) [*is, qui accusatur, praesentes habeat accusatores, locumque*] *defendendi* [*accipiat ad abluenda crimina, Acta 25,16*] Gl 1,750,60 (*1 Hs.* biscirmen). intsagan [*ut ex eo* (*sc. Fehlverhalten*) *quod*] *defendere* [*nequeunt, cognoscant se tenere improbe quod defendunt, Greg., Cura 3,8 p. 41*] 2,186,62. 227,6. insagos [*tu tamen industria tua vel petulantiae nostrae crimen*] *excusabis* [*, vel laudis siquid merebimur, ampliabis, Phocae ars 411,25/26*] 365,1. wasg̊o ł insago [*Tityre, pascentes a flumine reice capellas: ipse, ubi tempus erit, omnis in fonte*] *lavabo* [*Verg., E. III,97*] 680,33 (*vgl. id est purgabo omnes apud Caesarem, cum de Actiaco proelio reversus fuerit, Serv.; zur Glossierung im Sinne des Servius-Kommentars zu Vergil vgl. Fasbender S. 34*);

b) *bei abstr. Subj.:*

α) *mit Ersparung des Akk. d. Pers. in der Koordination:* mannolichen leidot (Npw ruoget) alde intsaget sin conscientia NpNpw 118 E,39;

β) *Glossen:* antsaget [(*der Untergebene*) *augere culpas erubescat, seque se iudice puniat, quem sibi apud se rectoris patientia clementer*] *excusat* [*Greg., Cura 2,10 p. 29*] Gl 2,165,65. antsagat niuuerdant [*qui de reatu suorum* *criminum etiam semetipsis iudicibus*] *non excusantur* [*ebda. 3,31 p. 89*] 175,36. intsage (*1 Hs. noch* antrahho) [*ante ergo de talenti nostri ponenda ratione vigilemus, ut cum iam iudex ad feriendum imminet, lucrum nos quod fecimus,*] *excuset* [*ders., Hom. I,9 p. 1467*] 281,65. insaga [*qualitas negotiantem aut*] *excusat* [*, aut arguit, Halitg., De vitiis III,6 p. 678B*] Mayer, Griffelgl. S. 59,218; *zu lat. excusare '(von Schuld) freisprechen' vgl. Mlat. Wb. III,1545.*

2) *etw. leugnen, abstreiten:* arlouganant ł intsagent [*respondeant qui Hebraeorum voluminum*] *denegant* [*veritatem, ubi hoc in LXX legatur interpretibus, Hier. in Matth. 15,16 p. 27*] Gl 2,328,26; *hierher auch, in interpretierender Übers.* (?): intsagan [(*Petrus*) *coepit*] *detestari* [*, et iurare quia non novisset hominem, Matth. 26,74*] 1,815,18 (*zu detestari, urspr. 'verfluchen, verwünschen' u. übertr. 'etw. von sich oder anderen feierlich abweisen, abwehren', vgl. Georges, Handwb.*[11] *1,2103; nach Mlat. Wb. III,502 'bestreiten, leugnen'*). intsagen [*ille* (*Petrus*) *autem coepit*] *anathematizare* [*, et iurare: Quia nescio hominem istum, quem dicitis, Marc. 14,71*] 64. 4,309,31 (*zu anathematizare 'verfluchen' vgl. Georges a. a. O. 1,416, zu den übertr. Bedd. 'unter Verfluchung verwerfen', 'unter Verfluchung abschwören' vgl. Mlat. Wb. I,620*).

3) *jmdm. etw. absprechen:* ansagan *abiurare* (*Glossen: denegare, tollere, vgl. PL 59*) [*deo titulum nomenque paternum credimus esse nefas, Prud., Apoth. 223*] Gl 2,404,18.

4) *sich von etw./jmdm. lossagen, sich jmdm./einer Sache verweigern, einer Sache entsagen:*

a) *mit refl. Akk. u. Dat. d. Pers./abstr. Dat./abstr. Gen.:*

α) *mit Dat. d. Pers./abstr. Dat.:* ih intsago mih demo tiufeli unde allen sinen uuerchen unde allen sinen zierden S 135,2 (firsagên *BB*);

β) *mit abstr. Gen.* (*oder Dat.* (?), *dann zu* α): der falcho ... bezeichenet dia starchisten geuualtigen die uuilon sih dero uuerlte intsagont Npw 103,18 (= Np 17 *duont renuntiationem; zum Gen. vgl.* Npw 139,10 *unter* 1aα);

b) *Glosse:* intsegitun [(*placuit*) *monachos ... intentos esse tantummodo ieiunio, et orationi, in locis quibus*] *renuntiaverunt* [*saeculo, permanentes, Conc. Chalc. IV p. 134*] Gl 2,113,68.

5) *opfern, nur als Glossenwort belegt:* kaplozan ł insak*et* *delibatus* Gl 1,99,3 (*zur Übers. vgl. Splett, Sam.-Stud. S. 65, Wesche, Beitr. 61,59*). insakem *delibor* 110,11. insak*et* pim *delibor ł sacrifico* 111,11 (*danach* ineihan pim *delibor u.* plozu *delibor*). insak*et* ł plozit *litat* 200,30.

6) *Glossenwort:* insagen *ablego* [*ohne Kontext, unter Gll. zu Verg.*] Gl 2,676,15. æntsagon *ablego* 4,196,59. 237,9. *deponere* 3,7,15. *abiurat* 4,27,17. Amsterd. Beitr. 25,21,2. *abiurat reprobat* Gl 4,128,4.

Abl. antsaga, in(t)sagunga, intsegida; intsagênto; *vgl.* antsegida, unintsagêt.

[NÄSSL]

ir-**sagên** *sw. v., nhd.* (*älter*) ersagen, *dial. schweiz.* ersage[n] *Schweiz. Id. 7,408 f.; afries.* ursedza; *ae.* asecgan. – *Graff VI,102.*

Zum Nebeneinander von Formen der 3. u. 1. Konjugation vgl. Braune, Ahd. Gr.[16] *§ 368 Anm. 2.*

ar-sag-: *3. sg.* **-et** Mayer, Glossen S. 77,19 (*clm 6300, Gll. 8. oder 9. Jh.*); *3. sg. conj.* **-ee** Gl 1,278,14 (*Rd*); **-e** ebda. (*Jb*); *2. sg. imp.* **-e** T 76,3. 84,8; **ir-:** *3. sg. conj. prt.* **-eti** O 1,17,1 (*FPV*). 5,23,19.

er-segta: *3. sg. prt.* Mayer, Glossen S. 8,17 (-a *unsicher*).

Verstümmelt: **. r-sageti:** *3. sg. conj. prt.* O 1,17,1 (*D*).

1) *etw. sagen, erzählen:*

a) *mit pronom. Akk.:* uas er ersegta [(*die Leichenträger*) *nescientes ...*] *quid ille* (*fehlt in Hs.*) *dixerat* [*in ipsa eum ecclesia quam praedixerat posuerunt, Greg., Dial. 4,26, PL 77,360A*] Mayer, Glossen S. 8,17;

b) *mit korrelat. Pron. im Akk.* (*u. attribut. Erweiterungen* (saman) al *u.* [h]uuio-*Satz*/*abstr. Akk.*): nist man nihein in worolti thaz saman al irsageti, wio manag wuntar wurti zi theru druhtines giburti O 1,17,1. nist man nihein in worolti, ther al io thaz irsageti, allo thio sconi, wio wunnisam thar wari ... in sinemo sange odo ouh in hiwilonne 5,23,19;

c) *Glosse:* arsaget [*quod valde mens amat, etiam in sermone saepius*] *replicat* [*Greg., Mor. in Job, PL 75,676D*] Mayer, Glossen S. 77,19.

2) *etw.* (*ein Gleichnis, einen Traum*) *erklären, ausdeuten:*

a) *mit abstr. Akk.:* arsage uns ratissa beresbotono thes accares *dissere nobis parabolam zizaniorum agri* T 76,3. arsage uns thesa ratissa *edissere nobis parabolam istam* 84,8;

b) *Glosse:* arsagee arreche [(*der Pharao:*) *vidi somnia, nec est qui*] *edisserat* [*Gen. 41,15*] Gl 1,278,14.

Abl. ursaga; *vgl.* unirsagalîhho, ursagên.

ubar-**sagên** *sw. v., mhd. nhd.* übersagen; *mnd.* ōverseggen, *mnl.* overseggen. – *Graff VI,102.*

Zum Nebeneinander von Formen der 3. u. 1. Konjugation vgl. Braune, Ahd. Gr.[16] *§ 368 Anm. 2.*

up-sag-: *part. prt.* **-et** Gl 2,179,23 (*M, 2 Hss.; -&*); **uber-:** *dass.* **-et** Nb 34,12 [28,1]; *nom. sg. m.* **-ater** Gl 2,128,51 (*M*); **ubir-:** *Grdf.* **-it** 179,24 (*M*).

uber-sek-: *part. prt. nom. pl. m.* **-ita** Gl 2,130,52 (*M, 2 Hss., darunter clm 6242, Hs. 9. Jh.*); **vbir-:** *part. prt.* **-it** 209,69. – **up-seg-:** *part. prt.* **-it** Gl 2,179,22 (*M, 2 Hss.*); *nom. pl. m.* **-ita** 130,51 (*M, 4 Hss.*); **ubir-:** *Grdf.* **-it** 201,30.

u Mayer, Glossen S. 61,14, *von Gl.-Wortsch.* 8,67 *hierher gestellt, s. dort.*

(*jmdn. einer Sache*) *überführen, nur im Passiv u. Part. Praet. belegt:* ubersagater [*quia audiendus hic praesentare se noluit, ne*] *convictus* [*forsitan ab ... clericis posset digna tandem ... episcopali iudicio pronunciationis congruae feriri sententia, Decr. Bonif. III p. 214*] Gl 2,128,51. upersegita [*vindicari acrius in eos* (*Kleriker u. Laien, die sich an Zins u. Wucher bereichern*), *qui fuerint*] *confutati* [*, decernimus, Decr. Leon. III p. 223*] 130,51 (*nach Gl.-Wortsch. 8,61 1 Hs. noch Gll. accurare convincere; 1 Hs.* firuuerfan). upersegit uvirdit [*quisquis virtutibus pollens gregem dei renuit pascere, pastorem summum*] *convincitur* [*non amare, Greg., Cura 1,5 p. 6*] 179,22. 201,30. 209,69. noh tanne uuare reht . so iz ze gagenuuerti chame . unde ih sculdo geiahe . unde ubersaget uuurte . taz tanne uber mih reht urteilda gienge *praesentem tamen confessum . convictumve sententia punisset* Nb 34,12 [28,1].

untar-**sagên** *sw. v., mhd.* undersagen, *nhd.* untersagen (*meist in anderer Bed.*); *mnd.* underseggen, *mnl.* onderseggen. – *Graff VI,102.*

Nur mit einer Form des jan-*Verbs belegt* (*zum Nebeneinander von Formen der 3. u. 1. Konjugation vgl. Braune, Ahd. Gr.*[16] *§ 368 Anm. 2*): **untar-segita:** *3. sg. prt.* Gl 1,277,68 (*Jb-Rd*).

über etw. sprechen: untarsegita [(*Salomon*)] *disseruit* [*de iumentis, et volucribus, et reptilibus, et piscibus, 3. Reg. 4,33*] (*zu* untar *in verstärkender Funktion vgl. Schulz, Ahd. quedan S. 63. 196*).

uuidar-**sagên** *sw. v., mhd. nhd.* widersagen; *as.* witharseggian, *mnd.* weddersegggen (*vgl. Schiller-Lübben 5,634*), *mnl.* wederseggen; *afries.* withersedza. – *Graff VI,102.*

Zum Nebeneinander von Formen der 3. u. 1. Konjugation vgl. Braune, Ahd. Gr.[16] *§ 368 Anm. 2.*

vuidar-sag-: *3. sg.* **-et** Gl 2,774,42 (*vgl.* Beitr. (Halle) 85,240*;* -&); **-ot** 32,18 (uu-); **uuider-:** *1. sg.* **-e** S 346,17 (*Hs. A;* w-). 358,42 (w-); **-**] 356,29 (w-*; mit Elision vor vokalischem Anlaut*); *3. sg.* **-et** Ni 526,8. 23 [35,4/5. 20]; *part. prs. nom. sg. m.* **-ento** 585,12 [103,5/6]; *part. prt.* **-et** Nb 232,5 [186,19]; **widir-:** *1. sg.* **-e** S 353,1; **widersaig:** *dass.* 350,1 (*Alem. Gl. u. B.; zu* -ai- *für* a *vgl. Weinhold, Alem. Gr. § 49*).

uuidar-segit: *3. sg.* Tiefenbach, Aratorgl. S. 26,19 (*vgl.* Beitr. (Tüb.) 102,68).

Mit Kontraktion: **wider-sait:** *part. prt.* S 348,83 (*vgl.* Priebsch, Dt. Hss. S. 305,18; *Hs. B; Ausg.* widerseit).

1) *etw.* (*in bezug auf etw.*) *verneinen:*

a) *allgem.:* uuidarsagot [*fert atque*] *refert* (*negat*) [*geminam res una figuram, Ar. II,991*] Gl 2,32,18 (*vgl.* von Gadow, Aratorgl. S. 66,281*; zum Verständnis der Stelle vgl. Schlechter, Aratorgl. S. 168*), *z. gl. St.* fersaget vuidarsaget 774,42 (*vgl.* Beitr. (Halle) 85,240), Tiefenbach, Aratorgl. S. 26,19 (*vgl.* Beitr. (Tüb.) 102,68);

b) *spez. in der Logik: etw. über/in bezug auf etw. entgegengesetzt aussagen, bestreiten* (*Gegensatz* sagên)*:*

α) *mit pronom. Akk. u.* fona + *abstr. Dat.:* souuaz fone demo einemo gesaget uuirt . taz uuirt note uuidersaget fone demo andermo Nb 232,5 [186,19];

β) *nur mit pronom. Akk.:* ube einer daz saget chumftig . daz anderer uuidersaget . so saget echert ter eino uuar peide nemugen sie *si hic quidem dicat . futurum aliquid . ille vero non dicat ... si omnis affirmatio . vel negatio . vera . vel falsa est . utraque enim non erunt simul in talibus* Ni 526,8 [35,4/5]; *mit Ersparung des Pron. in der Koordination:* ube daz futurum samolih ist . so ist io guislicho uuar daz man saget . alde uuidersaget *quare necesse est . aut affirmationem aut negationem . veram esse . s. definite* 23 [20];

γ) *abs., im Part. Praes.:* tiu contrarium nehabent . also homo nehabet . fone dien uuirdet lukke . der uuidersagento uuan (*'Urteil'*) *quibus vero non est contraria . de his est quidem falsa . ea quae est vere opposita* Ni 585,12 [103,5/6].

2) *etw.* (*auch sich*) *jmdm./einer Sache verweigern:*

a) *mit Akk. d. Sache u. Dat. d. Pers.:* ich widersage deme tiufel minen lip unde mine sele S 346,17;

b) *mit refl. Akk. u. Dat. d. Pers./Dat. d. Sache:* ich widersage mich dem tievel unde allen sinen werchen *unde* allen sinen zierden S 358,42.

3) *intrans.: sich von etw. lossagen, mit Dat. d. Pers./Dat. d. Sache:* mit dem heiligen geloubin, den ir nu gesprochen habet, habt ir dem tiufle widerseit (*Hs.* wider sait) S 348,83 (*vgl.* Priebsch, Dt. Hss. S. 305,18). ich widersaig diem tiuvel unt allen sinen werchen unt allen sinen gezierdin 350,1; *ferner:* 353,1. 356,29.

-sagênti *vgl.* unsagênti.

sagênto *adv.* – *Graff VI,94 s. v.* sagên.

sagen-: **-to** Gl 2,692,67 (-e^{n}to); **-do** Nb 191,28 [160,18]. Ni 514,17 [21,23/24]. Nk 467,25 [113,1]. Npw 2,6. Nr 683,26 (*dazu S.* CLXXVI,15. 16) [181,15 (*Hss. GH,* -ô *Hs. D*)].

1) *etw. sagend, mitteilend, erzählend:*

a) *mit abstr. Akk.:*

α) *zur Angabe einer Äußerungsform:* ih pin auer fone minemo uater ... ze chunige kesezzet ...; sin gebot sagendo, daz chuit euangelium lerende *ego autem constitutus sum rex ab eo super Sion montem sanctum eius, praedicans praeceptum eius* Npw 2,6 (Np sagên);

β) *zur Angabe eines Sachverhalts:* mih lusti ... daz tu mir daz offenotist . selbez taz ting sagendo *vellem ... id patefaceres . ipsarum rerum commemoratione* Nb 191,28 [160,18];

γ) *in der Logik: in der Verbindung* uuâr sagênto *eine zutreffende Aussage machend, zutreffenderweise aussagend:* uuanda man liegendo . mag cheden . iz ist . alde neist . unde ouh uuar sagendo . cheden iz ist alde neist [*vgl. si et quod est . vere potest dici esse . et idem quod est . falso potest praedicari non esse . et id quod non est . vere potest enunciari non esse . et id quod non est falso esse poterit affirmari, Boeth., Comm. II*] Ni 514,17 [21,23/24];

b) *in abs. Gebrauch: beim Erzählen:* hier sagen*to* erfuriht ih ez [*gemini a Tenedo ...,*] *horresco referens* [*, immensis orbibus angues incumbunt pelago, Verg., A. II,204*] Gl 2,692,67.

2) *von etw. sprechend:*

a) *in abs. Gebrauch: beim Sprechen:* ad summam gestus non is oratori tenendus est ... manus in contentionibus fusa porrectius . i. ze uerro hinagerarter arm stridendo . in sermocinatione . uel narratione contracta . i. unde aber uuidere gezuhter sagendo Nr 683,26 [181,15];

b) *mit* fona + *Zitatwort anstelle eines Dat.:* fone ad aliquid sagendo . uuart ouh kesaget . taz tiu uerba sedere . unde stare . diu situm bezeichenent . kesprochen sint fone nominibus sessio . statio . diu positionem bezeichenent *dictum est autem et de situ in his quae ad aliquid sunt . quia denominative a positionibus dicitur* Nk 467,25 [113,1] (*'sprechend über das ad aliquid wurde auch gesagt, daß ...'; zu lat. ad aliquid zur Bez. der philosophischen Kategorie Relation vgl. Jaehrling S. 83 ff.*).

fir-**sagênto** *adv.* – *Graff VI,103 s. v.* farsagên.

fer-sagendo: Nk 472,28/29 [117,24].

in der Logik: etw. verneinend: nube diu uzeren (*Gegensätze*) fersagendo . uuirdet iro medium geouget *sed per utrorumque summorum negationem quod medium est determinatur.*

int-**sagênto** *adv.* – *Graff VI,104 s. v.* antsagên.

int-sagendo: Np 63,6.

jmdn. von etw. freisprechend, mit Akk. d. Pers. u. abstr. Gen., erw. mit Adv. sus *u. folgender direkter*

Rede: aber Pilatus imo forhta . sus in (*Jesus*) sculde intsagendo . nvllam cavsam mortis in isto homine invenio; *zum Verständnis der Stelle vgl. Schulz, Ahd. quedan S. 69.*

-sagere *vgl.* lüge-, wârsagere *mhd.*

-sagêt *vgl.* ungi-, unintsagêt.

-sagila *vgl.* lugisagila.

-sagin *vgl.* forasagin.

sagiristo, sigiristo *sw. m., mhd.* sigrist(e), *nhd.* sigrist; *as.* sigiristo (*s. u.*), *mnd. mnl.* sacriste; *afries.* sacrista; *aus mlat.* sacrista (*vgl. Masser, Gotteshaus S. 154*). – *Graff VI,151.*

Alle Belege im Nom. Sing.

sagiristo: Gl 4,129,21 (*mus. Brit. Add. 18379, 13. Jh.*).

sig-iristo: Gl 2,246,40. 508,21. 536,41. 542,17. 585,58 = Wa 99,26. 3,425,62; **-eristo:** 2,245,28 (*Sg 299, 9. Jh.*). 3,654,35. 4,30,14 (*Sal. a1*); **-aresto:** 205,11; **-ersto:** 2,759,24. 3,180,7 (*SH B*); **-risto:** 2,508,21.

1) *Kirchendiener, Küster:* sigeristo [*Constantius* ...] *mansionarii* (*Hs. mansionarius*) [*functus officio deserviebat, Greg., Dial. 1,5 p. 173*] Gl 2,245,28 (*nach* sigeristo *Hs. noch* f. *für francisce*). 246,40. sigristo *aedituus* [*consultus ait: Quod prospicis, hospes, non est inanis aut anilis fabula, Prud., P. Cass. (IX) 17*] 508,21. 536,41. 542,17 (*zu lat. aedituus vgl. Mlat. Wb. I,290,34 ff.*). sigersto [*media fere hieme Martinus venisset, mansionem ei in*] *secretario* (*Hs. secretarius*) [*ecclesiae clerici paraverunt, Sulp. Sev., Ep. I p. 140,12*] 759,24 (*Kontextbed. 'Sakristei'; 1 Hs.* sigintri). sigersto *aedituus vel mansionarius* 3,180,7 (*im Abschn. De clericis et aliis ordinibus ecclesiasticis; davor* kuster *sacrista*). *secretarius* 425,62 (*danach* mesiner *mansionarius ł aedituus*). sigeristo custer *aedituus* 654,35. sigeristo *aedituus* 4,30,14. 129,21. *mansionarius* 205,11.

2) *Tempelhüter:* ille erat sigiristo costarari [*zu: Levita sublimis gradu* ...] *claustris sacrorum praeerat* [*Prud., P. Laur. (II) 41*] Gl 2,585,57 = Wa 99,26.

Vgl. sigintri.

Vgl. Masser a. a. O. S. 154 f.

sagiunḡ Gl 3,118,47 *s.* sâunga.

sago[1] *sw. m., mhd.* sage; *as.* -sago (*in* êu-, êwi-, fora-, wār-), *mnl.* -sage; *ae.* saga (*in anderer Bed.*); *vgl. afries.* āsega. – *Graff VI,107.*

sagen: *dat. sg.* Gl 2,771,40. Beitr. 73,231 (*nach* Gl 5,22,20).

Verkünder: sagen [*quibus,*] *indice* [*claudo, testis erat meriti, Ar. I,305*] Gl 2,771,40. Beitr. 73,231 (*nach* Gl 5,22,20).

Komp. ê(o)-, êuui-, natûro-, uuâr-, uuîssago; *vgl.* forasago, seggo[1].

Vgl. sagâri[1].

sago[2] *sw. m.; ae.* saga.

sag-: *nom. sg.* **-o** Gl 4,191,44 (*Wien 1325, 14. Jh.*); **-e** Beitr. (Halle) 85,229,11 (*Vat. lat. 3860, Hs. 9./10. Jh.*).

1) (*Zer-*)*Säger:* sage [*quid tale*] *sector* (*Glosse: Isaiae, vgl. PL 60*) [*ausus est? Prud., P. Vinc. (V) 529*] Beitr. (Halle) 85,229,11 (*zu Isaiae vgl. Esaiam prophetam serra lignea dissectum fuisse, constans Iudaeorum acque ac Christianorum traditio est, Ausg. Dressel, Anm. z. St.*).

2) *Werkzeug mit (gezähnter) Schneide, Säge:* *serra* vnde ligna ł lapides ł cornua secantur .i. sago uł strigel Gl 4,191,44.

Vgl. sagâri.

sagôn *sw. v., mhd.* sagen, *nhd. dial. schweiz.* sage^{n} *Schweiz. Id. 7,432 f., tirol.* sâgn *Schatz, Tirol. Wb. 2,500; mnd.* sāgen, *mnl.* sagen; *afries.* -sagia (*nur in* holt-); *an.* saga. – *Graff VI,88.*

sag-: *3. sg. prt.* **-ota** Gl 1,418,60 (*M, clm 18140, 11. Jh.*). 424,18 (*Rf*); **ki-:** *part. prt. dat. pl.* **-otem** 291,31 (*Rd*).

Verschrieben: **gi-safote:** *part. prt. nom. pl. m.* Gl 1,431,7 (*Wien 1761, 11. Jh.; anders Raven I,128 s. v.* segôn).

etw./jmdn. zersägen:

a) *von Sachen:* kisagotem [(*Gott zu Mose:*) *quod si altare lapideum feceris mihi, non aedificabis illud de*] *sectis* [*lapidibus, Ex. 20,25*] Gl 1,291,31 (*Jb* segôn). gisagote [*omnia lapidibus pretiosis, qui ad normam quandam atque mensuram tam intrinsecus quam extrinsecus*] *serrati* (*secati*) [*erant, 3. Reg. 7,9*] 431,7 (*2 Hss.* segôn);

b) *von Menschen:* sagota [(*David*) *populum quoque eius (civitatis) adducens*] *serravit* [*et circumegit super eos ferrata carpenta, divisitque cultris, 2. Reg. 12,31*] Gl 1,418,60 (*5 Hss.* zisagôn, *3* hahsinen, *4* hahsinôn). 424,18.

Abl. sagâri[2]; *vgl.* segôn.

Vgl. Tiefenbach, Werkzeuge S. 734 f.

zi-**sagôn** *sw. v.; vgl. nhd. dial. schweiz.* zersage^{n} *Schweiz. Id. 7,436.* – *Graff VI,89.*

zi-sag-: *3. sg. prt.* **-ota** Gl 1,418,60 (*M, Stuttg. Herm. 26, 12. Jh.*); **-ete** ebda. (*M, clm 4606, 12. Jh.*); **-æt** 61 (*M, clm 6217, 13. Jh.*); **ci-sag-:** *dass.* **-ata** ebda. (*M, Engelb. I 4/11, Zürich Rhein. 66, beide 12. Jh.*); *anders Raven II,128 s. v.* zisegôn.

jmdn. zersägen: zisagota [(*David*) *populum quoque eius (civitatis) adducens*] *serravit* [*et circumegit super eos ferrata carpenta, divisitque cultris, 2. Reg. 12,31*] (*1 Hs.* sagôn, *3 Hss.* hahsinen, *4* hahsinôn).

Vgl. zersegen *mhd.*

Vgl. Tiefenbach, Werkzeuge S. 734.

sagun ZfdA. 74,1937,164 *s.* sahha.

? **sagûnboum** *s.* ?sagaboum.

sagunga *st. f., mhd.* sagunge, *nhd.* (*älter*) sagung; *vgl. mnd. mnl.* segginge, *afries.* -sedzinge. – *Graff VI,109.*

sagung-: *nom. sg.?* **-a** Gl 2,345,52 (*clm 6325, Gll. 9. Jh. (?); lat. abl.; zur Kasusbest. vgl. Ulrich S. 23 Anm. 8*); *gen. sg.* **-o** 207,9. 209,49; *dat. sg.* **-o** 733,36 (*clm 14747, 9. Jh.*).

1) *Erzählung:* sagungo [*quae quamvis de ecclesia dicta sint, tamen in Aegypti desertis, haec etiam historica*] *relatione* [*conpleta sunt, Vitae patr. II p. 461^{b}*] Gl 2,733,36.

2) *Vorhersage:* sagunga [*quo*] *praesagio* [*consecutum est ut nulla illis gens extera, nulla lingua barbara, inaccessa vel invia videretur Is., De off. 2,23 p. 816*] Gl 2,345,52.

3) *Behauptung:* sagungo [*si enim radix elationis absciditur, consequenter rami pravae*] *assertionis* [*arefiunt, Greg., Cura 3,24 p. 73*] Gl 2,207,9. 209,49.

Komp. uuîssagunga.

in(t)-**sagunga** *st. f., mhd.* entsagunge, *nhd.* entsagung; *vgl. mnd.* entsegginge.

in-sagungi: *nom. sg.* Npw 23,7.

insagange Gl 1,750,61 s. intsagên.

Entsagung: uf heuet iuuuih, euuigi porte: die toufi unde die insagungi dere uuerlti *elevamini, portae aeternales* (Np *renuntiatio*, Npgl firsahhanî).

sah- *s. auch* sâ-.

sahahin Gl 2,476,75 s. saharahi.

sahar *st. m., mhd.* saher, *nhd.* (*älter*) saher, *dial. bair.* saher, säher, sahr *Schm. 2,244; as.* sahar (*s. u.*). – *Graff VI,148.*

sahar: *nom. sg.* Gl 1,334,8 (*Fulda Aa 2, 9. Jh.; zum Nom. Sing. vgl. CCCM 189B,218,28*). 497,10 (*Sg 1395, 9. Jh.*). 2,6,42 (*Fulda Aa 2, 9. Jh.*). 371,22 (*2 Hss.*). 385,16. 505,3 (*lat. acc. pl.*). 735,30. 3,232,70 (*SH a2, 2 Hss.*). 289,67 (*SH b, 2 Hss.*). 578,39. 607,14. 4,44,18 (*Sal. a1, 3 Hss.*). 62,47 (*Sal. a1, 3 Hss.*). 134,43 (*Sal. c*). 202,58. 208,8. 230,31 (*clm 14456, Gll. 9. Jh.?*). Beitr. (Halle) 86,395,93 (*Wolf. Wiss. 50, 9. Jh.*). Meinecke, Ahd. S. 28,100 (*Sal. a1*); *dat. sg.* -]**e** Gl 1,321,11. 707,23; *dat. pl.* -]**en** 2,591,19; **sahor:** *nom. sg.* 1,707,17 (*clm 19410, 9. Jh.*). 4,124,10 (*Sal. b*). 134,32 (*Sal. c*); **sahir:** *dass.* 3,607,20. 680,9. 4,44,20 (*Sal. a1*). 62,47 (*Sal. a1; -aph-*). 95,15 (*Sal. a1, 3 Hss.*); **saher:** *dass.* 2,491,14 (*lat. acc. pl.*). 505,3 (*lat. acc. pl.*). 3,289,67 (*SH b*). 580,9. 4,44,19 (*Sal. a1*). 183,21. 191,10. 5,1,16; **sahr:** *dass.* 1,501,61 (*M, clm 6217, 13. Jh., clm 14745, 14. Jh.*). – *Mit Ausfall des* -h- (*vgl. Braune, Ahd. Gr.*^{16} *§154 Anm. 1b*): **sair:** *nom. sg.* Gl 3,584,47 (*clm 4583, Gll. 12. Jh.?*); **saer:** *dass.* 296,70 (*SH d; -ach rad.*); **sar:** *dass.* Mayer, Glossen S. 125,2 (*Vat. lat. 625, 12./13. Jh.*).

segcar: *nom. sg.* Gl 4,198,33 (*sem. Trev.; Steinm. erwägt Mischung aus ae.* secg *u. ahd.* sahar).

Verschrieben: **sahfar:** *nom. sg.* Gl 1,321,14 (*Wien 1761, 11. Jh.; mit in die Zeile gezogenem* f *für francisce*); **sarhar:** *dass.* 501,60 (*M, Zürich Rhein. 66, Hs. 12. Jh.; Kontamination aus* sahar *u.* saharahi*?*).

Mit Rasur, verstümmelt (?): **sa : : :** *nom. sg.* Gl 5,94,4 (*vor* Gl 1,511,43*; Jd*).

1) *Segge, Sumpf-, Riedgras, Carex L.* (*vgl. Marzell, Wb. 1,825ff.*): sahar [*numquid ... potest ... crescere*] *carectum* (*arundo*) [*sine aqua? Job 8,11*] Gl 1,497,10. sarhar *carectum* [*ebda.*] 501,60 (*4 Hss.* saharahi, *1 Hs.* [h]riot), *z. gl. St.* carectum est sa : : herba acutissima atque acutissima durissima. tam si et si quidem dicant quod carectum sit locus palustris ubi carix herba nascitur 5,94,4 (*vor* Gl 1,511,43). sahor [*numquid vivere potest*] *scirpus* [*absque humore aut crescere carectum sine aqua, ebda.*] 1,707,17 (*zur Bed. u. Zuordnung vgl. Marzell a. a. O. 826f. u. Steinm. z. St.; oder Lemmaverschiebung u. urspr. auf carectum zu beziehen?*). sahar [*femina ... sunt ... ilex,*] *carex* [*, salix, Alc., Gr. p. 517*] 2,6,42. sahar [*alia vero omnia in x desinentia feminina sunt, ut ...*] *carex* [*Prisc., Inst. II,167,5*] 371,22. sahar [*corpus sacrum (sc. des toten Vicentius) profanus ... nudum ... exponit (sc. als Leichenschändung) inter*] carices (*Hs.* carix) [*Prud., P. Vinc. (V) 396*] 385,16 (*Glosse: carices, carectum locus, ubi carices nascuntur; carix vero herba similis civario crescens in locis palustribus; unde etiam carex herba vilissima similis cibaria; quae lixa dicitur, vgl. PL 60*). saher *carices* [*ebda.*] 491,14. 505,3. 591,19. sahar *carex* (*Hss. auch carix, sarix, vgl. dazu Mlat. Wb. II,283,8*) 3,232,70. 578,39. 584,47. 607,14. 680,9. 4,44,18 (*einige Hss. noch est herba acuta*). 95,15 (*6 Hss.* saharahi). 134,43. 198,33. 230,31. ried ł saer *carectum* 3,296,70. 4,183,21. sporgras uł saher *mufa ł sanguinaria vł carectum* 3,580,9. carecta loca densa spinarum *carecta* sahor ł loca carice plena 4,124,10. saher *salira herba* 191,10 (*wohl saliunca, vgl. Steinm.; zur Bed. von saliunca vgl. Diefb., Gl. 508*^{b}*; 1 Hs.* saharahi). sahar [*femininum est ...*] *carex* [*Prisc., Inst. II,164,20/21*] Beitr. (Halle) 86,395,93. sahar *carex est herba acuta* Meinecke, Ahd. S. 28,100; *hierher vielleicht auch:* sar *sibium herba* Mayer, Glossen S. 125,2 (*Gl.-Wortsch. 8,69 erwägt eine Zuordnung des Lat. zu scirpus, vgl. hierzu lat. Diefb., Gl. 518*^{c}*; zur Bed. u. Zuordnung vgl. Marzell a. a. O. 826f.; die verwandten Glossare Melk K 51 u. Wien 1325 haben diese Gl. nicht, die zwischen* Gl 4,191,47 *u.* 48 *stehen müßte*).

2) *mit Sumpfgras bewachsener Ort, Ried, Röhricht:* in sahare, *1 Hs.* in loco palustri ubi *carex* abundat sahfar [*(die Mutter) exposuit eum (Mose)*] *in carecto* [*Ex. 2,3*] Gl 1,321,11 (*2 Hss.* saharahi, *1 Hs.* in semida ł in riote, *1* saraphi (*sc.* saharahi) *in carecto .i. in loco carescis pleno, vgl.* Gl 5,90,2), *z. gl. St.* in sahare 707,23, in *carecto* ripae in loco palustri ubi carex habundat saher 5,1,16. sahar *in carecto* (*Hs. carectum*) [*ebda.*] 1,334,8. sahar binuz *papyrio. nis et papyrus* 4,208,8 (*zu papyrio 'Ort, wo viel Papyrus wächst' vgl. Georges, Handwb.*^{11} *2,1465*).

3) *übertr. auf Farnkraut, Farngesträuch* (*?*), *vgl. Marzell, Wb. 1,476f., vgl. auch* farmahi *2, Ahd. Wb. 3,628:* sahar *fili(c)um* Gl 4,62,47 (*zur Bed. von filicum vgl. Diefb., Gl. 235*^{a}*; 5 Hss.* saharari).

4) *Glossenwort:* sahar *carectum* [*ohne Kontext*] Gl 2,735,30 (*vgl.* Gl 2,739,9 *s. v.* saharahi 2). sahar *sarectum* (*Hss. auch -a, garedium, vgl. dazu Mlat. Wb. II,280,34f. s. v. carectum*) 3,289,67. 607,20. 4,134,32. 202,58.

Abl. saharahi; *vgl.* seh(h)i *as.*

sahara Gl 3,607,16 s. saharahi.

saharahi *st. n., nhd. dial. bair.* sacherach, sacherich *Schm. 2,244; as.* saharahi (*s. u.*); *zur Bildg. vgl. Kluge, Stammb.*^{3} *§ 67, Wilm., Gr. 2*^{2} *§ 276,1. 2. 3*). – *Graff VI,148.*

sahar-ah-: *nom. sg.* **-i** Gl 1,326,13 (*M*). 501,59 (*M, 2 Hss.*). 2,370,71 (*2 Hss.*). 4,62,45 (*Sal. a1, 4 Hss.*). 95,13 (*Sal. a1, 3 Hss.*). 143,11 (*Sal. c*); -] 95,14 (*Sal. a1*); *dat. sg.* **-e** 1,326,22 (*M, 3 Hss.*); **-i** *acc. pl.?* 2,429,64 (*oder nom. sg. (?); lat. acc. pl.*). 480,44 (*oder nom. sg. (?); lat. acc. pl.*); **-ehi:** *nom. sg.* Beitr. (Halle) 85,223; **sahir-ah-:** *dass.* **-i** Gl 2,619,22; *dat. sg.* **-e** 1,326,24 (*M*); *acc. pl.* **-e** 2,676,43; **-ach:** *nom. sg.* 1,321,12 (*Innsbr. 711, 13. Jh.*); **saher-ah-:** *dass.* **-i** 2,739,9; *dass.* -] 1,501,60 (*M, clm 4606, 12. Jh.*). 3,314,34 (*SH e*). 680,10 (*Innsbr. 711, 13. Jh.*). 4,95,14 (*Sal. a1*); **-ach:** *dass.* 1,326,25 (*M, clm 17403, 13. Jh.; lat. abl.*); **sahrach:** *dass.* 4,252,7 (*M, clm 6028, 13. Jh.*). – *Mit Ausfall des ersten* -h- (*vgl. Braune, Ahd. Gr.*^{16} *§ 154 Anm. 16*) *u. Kontraktion:* **sa**^{i}**raha:** *dat. sg.* Gl 1,321,11 (*Sg 9, 9. Jh.; zu -a vgl. Weinhold, Alem. Gr. § 395, S. 423*); **sarah-:** *nom. sg.* **-i** 2,638,33 (*clm 18059, Gll. 11. Jh. (?), l.* saharahi, *Steinm.; zum Nom. Sing. vgl. Velthuis S. 40; lat. abl.*); *dat. sg.* **-e** 1,326,26 (*M, 2 Hss.*); **-i** 27 (*M, clm 14689, Hs. 12. Jh.; zu -i vgl. Braune a. a. O. § 198 Anm. 3b*); **-a** 28 (*M, clm 14584, 12. Jh., Zürich Rhein. 66, Hs. 12. Jh., Adm. 508, 12. Jh., Engelb. I 4/11, 12. Jh.; zu -a vgl. Braune a. a. O. Anm. 2*); **sarh:** *nom. sg.* 4,191,10 (*Melk K 51, 14. Jh.*); **sarch:** *dass.* Mayer, Glossen S. 124,18 (*Vat. lat. 625, 12./13. Jh.*); **sorehe:** *dass.* Gl 4,254,2 (*clm 4112, 12. Jh.; l.* sarehe, saherehe, *Steinm.; zu -o- für* a *vgl. Weinhold, Bair. Gr. § 22*).